悬念设计，

让古诗文魅力四射

何泗忠◎著

东北师范大学出版社

长 春

图书在版编目（CIP）数据

悬念设计，让古诗文魅力四射 / 何泗忠著. — 长春：
东北师范大学出版社，2020.12
ISBN 978-7-5681-7348-3

Ⅰ.①悬… Ⅱ.①何… Ⅲ.①古典诗歌—中国—教学
法—中学 Ⅳ.①G633.302

中国版本图书馆CIP数据核字（2020）第259426号

□责任编辑：王立娜　　　　　□封面设计：言之凿
□责任校对：刘彦妮　张小娅　□责任印制：许　冰

东北师范大学出版社出版发行
长春净月经济开发区金宝街 118 号（邮政编码：130117）
电话：0431-84568115
网址：http://www.nenup.com
北京言之凿文化发展有限公司设计部制版
北京政采印刷服务有限公司印装
北京市中关村科技园区通州园金桥科技产业基地环科中路 17 号（邮编：101102）
2022年4月第1版　　2022年4月第1次印刷
幅面尺寸：170mm×240mm　印张：18.25　字数：300千

定价：45.00元

何泗忠人生理想

由衷地热爱教师职业，希望做一个有独立思想、独特见解的个性化教师，做一个知识渊博的学者型教师，做一个能让学生永远记住的魅力型教师。

何泗忠教育理想

做人端方正直，上课"刁钻狡猾"。

何泗忠教学理念

教室是平的。教室是师生平等交流，享受身体自由、精神自由与生命自由，进而促进师生共同成长的学习场。

何泗忠教学模式

"语文'待完满'课堂教学模式"，适时创设悬念，让课堂存在足够的"未定点"和"不确定性"，千方百计唤起学生的求知欲望，点燃学生的智慧火花，让学生手舞足蹈地（身体自由）、浮想联翩地（精神自由）、兴趣盎然地（生命自由）参与到教学过程中来。

何泗忠教学方法

语文悬念教学法：在语文教学过程中，教师采用倒叙法、问题诱导法、语言节奏法、开合教材法、故意错误法等手段适时地创设"悬念"，构建一种期待，这种期待使学生在听课过程中产生一种关注、好奇、牵挂的心理状态，使教学过程成为师生不断想象、不断推理、不断思考、不断质疑、不断批判、不断发现、不断求证、不断交流、不断享受的过程。

何泗忠教学风格

浮想联翩、旁征博引、幽默风趣、激情四射、天马行空、脚踏实地、悬念迭出、扣人心弦、虚实相生、民主和谐、师生共鸣。

何泗忠课堂结构

奇特、险峻，充满悬念。

何泗忠课堂氛围

民主和谐，师生互动，有趣、有味、有效。

何泗忠人生格言

生命不息，激情不止。

古诗文教学需要"糖衣炮弹"

一提到"某某教学法",就总有一些教师持一种轻视和否定的态度,他们往往以"教什么比怎么教更重要"为由,把"教学法"视为匠人之术、雕虫小技,而笔者认为,一个只注重"教什么"(道)而不注重甚至不知道"怎么教"(术)的教师,很难成为一个受学生喜欢的优秀的教师。

教学法对一个教师传道授业解惑非常重要。梁启超说过,教员不是拿所得的结果教人,最要紧的是拿怎样得到结果的方法教人。在教学观察中我们了解到,优秀的教师无不是"教学有法"的高手。我们只要观察语文特级教师于漪、钱梦龙、魏书生等的课堂教学案例,就会发现无论是从教学内容的取舍、教学角度的切入、课堂教学的导入、课堂教学的结构、课堂教学的调控来看,还是从课堂教学的结尾等环节来看,他们都不仅是教学有道的高手,而且也是语文教学有法的高手。

李天嵩老师曾注意到这样一种现象,即便是年龄相仿、学历相同、学养相当又同样有上进心的教师,因教学方法有差异,其教学效果也是有差别的。笔者对此深有同感。前段时间,学校举行"同课异构"活动,有两位同一学校毕业又同时分配到我校的年轻语文教师,上了《祝福》一课。

其中一位教师先从小说的环境描写讲起,顺着"典型环境中的典型人物"的思路,先分析小说中的人物,重点抓住鲁迅先生对祥林嫂的三次外貌描写分析了祥林嫂的形象,又讲到祥林嫂的生活压力,最后揭示小说主题:小说通过对祥林嫂悲剧命运的描写,控诉了封建礼教对人的压迫。这样,一个内容接着一个内容地讲,讲得非常详细,讲得眉飞色舞,讲得头头是"道",可是学生却听得昏昏欲睡。

另一位教师则借鉴了著名特级教师袁卫星老师讲《祝福》的路子，不专门分析环境、人物性格，梳理情节，也不专门揭示小说主题，而是先让学生在课堂上阅读、思考，然后向学生抛出一个问题：小说中的祥林嫂在祝福之夜死在了漫天的风雪中，是自然死亡，还是意外死亡？问题一提出，课堂气氛顿时活跃起来，学生们纷纷发言，展开了一场热烈的讨论：有的说是自然死亡，因为她身上没有伤痕；有的说是饿死的，因为她死前变成了一个乞丐；还有的说是冻死的，因为她倒在雪地里。

整个堂课，这位教师紧紧抓住学生"好奇"的心理特点，给学生设置了一个又一个悬念，抛出了一个又一个问题，学生们纷纷响应教师的"召唤"，积极"参与"，使课堂教学呈现出人与人相遇、灵魂与灵魂相撞、输出信息与反馈信息相融的美妙境界，且使课堂教学呈现出一种"百花齐放，百家争鸣"的精彩生态。

说实话，两位教师的"学养"（道）都不错，但教学效果却有天壤之别，为什么会出现这种情况？这与他们是否注重教学方法有关。前者不注重学情，不注重教学方法，一味地"满堂灌"，学生爱听不听；后者了解学生心理，注重教学方法，学生主动参与。

教师的"学养"是教好书、育好人的根本，这当然没错，但是，我们不能以此为由，轻视甚至排斥必要的教学方法。

我们都知道，一个人每天需要摄入一定量的食盐，但我们决不会去抓一把食盐直接送入口中，而是会巧妙地将食盐溶在汤里或菜肴中，通过食用美味佳肴自然而然地达到摄入食盐的目的。我曾看过一篇文章，在一堂语文课上，有一位老师鼓励学生想象，接着就问，我们可以把老师比作什么。学生有回答老师像园丁、像蜡烛、像春蚕的，最后，有一个女生回答说，希望老师像汉堡包，老师问为什么希望老师像汉堡包，那个女生回答说，汉堡包虽然也是面包，但中间夹了菜，还可以夹很多不同的肉类，更加美味诱人，大家都非常爱吃，她希望老师把枯燥的知识讲得生动一些、有趣一些、有创意一些，也像汉堡包一样吸引人。明白了以上食盐和汉堡包的道理，我们就知道教学法对教好书、育好人的重要意义了。教学需要"糖衣炮弹"，我们要给知识包上一层甜甜的"糖衣"，让学生喜欢这枚包着"糖衣"的"炮弹"。

正因为意识到教学法的重要性，从参加工作以来，我就十分注重研究教学法。通过几十年的教学实践和研究，终于构建了一种既符合国家教育的大政方针，也适合自己教学个性，同时有利于学生成长且深受学生喜爱的教学法——语文悬念教学法。我将"悬念"这样一个比较虚化的概念变为实实在在的课堂行为。

语文悬念教学法是一种秉持学生立场的教学法。其主张教学以学生为本，把发现的机会让给学生，把思考的空间还给学生，把动手的过程留给学生，把评价的权利交给学生，让学生真正站在教室的中央。在教学中，教师要注意维护学生的人格尊严，让学生诗意地栖居于课堂，给学生以心灵的安全感；理解、体谅、宽容、关爱每一个学生，让课堂成为允许出错的地方。

语文悬念教学法是一种有趣、有味的教学法。作家王小波曾经说过："一辈子很长，要跟一个有趣的人在一起。"在这里套用王小波的这句话，学生上学的日子很长，要跟一个有趣的老师和一群有趣的学习伙伴在一起。一堂好课，首先应当是一堂"有趣"的课。在那样的课堂里，有不少妙趣横生、引人入胜的东西，也有很多令人流连忘返、乐而忘忧的东西。

语文悬念教学法是一种张扬师生生命个性的教学法。在我们的课堂上，教师上课不仅是在传授知识，而且在与学生分享理解，在与学生一起成长，学生也不仅是在接受知识，而且也是在张扬个性，在自我发现。在我们的课堂上，师生乐于讲、乐于听、乐于问，自由大胆地发表自己的意见，亮出自己的观点。

如今，我和我的团队运用语文悬念教学法在全国各地授课，语文悬念教学法渐渐为全国各地的教师所接受、所喜爱、所了解。

接下来，我还要补充语文悬念教学法的完整内涵。我出版过一本教育专著，即《语文悬念教学法》，看过这本书的教师应该都知道，语文悬念教学法并非人们所想象的是一种只注重教学形式的教学法，而是一种既注重教学内容（道，教什么）又注重教学形式（术，怎么教）的教学法。在教学内容上，借鉴程少堂老师的语文味教学，从语言、文章、文学、文化四个维度加以展开；在教学形式上，注重设置悬念，采用比较异同法、倒叙追问法、问题诱导法、语言节奏法、开合教材法、故意错误法等手段适时地创设"悬念"，激发学生对教学内容的好奇、热情，进而深度融入课堂教学。一个优秀的教师，必须既懂得"教什么（道）"，又懂得"怎么教（术）"。

本书的名称是《悬念设计，让古诗文魅力四射》，因此，我接下来要讲讲悬念设计在古诗文教学中的运用问题。

语文悬念教学法，则秉持"教之有物、教之有序、教之有趣"的宗旨，在教学内容上，关注古诗文的"一体四面"，既注重文言字词句的落实，也注重文章、文学、文化的探究；在教学形式上，教师则变着花样讲课，就像我们天天变着花样吃菜一样，将古诗文教得有趣、有味、有效。

凡听过我用语文悬念教学法讲授古诗文的教师，都对我的古诗文教学印象深刻：

湖南省资兴市立中学张中生老师系统听过我讲授古诗文，他说："何老师的课总有一股巨大的魔力，能将学生及听课老师牢牢吸住。他的古代诗文讲得很灵动、很活跃，这种'灵动和活跃'不是肤浅的搞笑、逗乐，也不是偏离语文轨道的胡闹，而是激活了学生思维后的争相表达、理性碰撞、情感激荡，是一种'众里寻他千百度，蓦然回首，那人却在灯火阑珊处'的突然发现后的兴奋喜悦。何老师讲授古诗文为什么如此迷人？答案有多种，但有一点最重要，就是他上课喜欢采用悬念。"

湖南名师张孟光先生听了我的古诗文课堂教学后，赞不绝口。他说："走进何老师的古诗文教学课堂，就像走进了一个异彩纷呈、别有洞天、风景独好的美妙境界。在他的语文课堂教学中，我们看到了传统'读'的教学法得到了精彩演绎：素读读出了学生的原生态体验，美读读出了文章丰富真挚的情感，研读读出了汉语言的独特魅力，品读读出了精彩传神的艺术手法，唱读读出了作者内心的灵魂神韵，创读读出了师生智慧的独具匠心。在他的语文课堂教学中，我们真正听到了学生们在课堂上发出的自己的声音：听到了学生对文本的真切感受，听到了学生对语言的独到品味，听到了学生对文本的深刻理解，听到了学生对问题的智慧争论，听到了学生对创造的强烈冲动。在何老师的语文课堂中，有的是悦耳的读书声、开怀的欢笑声、激烈的争论声、智慧的交流声、创造的赞叹声。"

全国优秀教师、湖南省著名特级教师成少华先生对我的语文悬念教学法评价如斯："王步高教授曾说，教学有四重境界：科学认知的境界，人文传道的境界，研究性的境界，手之舞之足之蹈之的艺术性境界。语文悬念教学一派倡扬者、实践者，深圳大牌名师何泗忠先生以悬念为引擎，对比凸显，步步为营，学生尽窥文本之奥义之余，激发起发散批判思维之火焰，更兼旁征博引，咳珠唾玉，疾徐萦回，酣畅淋漓，学生的激昂思辨与教师的快意撩逗融为一体，诚进入艺术性之境界矣。每每融入自我体验，夫子自道，巧度金针授与生，尤令人击节！"

本书中，收录了我一部分古诗文悬念教学实录，这些实录讲授的文本虽不同，但有一个共同特点：在教学内容上，基本上是从语言、文章、文学、文化四个层面展开；在教学方法上，则千方百计唤起学生的求知欲望，点燃学生的智慧火花，让学生手舞足蹈地（身体自由）、浮想联翩地（精神自由）、兴趣盎然地（生命自由）参与到教学过程中来，最大限度地让学生在"活动"中学习，在"主动"中发展，在"合作"中进步，在"探究"中创新。

罗曼·罗兰在《约翰·克利斯朵夫》中说过，"大多数人在二十岁或三十岁就死了，他们变成了自己的影子，往后的生命只是不断地一天天复制自己"。依我看，有些教师的教育教学，尤其是古诗文教学即如此，无论世界如何变化，教材如何更新，学生如何更迭，却是"涛声依旧"，"任你白云苍狗，我自岿然不动"。

我不愿意做这样一个"岿然不动"的人。我将继续探索完善语文悬念教学法，让自己的教育教学在内容上更有深度、更有高度、更有厚度，在教学形式上更有生气、更有活力、更有波澜、更有悬念，更招学生喜欢。

语文教学，尤其是古诗文教学需要"糖衣炮弹"，我们要给古诗文包上一层甜甜的"糖衣"，让学生喜欢这枚包着糖衣的"炮弹"。

是为序。

何泗忠

2019年10月5日于深圳市桃源村可人书屋

目 录
CONTENTS

第一章

中小学古诗文教学现状分析

应该采用一切可能的方法去激发孩子身上的求知与求学的欲望。

——夸美纽斯

学然后知不足，教然后知困。知不足，然后能自反也；知困，然后能自强也。

——《礼记·学记》

韦志成教授说过：语文难教，过去，乃至现在仍有不少教师把语文课上成"讨厌课""陪坐课""休息课""做其他作业的课""可有可无的课"等，不受学生欢迎。韦教授的话的确道出了当前语文教学的尴尬。然而，在语文教学中，古诗文更难教，教学现状更尴尬。中学生中曾流行一则名为"三怕"的打油诗："一怕文言文，二怕写作文，三怕周树人。"说的是中学生的"三怕"。其实，这何尝不是我们语文教师的"三怕"呢？现在，有不少语文教师怕讲文言文，讲不好文言文（古诗文），故学生不满意；怕讲写作文、讲不好写作文，故学生不喜欢写作文、怕写作文；怕讲周树人，讲不好鲁迅，故学生不喜欢鲁迅的作品。从某方面来说，能不能讲好文言文、写作文、周树人，是衡量一个语文教师优不优秀的重要标准。能把文言文、鲁迅作品、作文讲好，他或她会是一位不错的语文教师，甚至是一位优秀的语文教师。文言文（古诗文）在教材中的比重越来越大，作为一个语文教师，要教好语文，文言文（古诗文）教学是一道必须跨越的坎。

一、古诗文在教材中的比例越来越大

著名语言学家王力先生在《古代汉语》一书的绪论中曾对文言文下过一个定义，他说，文言是指"以先秦口语为基础而形成的上古汉语书面语言以及后来历代作家仿古的作品中的语言"。根据王力先生的说法，先秦诸子散文、两汉辞赋、唐宋诗词、古代散文、元曲、明清小说都应属于文言文的范畴，因此，借鉴这里文言文的概念并结合我们中小学语文教材的相关内容来下定义，文言文包含古代诗歌与散文、小说等作品，我们简称为古诗文。

我国是一个文明古国，历史悠久。古诗文是中华民族文化遗产中的一粒耀眼的明珠，是"渗进了民族睿智的中华文明的地质层"（于漪语）。古诗文在小学、初高中语文教材中所占比例很大。近年来，随着语文教学改革的深化和发展，古诗文教学受到高度重视，而且不断有人提出增加教材中的古诗文比重。例如，著名特级教师韩军老师说："我主张，白话、文言，各占半壁江山，适度加大中小学阶段文言的课文比例，而且是小学、初中、高中循序渐进地增加，至高中阶段在课文篇目数量上应当略高于50%。"随着对中国传统文化的重视，古诗文在教材中的地位越来越重要。以人教版部编本新教材高中语文必修、选择性必修教材为例，教材中的古诗文共计72篇，列表如下：

人教版部编本新教材高中语文中的72篇古诗文

必修上册	必修下册	选择性必修上册	选择性必修中册	选择性必修下册
1. 芣苢	1. 子路、曾皙、冉有、公西华侍坐	1.《论语》十二章	1. 屈原列传	1. 氓
2. 插秧歌	2. 齐桓晋文之事	2. 大学之道	2. 苏武传	2. 离骚
3. 短歌行	3. 庖丁解牛	3. 人皆有不忍人之心	3. 过秦论	3. 孔雀东南飞
4. 归园田居	4. 烛之武退秦师	4.《老子》四章	4. 五代史伶官传序	4. 蜀道难
5. 梦游天姥吟留别	5. 鸿门宴	5. 五石之瓠	5. 燕歌行·并序	5. 蜀相
6. 登高	6. 窦娥冤	6. 兼爱	6. 李凭箜篌引	6. 望海潮
7. 琵琶行·并序	7. 谏逐客书	7. 无衣	7. 锦瑟	7. 扬州慢（淮左名都）
8. 念奴娇·赤壁怀古	8. 与妻书	8. 春江花月夜	8. 书愤	8. 陈情表
9. 永遇乐·京口北固亭怀古	9. 林教头风雪山神庙	9. 将进酒		9. 项脊轩志
10. 声声慢（寻寻觅觅）	10. 促织	10. 江城子·乙卯正月二十日夜记梦		10. 兰亭集序
11. 劝学	11. 谏太宗十思疏			11. 归去来兮辞并序
12. 师说	12. 答司马谏议书			12. 种树郭橐驼传
13. 赤壁赋	13. 阿房宫赋			13. 石钟山记
14. 登泰山记	14. 六国论			14. 拟行路难
15. 静女	15. 登岳阳楼			15. 客至
16. 涉江采芙蓉	16. 桂枝香·金陵怀古			16. 登快阁
17. 虞美人（春花秋月何时了）	17. 念奴娇·过洞庭			17. 临安春雨初霁
18. 鹊桥仙（纤云弄巧）	18. 游园			
	19.《红楼梦》整本书阅读			

旧人教版五册共为38篇，新人教版五册上升到72篇，在这72篇高中古诗文选文中，有乐府诗、绝句、律诗、宋词、元杂剧、古代散文、古代小说。选材范围基本包括了古诗文的全部形式，浓缩了中国古代文化的精华。

古诗文在小学、初中更是受到空前的重视。

2012年3月8日正式启动"部编本"（由教育部直接编写）语文教材编写，2017年9月正式推出。"部编本"新编中小学语文教材中，古代诗歌与文言文猛增至248篇，有人说这是自白话文兴起后百余年来语文教材中古诗文所占比例最高的一次。

从小学一年级始就有古诗文，小学6个年级共12册教材选优秀古诗文124篇，比过去人教版教材增加55篇，增幅达80%，每个年级平均约20篇。初中古诗文选篇也是124篇，比过去的人教版教材也有所增加，每个年级平均约40篇。从古诗文所选体裁来看更加多样化，从《诗经》到清代的诗文，从古风、民歌、律诗、绝句到词曲，从诸子散文到历史散文，从两汉论文到唐宋古文、明清小品，应有尽有。

古诗文除了在教材中所占比例越来越大外，在语文考试中所占比分也越来越高。

以全国高考新课标卷为例，古诗文阅读占35分，其中文言文阅读19分，古代诗歌阅读11分，古诗文名篇名句默写5分，150分的试卷，除去作文的60分，在90分的题目中，古诗文占据了将近40%的比重，即便是以150分为基数，古诗文也几乎占据整张高考语文试卷的23%。

叶圣陶先生说过："一个受教育的人，依理说，必须了解固有文化，才能继往开来。否则，像无根之草，长不起来，也就说不上受教育。"因此，作为中华民族的子孙，当教师的有责任、有义务传承古诗文，当学生的亦有责任、有义务学好古诗文。

二、中小学校优化古诗文教学意义重大

古诗文教学，意义重大。对于个人来说，古诗文教学可以提高学生个体的语文能力、人文素养、人生境界；对于整个社会来说，古诗文教学可以传承中华文明，弘扬民族精神，提高民族素质，促进社会和谐健康发展。具体说来，有以下几个方面的意义。

1. 教学古诗文，有助于学生追寻生命的意义，思考人生的价值

教材中的古诗文，有不少篇目包含肯定生命的意义、追求人生价值的内容。例如，曹操的《龟虽寿》《观沧海》《短歌行》等诗歌，抒发了他积极入世、渴望建功立业的情怀。又如《木兰诗》中的木兰，关键时刻替父从军、保家卫国，学习这些诗词，对学生正确的人生观和价值观的养成无疑有潜移默化的作用。

2. 教学古诗文，有助于学生维护自身的尊严，形成高尚的人格

教材中的古诗文，有不少篇目包含维护人的尊严、追求独立自由的人格

的内容。例如，屈原的《离骚》，"路漫漫其修远兮"，但他始终"上下而求索"，诗歌塑造了一个追求光明和真理的美好形象，体现了诗人坚持正义的刚毅不屈的伟大精神；还有陶渊明的《归去来兮辞》，通过对田园生活的赞美和对劳动生活的歌颂，抒发了作者脱离官场的无限喜悦、归隐田园的无限乐趣，表达了作者洁身自好、不同流合污的精神，体现了作者拒绝与黑暗势力合作、追求独立自由之精神的意志。学习这些古诗文，对学生维护自身的尊严、形成独立的人格无疑有潜移默化的作用。

3. 教学古诗文，有助于学生养成良好的品行，构建道德的基础

中华传统文化的主流思想是"以德为先"，"修身"是"齐家治国平天下"的前提，所以古人是非常讲究修身养德的。教材中的古诗文有不少篇目包含修身养德的内容。例如，《愚公移山》中的愚公在困难面前决不放弃的坚韧平直；孟子的《鱼我所欲也》主张"义"重于"生"，当义和生不能两全时应该舍生取义。又如周敦颐的《爱莲说》，其中名句"出淤泥而不染，濯清涟而不妖"就是作者清逸超群的美德的象征。学习这些古诗文，对学生良好品德的形成有潜移默化的作用。

4. 教学古诗文，有助于学生提高鉴赏的能力，培养审美的情趣

教材中收录的古诗文风格各异、精彩纷呈，或豪放如苏轼，或婉约如姜夔，或华丽如李商隐，或朴素如陶渊明，或典雅如李清照，或通俗如白居易。教师引导学生诵读这些经典古诗文，可以提高学生的鉴赏能力，培养学生的审美情趣，丰富学生的文化积淀。

总之，能够流传到今天的古诗文都是我国传统文化的精华，可谓字字珠玑。我们必须教好教材中的这些古诗文。

三、中小学古诗文教学现状不容乐观

迄今为止，笔者从事语文教学工作已经36个年头了，在工作实践中，尤其感到困惑的就是古诗文教学的方式方法以及由此而带来的效率与质量。说实在话，我们的古诗文教学现状不容乐观，甚至可以说，古诗文教学是语文教学的"重灾区"。正如著名特级教师钱梦龙所说："文言文教学是语文改革的一个'死角'，即使在语文教学改革很火的年代，文言文教学这块'世袭领地'上仍然是一派'春风不度玉门关'的荒凉景象。"笔者平时听过许多古诗文课，除少数几堂公开课外，语文教师仍大多沿用"千年不死"的古诗文教学方法真经，即"字字落实、句句清楚"的串讲法。一句一句翻译，注重字词句的知识积累，按照考纲要求把一篇篇文质兼美的古诗文分解得支离破碎，学生只是课堂的陪客，老师讲什么，学生就在下面机械地记录什么，对学习古诗文缺乏甚至谈不上兴趣，结果离开了老师，学生碰上新的古诗文就无从下手。

2018年，我曾经设计过一套问卷，对我校（深圳市第二高级中学）高一到高三约1000名学生进行了古诗文学习现状的抽样调查。调查结果显示，现有古诗文教学方法功利性太强，难以体现古诗文教与学的目标，难以实现"言"与"文"的有机统一，过分强调死记硬背，难以激发学生学习古诗文的兴趣。以上只是对高中古诗文教学现状的调查结论，其实小学、初中古诗文教学状况也不容乐观。

有没有办法将古代诗文教得有效些、幽默些、有趣些、有味些呢？笔者尝试应用语文悬念教学法改进上述古诗文教学中存在的问题。

第二章

语文悬念教学法的内涵解读

按部就班地讲课，固然不失其自然与本色，然而，在语文教学过程中，教师若能适时设置悬念，构建一种期待，将学生带入特定情境中，借此引发学生学习的兴趣，触发学生的好奇心，激发学生的思维活动，定会使我们的语文课堂教学更曲折、更浪漫、更生动、更有趣、更高效。

一个成功的教学过程，总的来说就是教师和学生有目的、有计划、有方法、有层次、有步骤地不断设悬—解悬—再设悬—再解悬，如此反复递进的过程。在这一过程中，当然也有非目的、无计划的临时性生成的悬念，这些临时性生成的悬念可能有价值，也可能没价值，全靠师生机智应对。

法国教育家卢梭认为："教育的艺术是使学生喜欢你所教的东西。"

英国哲学家、教育家罗素认为："教育就是获得运用知识的艺术。这是一种很难传授的艺术。"

美国的罗伯特·特拉弗斯认为："教学是一种独具特色的表演艺术，它区别于其他任何表演艺术，这是由教师与那些观看表演的人的关系所决定的。"

他们分别从教学的吸引力、教学的有效度、教学的表演性等不同侧面来揭示教学艺术的内涵。那么，作为一种教育艺术，语文悬念教学法又有着怎样的内涵呢？本章我们从语文悬念教学法的构建背景、核心概念、模式结构、衡量标准四个方面进行讲述。

一、语文悬念教学法的构建背景

记得小时候，我们村里有一个说书的老艺人，晚上常常坐在河边的一棵大树下，给我们村里的大人小孩讲《杨门女将》，讲《薛仁贵征东》，讲《薛丁山征西》，讲《三国演义》，讲《水浒传》，讲《西游记》，讲《聊斋志异》，讲《牛郎织女》，讲《孟姜女哭长城》，讲《梁山伯与祝英台》，讲《白蛇传》。这些故事不是一天能讲完的，像《三国演义》等都是大部头，如何吸引我们这些小孩，尤其是一些辛苦劳作了一天的大人听他讲故事呢？一个重要的方法就是设置悬念。这位老艺人十分善于讲故事，讲得绘声绘色，我们听得津津有味，但每当故事情节发展到紧张激烈的高潮或矛盾冲突到剑拔弩张的关键时刻，他就会突然来一句"欲知后事如何，且听下回分解"，吊得村里大人小孩尤其是我整晚整晚都睡不着，设想故事情节发展的种种可能，担忧人物命运的变化。第二天晚上，人们又会跑到那棵树下，静静围在老艺人的身边，听他讲故事。当年老艺人讲得最精彩的就是《西游记》中的"三打白骨精"，孙悟空高举金箍棒，结果打了好几天，白骨精就是没有被打死，我每天一吃完晚饭就跑去听，总是"欲知后事如何，且听下回分解"，我对语文的爱好，主要源于听那位老艺人的故事，这就是悬念的魅力。

悬念在小说中，更是被经常运用。悬念的安排可以使小说情节跌宕起伏、引人入胜，增强作品的艺术感染力。几年以前，美国一家著名的文学杂志花重金向全世界征求最佳微型小说，结果，一篇25字的小说获得最佳微型小说奖：

"地球上最后一个人独自坐在房间里，这时忽然响起了敲门声……"

　　这篇微型小说，短短25个字，却包含了小说的人物、情节、环境三要素。更重要的是，它充满悬念，省略号留给了读者无尽的想象空间，悬念，是这篇微型小说获得巨大成功的最重要的因素。

　　现在的电视节目更是越来越注重设置悬念。传播学博士高红波在《改革开放三十年中国电视语态的变迁》一文中分析总结了自中华人民共和国成立以来的电视语态，他认为中华人民共和国成立以来的电视语态大体经历了如下三个阶段：

　　第一阶段是"新华语态"，这是一种上传下达、传播者高高在上的支配性语态；第二阶段是"平民语态"，这种语态力求平实、亲切，贴近百姓生活，注重传播者和受众平等交流；第三阶段则是"悬疑语态"，这种语态通过层层设置悬念的方法，成功吊起受众的胃口，引起受众的好奇心，是对受众心理诱惑的语态。

　　悬念既然可以结构一个故事、一篇文章、一部作品，带动观众的激情，赢得观众的青睐，那么，我们为何不可以用悬念来结构我们的语文课堂呢？语文味教学流派创始人程少堂先生说过，做人要老实，上课要"狡猾"。按部就班地讲课，固然不失其自然与本色，然而，在语文教学过程中，教师若能适时设置悬念，构建一种期待，将学生带入特定情境中，借此引发学生学习的兴趣，触发学生的好奇心，激发学生的思维活动，定会使我们的语文课堂教学更曲折、更浪漫、更生动、更有趣、更高效。

　　然而，当前我们的语文课堂却并不怎么生动、有趣、高效。

　　我们的语文课堂，在教学内容上，太过浅表化，缺少厚度，缺少深度，缺少高度，不探究或少探究语言之美、文章之美、文学之美、文化之美、人生之美；在教学形式上，太过程式化，缺少生气，缺少酣畅，缺少悬念，缺少波澜；在教学文化上，缺少质疑批判，缺少辩证思维。

　　可以说，直到现在，我国中小学语文课堂的主导模式依然是千篇一律的传统教学模式：以教师为核心，以教材为媒介，教师照本宣科，向学生灌输学科知识，学生则只能机械地、被动地接受教师灌输的学科知识。如果说有所改进，主要是增加了多媒体技术手段的运用。

　　网络上曾有学生这样调侃："我们自看一遍课文，有想法；再看一遍课文，有收获；进一步参看课外同文，有渗透。有的语文老师讲课，不过是把教参的观点照本宣科地灌输给我们，全无创见。这样的老师讲第一节课，我们有想法变得没想法；讲第二节课，我们浪费了两节课……"

学生待在这样的课堂，不是幸福，而是痛苦。学生在学校的时间大部分是在课堂中度过的，可以毫不夸张地说，课堂是学生的主要成长环境。教育部部长陈宝生说过，课堂一端连接着学生，一端连接着民族的未来，教育改革只有进入到课堂的层面，才能真正进入深水区，课堂不变，教育就不变，教育不变，学生就不变，因此，改变课堂教学，是为国培养人才的大事。

作为学校教研室主任，我在学校，也在全国各地，听了许许多多的课，课的层次不同，学生的思维活动也不同。有的课，听起来十分难受，课堂上学生思维不动；有的课，令人难以忍受，课堂上学生思维被动；有的课，让人可以接受，课堂上学生思维也有所波动；有的课，听着让人有感受，课堂上学生思维主动；有的课，听着让人享受，课堂上学生思维互动。我所听到的课，绝大部分属于前三种情况，只有少数的课让人感受、让人享受。学生当然喜欢让人感受、让人享受的课。

2012年5月10日，我在深圳市南山区第二外国语学校运用语文悬念教学法讲授作文，听课学生十分陶醉。

何泗忠老师在深圳市南山区第二外国语学校运用语文
悬念教学法讲授作文

卢梭说过，教学的艺术是使学生喜欢你所教的东西。我们认为，悬念教学法能让学生喜欢语文，悬念教学法能够唤起学生的求知欲望，点燃学生的智慧火花，让学生手舞足蹈地（身体自由）、浮想联翩地（精神自由）、兴趣盎然地（生命自由）参与到教学过程中来，能最大限度地调动学生在主动中学习，在活动中发展，在合作中进步，在探究中创新。

二、语文悬念教学法的核心概念

"悬念"，顾名思义就是悬在心中的挂念，本是叙事性文学作品范畴中的一个特定概念。百度上是这样解释的：悬念，即读者、观众、听众对文艺作品中人物命运的遭遇、未知情节的发展变化所持的一种急切期待的心情。悬念是小说、戏曲、影视等艺术作品的一种表现技法，是吸引广大群众兴趣的重要艺术手段。从这个解释可以看出，悬念包含两层含义：一层含义是针对受众而言，作为一种心理活动，指在欣赏戏剧、电影或其他文艺作品时，对人物命运和故事发展的一种急切期待的心情；一层含义是针对创作者而言，那就是作者在描绘人物和安排情节时，到了某个关头，故意停住，设下卡子，对矛盾不加以解决，让读者对情节、对人物牵肠挂肚，以达到吸引广大群众兴趣的重要艺术手段。语文悬念教学法，就是将这种接受心理特点和创作技巧"移植"到语文课堂教学中来。在教学过程中，在探究教学材料的语言之美、文章之美、文学之美、文化之美的过程中，教师采用比较异同法、倒叙追问法、问题诱导法、语言节奏法、开合教材法、故意错误法等手段适时地创设"悬念"，构建一种期待，这种期待使学生产生一种关注、好奇、牵挂的心理状态，使教学过程成为师生不断想象、不断推理、不断思考、不断质疑、不断批判、不断发现、不断求证、不断享受的过程，最终学生在耳濡目染、潜移默化中达成语言建构与运用、思维发展与提升、审美鉴赏与创造、文化传承与理解的目标。

以上概念，从教学内容、教学方法、教学文化、教学目标四个维度对语文悬念教学法加以定义。语文悬念教学法，并非人们所想象的是一种只注重教学形式的教学法。语文悬念教学法，在教学内容上，深受程少堂老师"一语三文"语文味教学法的启发，从语言、文章、文学、文化四个层面加以展开；在教学形式上，采用多种方法，巧妙设置悬念，激发学生好奇心，使教学过程成为师生不断想象、推理、思考、质疑、批判、发现、求证、享受的过程。因此，语文悬念教学法是一种教学内容和教学形式兼顾的教学法，它既注重教学内容的选择，又注重教学形式的创新。

三、语文悬念教学法的模式结构

通过十多年的悬念教学法的实践与探索，笔者总结出了一个行之有效的悬念教学程式或模式，就是"三悟"模式，即悟空、悟净、悟能模式。图示如下：

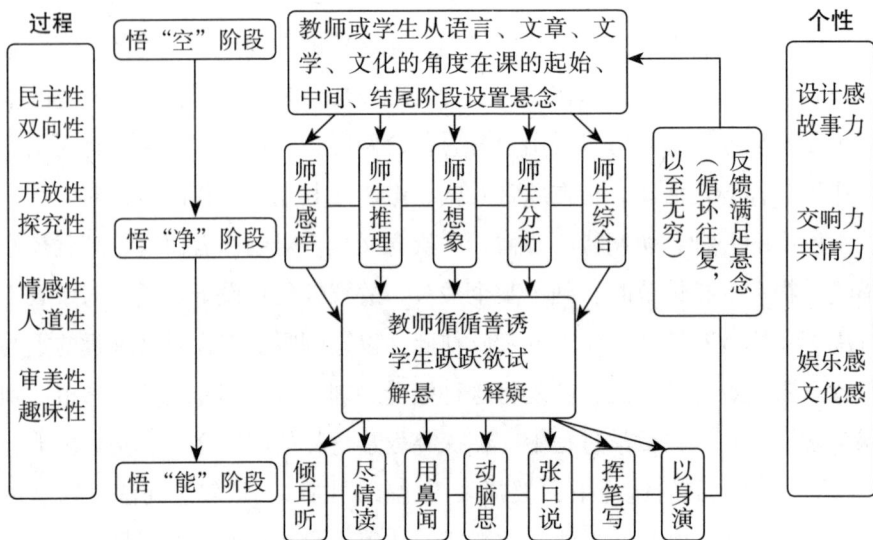

语文悬念教学法"三悟"模式

第一阶段：悟"空"阶段，设计课堂教学悬念

一个成功的教学过程，总的来说就是教师和学生有目的、有计划、有方法、有层次、有步骤地不断"设悬—解悬—再设悬—再解悬"，是如此反复递进的过程。在这一过程中，当然也有非目的、无计划的临时性生成的悬念，这些临时性生成的悬念可能有价值，也可能没价值，全靠师生机智应对。语文悬念教学法，要做的第一步就是从语言、文章、文学、文化的角度创设悬念。好的悬念设计，能够契合学生的精神需要，调动学生的学习兴趣，点燃学生思维的火花，诱导学生充满热情地参与课堂学习，让学生进入课堂情境和文本情境，进而体会到文本的语言之美、文章之美、文学之美、文化之美、人生之美。这些悬念，充满想象与思辨的空白，故曰"悟'空'"。

第二阶段：悟"净"阶段，师生探索研究悬念

著名教育家叶圣陶先生说过，教学不在于全盘授予，而在于相机诱导。具体到语文教学，叶老进一步指出："语文老师不是只给学生讲书的。语文老师是引导学生看书的。一篇文章，学生也能粗略地看懂，可是深奥些的地方，隐藏在字面背后的意义，他们就未必能够领会。老师必须在这些场合给学生指点一下，只要三言两语，不要啰里啰唆，能使他们开窍就行。老师经常这么做，学生看书读书的能力自然会提高。"因此，在这一阶段，教师要充分利用学生的好奇心、探究欲，积极而巧妙地引导学生对"悟'空'阶段"设置的教学悬念加以感悟、推理、想象、分析、综合，使学生在主动中学习，在质疑批判中发现。此阶段师生必须剔除杂念，净化心灵，故曰"悟'净'"。

第三阶段：悟"能"阶段，学生踊跃解悬释疑

陶行知先生提出："在现状下，尤须进行六大解放，把学习的基本自由还给学生：一、解放他的头脑，使他能思；二、解放他的双手，使他能干；三、解放他的眼睛，使他能看；四、解放他的嘴，使他能说；五、解放他的空间，使他能到大自然大社会里取得更丰富的学问；六、解放他的时间，不把他的功课表填满，不逼迫他们赶考，不和家长联合起来在功课上夹攻，要给他一些空间消化所学，并且学一点他自己渴望要学的学问，干一点他自己高兴干的事情……"语文悬念教学法旨在落实陶先生的"六大解放"。在此阶段，教师循循善诱，学生跃跃欲试，或倾耳听，或尽情读，或用鼻闻，或动脑思，或张口说，或挥笔写，或以身演，以各种方式充分展示自己听、说、读、写、思的能力，故曰"悟'能'"。

2019年5月17日，何泗忠老师在广州真光中学推广语文悬念教学法

语文悬念教学法，从语言、文章、文学、文化的角度设置悬念，激发学生感悟、推理、想象、质疑、批判、分析、综合，引导学生在"听中学""读中学""闻中学""思中学""说中学""写中学""演中学"。在教学过程中，始终充满民主性、双向性、开放性、探究性、情感性、人道性、审美性、趣味性。在教学个性上，这里借鉴著名未来学家、趋势专家丹尼尔·平克在《全新思维：决胜未来的6大能力》一书中的关键词，充满设计感、故事力、交响力、共情力、娱乐感、文化感。整个教学让学生走向了教学舞台的中央，学生真正成了课堂的主人，教师只是课堂的组织者、引导者，学生学习的合作者。实践证明，这是一种（不是唯一）有价值的悬念教学法模式。

四、语文悬念教学法的衡量标准

要实施语文悬念教学法，就要有课堂文化环境做保证。语文悬念教学法的课堂文化环境必须是轻松的、自由的、平等的。语文悬念教学法实施的文化环境必须达到如下五条标准：

第一条：在教学环境上，教师要留给学生足够的空间和时间。

衡量指标：立体、开放、探究、民主、留白。

第二条：在教学态度上，教师要由衷地、真诚地关注每一位学生。

衡量指标：体态、人道、亲切、平等、安全。

第三条：在教学语言上，师生间、生生间有理性的情感的交融。

衡量指标：双向、真诚、尊重、鼓励、欣赏。

第四条：在教学手段上，教师要充分调动学生以多种方式参与教学。

衡量指标：会听、会读、会闻、会思、会说、会写、会演。

第五条：在教学内容上，课堂渗透核心素养，充满浓浓的语文味。

衡量指标：语言、文章、文学、文化、人生。语言建构与运用、思维发展与提升、审美鉴赏与创造、文化传承与理解。

我们需要悬念教学法，我们需要有悬念的课堂教学。尤其是中小学课堂，我们的教育对象是青少年，青少年学生的好奇心和求知欲尤为旺盛，面对悬而无答的问题，他们自然会跃跃欲试，去探究答案。语文悬念教学法，因采用多种方式设置悬念，正好能满足学生的好奇心和求知欲，从而能使学生深度参与我们的课堂教学中来。

　　新课程理念背景下的语文课堂教学不是教师单方面的讲授，教师必须摒弃从头到尾滔滔不绝的习惯；一堂课只有适时创设悬念，让课堂存在足够的"未定点"和"不确定性"，才会有效地吸引学生的注意力、激发学生的思维，才会成功地将学生引入一个个"引人入胜"的境地。因而，教学艺术高明的教师在教学过程中总是会巧妙地设置悬念，让学生去思考、去想象、去质疑、去批判、去发现、去求证、去发挥，他们的课堂教学总是有虚有实、有疏有密、跌宕多姿、妙趣横生的。

第三章

语文悬念教学法的个性特征

我们认识某一事物，只有抓住它的特征，才能把握它。所谓特征，指事物所具有的区别于其他事物的独特的征象或标志。比如，要在茫茫人海中寻找一个人，如果不知道他的特征就很难找到；但是，如果知道他有明显的特征，像脸上有颗黑痣，白头发，大眼睛，小耳朵，长下巴等，根据这些特征，我们就可以把这个人找到。

——韦志成《语文教学情境论》

澳大利亚的悉尼歌剧院、我国的国家体育场（鸟巢），之所以给人以独特感、震撼力，是因为工程师的精心设计；同样，高效有趣的课堂教学之所以给学生以独特感、震撼力，也是因为教师的精心设计。

语文悬念教学法,不同于传统教学法。这种教学法要求语文教师像艺术家打造艺术作品一样,把课堂教学打造成自己的独具特色的教学艺术作品。这样的课堂教学艺术作品,借用著名未来学家、趋势专家丹尼尔·平克在《全新思维:决胜未来的6大能力》一书中的关键词来表达,就是具有设计感、故事力、交响力、共情力、娱乐感、文化感六个方面的个性特征。

一、课堂充满设计感

运用语文悬念教学法授课,必须要精心设计。教学设计之于课堂就如同建筑设计之于建筑,我们建造高楼大厦,没有设计图纸是不可想象的。同样,教学设计对于我们的课堂教学也是非常重要的。同一教学内容,经过精心设计的教学与漫不经心的教学是有区别的。

譬如,李商隐的《锦瑟》,这是一首很美的诗歌,但又是一首非常朦胧的诗歌,很难读懂。不仅我们读不懂,连大学问家梁启超都说:"义山(李商隐)的《锦瑟》说的什么意思我理会不着,我就觉得它美,读起来愉悦。须知美是多样化的,神秘的。"北大教授季羡林先生也说读不懂这首诗歌。那么,像这样难懂的诗歌,我们应该怎样来教呢?多数教师采用串讲法。记得第一次教这首诗歌的时候,我没有做过多的教学设计,就是采用以我为主的串讲法,先进行作者介绍,再进行背景分析,然后一句一句讲解,接着分析诗歌的艺术特色。结果,诗歌讲完后,有一名学生给我写了一张纸条:

老师,您一堂课下来,从李商隐的生平讲起,再讲到诗歌的写作背景,再讲到诗歌的内容和主旨,再讲到……,一节课,您像打机关枪一样放个不停,我听着听着,就睡着了。老师啊,您讲课,能不能提出一些问题,让我们思考思考?您能不能留下一些空白,让我们参与参与?

看了学生的纸条,我十分汗颜。后来,我再次讲到这首诗歌的时候,就做精心的教学设计了。

我曾经采用这样的设计方式来讲这首诗歌:

首先,讲一个故事。故事内容是北京大学有一位著名的教授,有一天在讲解《锦瑟》这首诗的时候,从开始到结束,一直饱含深情地朗诵,整整一堂课,教授读得老泪纵横,泪眼婆娑。读到最后教室里仅剩下寥寥几名学生,学生也感动得泣不成声。

其次，我也要学生先诵读此诗，说说读完《锦瑟》后对诗歌的第一感觉。在学生们说出了自己对诗歌的原初感受后，我又设计了这样一个教学环节：

张老师从教40年，年过花甲。学校为他举办隆重的退休仪式，张老师的不少学生赶来参加。尤其引人注目的是他40年前所教的第一届四位已年过五十的学生也赶来了。这四位学生分别给张老师送来了一束鲜花。花中各附有两句诗：A学生所附诗句是《锦瑟》的首联，B学生所附诗句是《锦瑟》的颔联，C学生所附诗句是《锦瑟》的颈联，D学生所附诗句是《锦瑟》的尾联。要求任选一位学生，猜测这四位学生想借诗句向老师表达什么，师生之间曾经发生过怎样的故事。发挥想象，把这个故事写出来。

这个创意设计一下子就把学生们吸引住了，学生们兴致勃勃地商讨交流起来。接着，我让学生们结合诗句讲故事，学生们讲得绘声绘色，师生听得津津有味，课堂教学效果非常好。

2016年4月15日，广东省阳江市两阳中学40名语文教师专程来深圳市第二高级中学听我的语文课。我再次上了《锦瑟》，但这次，我又采用了新的设计方式，其中有一个环节就是图文对照说《锦瑟》。人教版必修三诗歌单元每首诗歌都配有作者的一幅画像。在李白的《蜀道难》一诗中，配有李白画像，李白是诗仙，眉毛上扬，杏眼，胡须飘逸，充满仙气。在杜甫的《登高》诗中也配有一幅杜甫画像，杜甫是诗圣，眉毛紧锁，胡须下垂，一副悲天悯人的样子。李白是浪漫的，面对蜀道，可以大喊一声："噫吁嚱，危乎高哉！"这一呼喊，洋溢着浪漫精神。这一声，杜甫是喊不出来的，杜甫是现实的，他只能是"万里悲秋常作客，百年多病独登台"。然而，古代又没有照相机，我们现在看到的文人的许多画像是根据他们的作品风格画出来的。同样，教材在李商隐的《锦瑟》中配了一幅李商隐画像。接下来，我就设计了这样一个教学环节：请同学们仔细揣摩李商隐画像，并用《锦瑟》中的诗句来描摹李商隐画像的神韵。这个教学设计，实际上是采用图文对照法让学生来揣摩理解李商隐的诗句，这个设计一下子就把学生吸引住了。学生带着好奇心，边钻研诗句，边揣摩图画，约5分钟后，学生纷纷举手回答问题。

有名学生说可以用尾联描绘李商隐画像的神韵。画像中的李商隐身躯微微弯曲，背着手，侧着身，双脚似乎要转动，给人一种回首一看的感觉，这回首，好像是在追忆什么。这种神态，正可以用"此情可待成追忆"来描摹概括。再看李商隐那回眸的眼神，有些迷惘，有些怅然若失，所以"只是当时已惘然"。惘然，就是怅然若失的样子。

这名学生说完后，另一名学生站起来说，用首联来描摹概括李商隐画像神韵更妥帖。"五十弦"，可以寓意李商隐年过半百。画像中李商隐的背部有些弯曲，表明年纪不小了。"无端"是"无缘无故，没来由"的意思，反映了诗人内心一种对光阴消逝的无可奈何的味道。"思华年"，就是若有所思的样子。画像中的人回头一望，那是对华年，即年轻时美好事物的回首。

这名学生一说完，另一名学生马上说，用"庄生晓梦迷蝴蝶，望帝春心托杜鹃"来描摹李商隐画像的神韵也可以，庄周梦蝴蝶，蝴蝶梦庄周，有一种迷离。李商隐那回眸的眼神，看上去也有些迷离，也许在回忆过去美好的时光。李商隐曾经像庄周梦蝴蝶一样沉迷在美好的爱情中，最终却只能像望帝那样，把自己的爱念托付给杜鹃。

这名学生说完后，另一学生说用"沧海月明珠有泪，蓝田日暖玉生烟"概括更好。学生说，像李商隐这么好的人才却不被朝廷重用，看那神态，有如怨如慕、如泣如诉的感觉。那回头，眼神里蕴藏着苦闷与无奈之情。

最后一名学生说，这幅画配这首诗，绝好，仔细看，其实，诗歌中的每一句话都可以对应描摹李商隐画像的神韵。

仔细观察，确实有道理，我通过诗文配画像这个悬念设计，极大地调动了学生学习《锦瑟》的积极性。

一个富有创意的教学设计是驱动学生深度解读文本的有力引擎。在教材内容相同的情况下，课堂设计与不设计，教学效果是完全不同的。一篇课文，如果这位老师这样讲，那位老师也这样讲，学生会感到单调疲倦，如果一位老师经过精心设计，讲法不同，就会给人带来一种耳目一新的震撼力。澳大利亚的悉尼歌剧院、我国的国家体育场（鸟巢），之所以给人以独特感、震撼力，就是因为工程师的精心设计；同样，高效有趣的课堂教学之所以给学生以独特感、震撼力，也是因为教师的精心设计。悬念教学法理念下的课堂教学充满设计感。

二、课堂充满故事力

悬念与故事有着天然的联系，可以说，没有悬念就构不成故事，故事，尤其是好的故事，一般都会用到悬念。运用语文悬念教学法授课，课堂会充满故事力。故事，能不断激发学生的学习兴趣，提高学生的课堂参与度。因此，在课堂教学中适当插入故事，可以使枯燥乏味的课堂充满悬念，充满生机与活力，更能引起学生注意，激发学生的学习兴趣。

2016年4月12日，何泗忠老师给新疆名师传授语文悬念教学法

一些教育名家，都擅长在课堂教学过程中穿插一些故事。不用说语文教师，就连一些很有成就的理科教师上课也会讲故事。

数学一般是抽象难懂的、枯燥的，但深圳市教研员数学特级教师黄爱华老师的数学课却上得妙趣横生，悬念迭出，学生十分喜欢上他的数学课。其中一个重要的原因就是黄老师十分喜欢在教学过程中讲故事，用故事吸引学生参与他的课堂。《名师最吸引学生的课堂切入点》一书中记载，黄老师教《循环小数》一课时就是从讲故事开始的。上课伊始，黄老师没有直接奔入主题讲什么是循环小数，而是问道："同学们喜欢听故事吗？"

"喜欢。"学生们大声地回答。

"那你们一定听过这样的故事。从前有座山，山里有座庙，庙里有个老和尚在给小和尚讲故事。讲的什么故事呢？从前有座山，山里有座庙，庙里有个老和尚在给小和尚讲故事……"黄老师把这个小故事不停地重复着。

重复几遍后，黄老师问："你们能讲吗？"

"可以，从前有座山，山里有座庙……"学生们兴致高昂地回答，也重复了五六遍。

"好，就到这儿吧！"黄老师笑着问，"如果老师不喊停止，想一想，你们要讲多少遍？"

"要讲无数遍。"

"故事能讲完吗？"

"不能。"

"为什么？"

"因为故事是重复循环出现的。"

"对，同学们说得非常好，你们说了一个很关键的词——循环。"黄老师一边说一边转身在黑板上写下"循环"一词，然后接着讲道："在数学王国里，就有一种小数，这种小数的小数部分的数字也像这个故事里的几句话一样循环不断地重复出现，同学们想认识它吗？"

"想。"学生们齐声回答。

"好，今天这节课我们就来学习循环小数。"

这样，黄老师以一个有趣而又与教材相关的小故事为切入语引出了新课。

理科课堂都能穿插故事，语文课，更是与故事有天然联系，更好穿插故事。笔者在讲《滕王阁序》时就采用了讲述故事法来提高学生的课堂参与度，激发学生学习文本的兴趣。

上课开始，我先问同学们，今天，我来到江西，你们江西南昌有一座名楼，与湖南的岳阳楼、湖北的黄鹤楼齐名，你们知道吗？（学生齐答：滕王阁）是的，滕王阁。其实，这几大名楼之所以这么有名，还与它的文化有关。岳阳楼，因范仲淹的《岳阳楼记》而闻名，《岳阳楼记》有名句"先天下之忧而忧，后天下之乐而乐"；黄鹤楼，因崔颢的《黄鹤楼》而闻名，《黄鹤楼》有名句"昔人已乘黄鹤去，此地空余黄鹤楼"；那么，滕王阁呢？（生答：因《滕王阁序》而闻名）对啦，今天，我们就来学习《滕王阁序》。《滕王阁序》的作者是谁呢？（生答：王勃）你们知道王勃写《滕王阁序》时多大年纪吗？只有25岁（学生十分惊讶），而且是一气呵成（学生瞪大了眼睛），关于王勃写《滕王阁序》至今还流传着一个神奇而又美妙的故事（学生露出神往的表情），你们想听吗？（生答：想）。

话说唐高宗上元二年，即公元675年，王勃从山西动身，千里迢迢去看望自己的父亲，他父亲此时被贬谪到南海的交趾为官。王勃先走陆路，后坐船逆长江而上，有一天，来到江西与安徽的交界地马当山，突遇风浪，不得已船就停在了这里。王勃便下船上岸，来到附近的一座庙里观瞻了一番，然后又赏玩江景。正兴尽想回船时，看见一位老人端坐在一巨型石块之上，老人须眉皓齿，仙风道骨，一看就知道不是凡人。王勃整衣向前，向老人作揖。老人遥指，问道："来的可是王勃吗？"（老师讲得绘声绘色，学生听得津津有味）

王勃十分惊讶，回答说："正是，敢问长者何以得知在下？"老者说："明日重九滕王阁有宴会，如能前往参加，写作诗文，可以名垂千古。"王勃笑着说："此地离洪都六七百里的路程，一夜岂能赶到？"老人说："你如决定去，我可帮助你。"王勃于是拱手致谢。老人忽然不见了。依照老人的指引，王勃立即登船起帆，一路上顺风吹送。第二天便到达南昌，并按时赴会。

话说洪州阎都督重修滕王阁落成，于是在重阳节这一天在滕王阁上大宴宾客，以示庆贺。阎都督有一位女婿，叫吴子章，也擅长文章，阎都督让他事先写好了一篇序文，以便在宴会上当众夸耀。在宴会上，阎都督命人取出纸笔，遍请在座宾客为滕王阁写作序文。大家因知道他的意图，纷纷推辞。轮到年岁最小的王勃时，他却不谦让，毫不踌躇地接过纸笔写起来。阎都督开始很不高兴："看你小子有什么能耐，敢抢我女婿的风头？！"于是他退回到屏风后，让一个仆人传报王勃所写的序文，当报到"豫章故郡，洪都新府"时，阎都督说："这是老生常谈，谁人不会！"接着又报："星分翼轸，地接衡庐。"阎都督说"无非是些旧事罢了。"又报："襟三江而带五湖，控蛮荆而引瓯越。"阎都督听后便沉吟不语了。随着侍从们不断来报，阎都督心情越来越不平静。当报到"落霞与孤鹜齐飞，秋水共长天一色"时，阎都督不禁拍案叫绝："这个人下笔如有神助，真是天才啊！"说完便走出来，邀王勃喝酒，趁着酒兴，阎都督说："这滕王阁，有了你的好文章，一定能够流传千古，我赏你千金！"

此刻，有人大喝一声：且慢！众人惊愕之余，定睛一看，原来是阎公的乘龙快婿吴子章。吴子章走过来说："此乃旧文，并非新作，连三岁小童也可背诵如流。"说着，便把一篇《滕王阁序》一字不差地背了出来。众人满脸疑惑，看王勃如何应对。

王勃拱手抱拳道：阎督都，此公过目成诵之能可比杨修、曹子建！请问这位先生，可知序文后面有诗否？吴子章胸脯一挺：无诗！说话间，王勃挥毫写下四韵八句：藤王高阁临江渚，佩玉鸣銮罢歌舞。画栋朝飞南浦云，珠帘暮卷西山雨。闲云潭影日悠悠，物换星移几度秋。阁中帝子今何在？槛外长江空自流。一篇千古杰作就这样诞生了。

同学们，你们想不想学习这篇文章？（生齐答：想，好想）好，请同学们打开书，先自由朗读这篇文章。于是，学生兴趣盎然地读起来。

就这样，我采用故事法，引起了学生学习《滕王阁序》的强烈兴趣。当然，我们上课不能为讲故事而讲故事，所选故事要与课文内容紧密相关。悬念教学法理念下的课堂教学充满故事力。

三、课堂充满交响力

语文悬念教学法理念下的课堂教学，是一种多声部、多层次的对话，课堂上，既能听到教师的声音，也能听到学生的声音；既有学生与教师、与文本、与作者、与编者之间产生的碰撞声，也有学生与学生、学生与教师之间的交流与对话声，仿佛一部交响乐，课堂充满交响力。

笔者曾经上过一堂公开课——《念奴娇·赤壁怀古》，因采用了故错教学法，充分调动了学生的学习积极性和主动参与性，使课堂教学充满交响力。

三国周瑜，不仅是位军事家，而且精通音乐。相传那些弹古筝的女艺人为了博得他的青睐，故意把筝弹错，以逗引周瑜注意，周瑜知道后，必定过来纠正。这种故意出错以引人注意的妙法，用心良苦，高人一筹。在杭州讲公开课的那一次，我采用的就是周瑜的这种故错教学法。

上课伊始，我把这首词朗读了一遍。学生静静地听：

"大江东流，浪淘尽，千古风流人物。故垒西边，人道是，三国周瑜赤壁。乱石穿空，惊涛拍岸，卷起千堆雪。江山如画，一时多少豪杰。遥想公瑾当年，小乔初嫁了，雄姿英发。羽扇纶巾，谈笑间，樯橹灰飞烟灭。故国神游，多情应笑我，早生华发。人生如梦，一樽还酹江月。"

我读得抑扬顿挫、声情并茂，赢得了满堂喝彩。读完以后，我问学生："老师读得好不好？"学生们回答："好！""老师读得妙不妙？"正当学生们回答"妙"时，却有一名学生高声说："谬误！"听课师生都吃了一惊。我镇静地问这名学生为什么说"谬误"，学生说："老师读得妙是妙，但有些地方读错了！""是的，老师有些地方读错了！"这名学生一说，其他同学纷纷附和，我的朗读"错误"引来了学生们的"围攻"。面对学生的"围攻"，我很自信地说：我没有读错。

这时，一名学生站起来说："有，'大江东去'一句，老师把它读成了'大江东流'。"

学生一指出来，我就说："哦！'去'与'流'都是动词，都写出了水的流动，在这里换一下，没有关系。"

这名学生反驳说："怎么没关系呢？'去'，显得有力度，写出了长江水一去不复返的气势，显出一种壮美，用'流'字就没有这种气势了，给人一种'小桥流水人家'的感觉。老师，大江东去的'去'字，在这里绝对不能换成'流'字，就好像李煜的'问君能有几多愁？恰似一江春水向东流'中的'流'字绝对不能换成'去'字一样。"

这名学生刚说完，另一名学生又站起来说：" '为人性僻耽佳句，语不惊人死不休。'古人写诗是很讲究炼字的。王安石的'春风又绿江南岸，明月何时照我还！'中的'绿'字用得巧妙，自古以来广为称道。但王安石最初用的不是'绿'字，王安石先后用了'到''过''入''满'等十多个字，最后才选定这个'绿'字的。一个'绿'字既有动态美，又有视觉美，把整个江南生机勃勃、春意盎然的动人景象立体地呈现在了读者的面前。老师，我也觉得'去'字不能换成'流'字，这是由诗歌的感情基调与意境决定的。其实，苏轼这首词在选词炼字方面是很讲究的。例如'乱石穿空'的'穿'字，'惊涛拍岸'的'拍'字，'卷起千堆雪'的'卷'字，都写出了江山的险峻与壮美。"

这两名学生一说完，我就有点招架不住了，我说："哦，有道理，老师认错了。"

接着我又说："我读的第一句中就有错误，刚才同学们都更正了，我想后面应该没有读错的了吧？"

这时，又一名学生站起来，理直气壮地说："有！'故垒西边，人道是，三国周郎赤壁'一句，您把'周郎'读成了'周瑜'？"

学生一说完，我笑着说："这算什么错误，'周郎'不就是'周瑜'，'周瑜'不就是'周公瑾'吗？"

学生马上反驳："那可不一样，'人道是，三国周郎赤壁'（学生带有感情地、摇头晃脑地读着这句），在这里用'周郎'比'周瑜'显得更有情调。"

我说："为什么更有情调？"

学生说："我们称呼刚刚结婚的男子为'新郎'，这个'郎'字让我想到周瑜是那样的年轻、英俊、潇洒，风流倜傥，一表人才。作者在这里不用'周瑜'而用'周郎'，更好地给我们展现出了一位'千古风流人物'，'雄姿英发，羽扇纶巾'的风度翩翩的儒将形象。"

学生说完，我说："我真佩服同学们，你们能够发现老师这些错误，并且能够说出老师为什么错了，苏轼为什么是对的。但是，这首词中苏轼犯的一个错误却是铁证如山的，不知你们发现没有？"

（学生十分惊讶，停了一会儿，老师接着说。）

师："我查了一下史料，赤壁之战中周瑜34岁；而他与小乔结婚时年仅24岁。照此算来，赤壁之战发生时，周瑜与小乔已经结婚10年了。为什么作者还说是'小乔初嫁'呢？我认为苏轼在这里犯了一个明显的错误。我觉得要把'小乔初嫁了'改成'小乔出嫁了'才符合情理。"

学生沉思，不一会儿，有学生举手说："老师这样改，固然符合史实，但却失去了文学的韵味。苏轼在这里不是写历史，他是文学创作，他在这里是为了表现人物。'初嫁'，即刚刚出嫁，他这么说主要是为了用刚刚出嫁的年轻貌美的小乔来衬托周瑜的丰姿潇洒、韶华似锦、年轻有为。苏轼总不能说，遥想公瑾当年，周瑜20岁了。这是写词，不是写历史啊！在这里，苏轼犯的是一个美丽的错误。"

学生慷慨激昂的陈词赢得了师生雷鸣般的掌声。我感到十分委屈，苏轼总是对的，而我总是错的，可学生更来劲了。

整堂课，我就是在这样的"错误"中进行的。这堂课由教师讲的话语不多，与我过去采用串讲法炫耀自身才艺不同，这堂课，我的心思主要是花在学生身上。我只是紧紧抓住学生"好奇"的心理特点，给学生抛出一个接一个的"错误"，引导学生"纠错"，千方百计引导学生在课堂上阅读、分析、讨论、质疑、答疑，使学生产生浓厚的兴趣，自觉地加入学习中。运用语文悬念教学法授课，课堂充满交响力。

四、课堂充满共情力

共情力，就是师生在课堂教学中表现出来的一种生命激情。语文悬念教学法理念下的课堂，既有知识线索，又有情趣线索。运用语文悬念教学法授课，千方百计唤起师生的生命个性，师生手舞足蹈地（身体自由）、浮想联翩地（精神自由）、兴趣盎然地（生命自由）共同演绎课堂教学，教师充满教学激情，学生充满学习激情，师生情感共鸣，课堂充满共情力。

2005年11月26日，著名语文教育专家、语文味教学流派创始人程少堂先生赴香港讲学，在香港香岛中学讲授《用优美的汉语描绘优美的人性：〈诗经·子衿〉欣赏》一课。上课伊始，程老师让学生以"风"组词，新颖地导入课文，把学生巧妙地带入中国诗歌的鼻祖——《诗经》的意象。在完全陌生的师生的和谐、默契中，程老师施展自己一贯的幽默和博学的魅力，带领学生和听课教师一起朗读、品味、欣赏、创造。课堂的高潮是程老师要求学生根据自己的体会，创造性地给这首诗谱曲。香岛中学的学生充分展示了自己在语文方面的素养，有的借来《水调歌头》的曲子现场吟唱起来，有的结合流行的爱情曲吟唱，有的对诗歌中的句子进行创造加工，博得了满堂喝彩。课堂教学过程中，师生和谐互动。

师：以前课本学过是吧？"蒹葭苍苍，白露为霜。所谓伊人，在水一方。"琼瑶写过一首歌，你们听过没有？琼瑶是台湾的作家。写过一个电影剧本，后来拍成电视剧了。谁知道？

生：是《还珠格格》吗？

师：不是《还珠格格》。（生笑）《在水一方》啊！有没有同学知道那首歌？哪位女同学给我们唱几句？

生：老师唱一下。

师：你们鼓鼓掌，我就来哼两句。（生笑）

（生热烈鼓掌。）

（师唱。）

在这里，教师放下了架子，和学生一起笑啊、唱啊、跳啊！手之舞之足之蹈之。执教者、学生与听众忘情投入，教学充满共情力。

五、课堂充满娱乐感

丹尼尔·平克在他的《全新思维：决胜未来的6大能力》一书中指出：游戏、欢笑、愉悦的心情和幽默感有益于身心健康和事业发展。因此，他主张，无论工作还是生活，不仅要严肃，还要有娱乐感。语文课堂教学也同样要充满娱乐感。调查表明，学生喜欢幽默和充满娱乐感的老师，喜欢幽默和充满娱乐感的课堂。语文悬念教学法理念下的课堂教学就是一个快乐学习语文的课堂。在这样的课堂里，师生放飞个性，幽默风趣，沉浸在自由、轻松、愉快、美妙的学习氛围中，课堂充满娱乐感。

现在，我们的语文教学普遍缺乏娱乐感，古诗文教学更是如此。我们的古诗文教学，要么是教师一字一句地翻译，讲得太死；要么是老师天马悬空，不注重字词落实，讲得太活。要讲好古诗文，既要让字词得到落实，又要让课堂充满娱乐感。让学生喜欢你的课堂、参与到你的课堂的确不易，我的感觉是必须做到"思趣活来"。思，就是教师上课，要有思想，能引起学生的思考，能培养学生良好的思维能力。趣，就是教师上课要有趣味，要有娱乐感，要能引起学生的兴趣，要能激发学生的学习动力。活，就是教师讲课要灵活，要能使学生活跃，要教给学生学习方法。来，就是教师讲课要来劲，要全身心投入，要促进师生交往，培养学生交流合作的习惯。屈原的《离骚》是最难讲的，如果教师采用串讲法一句一句讲，学生肯定没兴趣，如果让学生自己去看，学生更是没兴趣。一般很少有教师拿《离骚》上公开课，但我却用《离骚》多次上公开课，而且把《离骚》讲得"思趣活来"。其中，有一个采用道具法来激活学生学习兴趣的片段。上课伊始，我拿着四样道具——两块手帕、两把宝剑、两支画眉笔、两个高高的帽子走进教室。学生看到我拿的这四样东西十分好奇。我说，《离骚》这首诗歌很难读，但是，教材上有很详细的注释。请同学们对着注释，认读《离骚》，在读的过程中，这四样道具可以根据《离骚》中句子的意思用到。请同学们仔细揣摩，看哪个句子可以用到手帕，哪个句子可以用到宝剑，哪个句子可以用到画眉笔，哪个句子可以用到帽子。学生听了我这个教学创意后，觉得十分新奇有趣，他们仔细研读《离骚》。大约过了8分钟后，我叫一名同学读《离骚》，两名同学上台拿着道具表演。"长太息以掩涕兮"，当同学读到这一句时，两位同学都拿起了手帕，但其中一名同学是往鼻子上抹，另一名同学则是往眼睛上抹。"众女嫉余之蛾眉兮"，当同学读到这一句时，两位同学都拿起了画眉笔往眉毛上画。"伏清白以死直兮"，当同学读到这一句时，一名同学拿起宝剑往脖子上一抹，另一位没动。"进不入以离尤兮，退将复修吾初服"，当同学读到这两句时，抹脖子的同学拿起了帽子往头上一戴，另一个还是没动。"高余冠之岌岌兮，长余佩之陆离"，当同学读到这两句时，台上那个没动的同学戴起了帽子，佩上了宝剑。台下同学边看表演，边听朗读，忍俊不禁。学生读完后，我请同学来评判，看两位同学哪位表演得更准确。

2019年10月24日，何泗忠老师给广东省强师工程指
导教师应用语文悬念教学法授课

以"长太息以掩涕兮"一句为例，学生们说，往眼睛上抹的同学正确。学生认为，往鼻子上抹的同学，把"涕"字理解成了现在"鼻涕"的意思了。这个"涕"应该是古今异义字，是"眼泪"的意思。接着学生举了陈子昂的《登幽州台歌》"独怆然而涕下"的"涕"为例，说这个"涕"也是"流泪"的意思。

这个教学设计让学生真正参与了教学，使学生对诗句印象深刻，同时又充满趣味性和娱乐感。为了进一步让学生理解诗句，接下来，我又让学生把《离骚》改成五言诗，甚至四言诗。

将"长太息以掩涕兮"改成五言诗"长太息掩涕"，甚至变成四言诗"太息掩涕"，要做到这一点，学生必须仔细研读诗歌的每一句每个字。学生觉得这个充满挑战性的教学环节既有趣又来劲。后面我还用了好几个方法，让整个《离骚》教学妙趣横生，"思趣活来"，课堂充满娱乐感。

六、课堂充满文化感

曾在一本书上看过两则幽默故事，从这两则幽默故事可以看出不同的民族性格与心态：

其一，据说国际联盟曾在数十年前以"大象"为题悬赏征文。

英国人写的是《英国统治下非洲的猎象事业》，见其殖民主义者的扩张性；

法国人写的是《大象的情爱》，见其爱情至上的主导思想；

德国人写的是《大象的思维》，见其长于思辨性的特点；

俄国人写的是《俄罗斯之象——世界之最》，见其强烈的民族自主性；

波兰人写的是《波兰的主权与象的关系》，见其突出的民主性；

美国人写的是《象与驴之战》，"象"为共和党的象征，"驴"为民主党的象征，见其明显的竞争性；

意大利人写的是《象啊，象啊……》，见其开放的浪漫性；

中国人写的是《象群的"伦理纲常"》，见其深刻的文化道德性。

其二，一幢各族杂居的大楼失火，各族人的态度怎样呢？犹太人首先抢钱袋，重金钱；法国人立即抢救情人，重情爱；中国人则奋不顾身地寻觅老母亲，重孝亲。

从这两则幽默故事中可以看出，中国人是重视文化道德修养的，有人认为，中国文化以"尊祖宗、重人伦、崇道德、尚礼义"为特征，这话不无道理。而且在我看来，这些优秀传统文化更是积淀在我们的古诗文中，所谓"文以载道""文以显道""文以明道""文以贯道"是也。因此，在教学中必须做到文道统一。

新课程有教学的三维目标：知识与技能、过程与方法、情感态度与价值观。意在告诉我们，教学，既要注重知识与技能、过程与方法，还要注意情感、态度与价值观的教育。说到底，就是既要教书，又要育人，在教学过程中，还要有人生观、价值观、文化方面的推送。例如，语文教学中的古诗文教学，既要有文言教学，又要有文章、文学、文化的教学。《普通高中语文课程标准（2017年版）》指出：引导学生通过阅读中华传统文化经典作品，积累文言阅读经验，培养民族审美趣味，增进对中华优秀传统文化的理解，提升对中华民族文化的认同感、自豪感，增强文化自信，更好地继承和弘扬中华优秀传统文化。《普通高中语文课程标准（2017年版）》明确规定了学习目标与内容：

（1）选择中国文化史上不同时期、不同类型的一些代表性作品进行精读，体会其精神内涵、审美追求和文化价值。

（2）在特定的社会文化场景中考察传统文化经典作品，以客观、科学、礼敬的态度，认识作品对中国文化发展的贡献。

（3）梳理所学作品中常见的文言实词、虚词、特殊句式和文化常识，注意古今语言的异同。

（4）阅读作品应写出内容提要和阅读感受。选择一部（篇）作品，从一个或多个角度讨论分析，撰写评论。

（5）学习传统文化经典作品的表达艺术，提高自己的写作水平。

这就要求我们的古诗文教学课堂在注重文言字词与文言句式的教学的同时必须注重人文性和人文关怀，重视中华优秀传统文化。事实上，《普通高中语文课程标准（2017年版）》所规定的以上学习目标与内容，就包含古诗文的"一体四面"，即"文言""文章""文学""文化"。

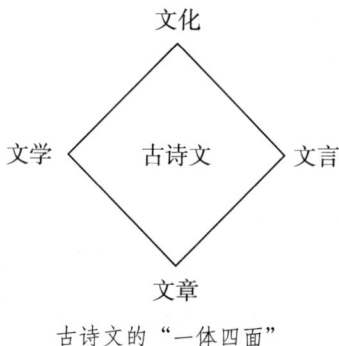

文化

文学　古诗文　文言

文章

古诗文的"一体四面"

首先，我们在教学古诗文时，必须关注文言。古诗文的特点，首先体现在"文言"上。王荣生教授认为，文言与现代汉语的差异，主要表现在词汇和语法方面。文言有一套相当严格的词汇、语法系统。我们在教学古诗文时，要落实常用文言实词、虚词、古今异议字、通假字以及特殊句式等。

其次，我们在教学古诗文时，必须关注文章。这里所谓的文章，主要是指古诗文的思路结构和谋篇布局的章法。

再次，我们在教学古诗文时，必须关注文学。程少堂教授认为，这里的文学主要是指文本的炼字炼句艺术、文本语言的情境化和个性化以及文学语言本身具有的形式美，以及作品中塑造的文学形象。

最后，我们在教学古诗文时，必须关注文化。这里的文化，既包含古诗文中记载的典章制度、天文地理、风俗习惯，也包含文人贤士的思想与情怀。

著名特级教师程红兵在《教师的文化自觉决定了课改的成功》的报告中指出：文化赋予一切活动以生命和意义，文化的缺失就意味着生命的贬值与枯萎。教育就是文化的传承，课程改革就是要更好地实现文化的传承。真正意义上的教育实际上就是一个文化过程。教育一旦失去文化，所剩的就只是知识的位移、技能的训练和应试的准备。程红兵老师的这段话明白无误地告诉我们：教育不能缺失文化。作为教育重要组成部分的古诗文教学，当然也不能缺失文化，教学古诗文最重要的目的应该是对文化的传承与批判。

语文悬念教学法，借鉴了著名语文教育专家程少堂老师创立的"语文味"，在教学内容上，对文本从文言、文章、文学、文化四个维度进行立体扫描，并且从文化的角度进行价值推送，使语文教学充满文化感。

例如，我教授陶渊明的《桃花源记》时，采用悬念教学法，从语言、文章、文学、文化四个维度展开：

初读课文，采用倒叙追问法设置悬念，从语言角度探究文本语义之丰。

再读课文，采用补叙内容法设置悬念，从文章角度体会文本构思之妙。

三读课文，采用添加虚词法设置悬念，从文学角度品味文本意境之美。

四读课文，采用花样朗读法设置悬念，从文化角度享受文本文化之精。

在课堂结尾的最后5分钟，我集中进行了价值推送：

我说，《桃花源记》，从文化角度来看，体现了陶渊明的文化理想。陶渊明的文化理想是大同世界：

人与大自然和谐：芳草鲜美，落英缤纷；

人与人之间和谐：阡陌交通，鸡犬相闻；

人与自身的和谐：黄发垂髫，怡然自乐。

文中的渔人是陶渊明，他做了一个中国梦：

寻梦（缘溪行，忘路之远近）。

入梦（便舍船，从口入）。

酣梦（余人各复延至其家，皆出酒食）。

出梦（既出，得其船）。

失梦（遂迷，不复得路）。

寻梦（欣然规往。未果，后遂无问津者）。

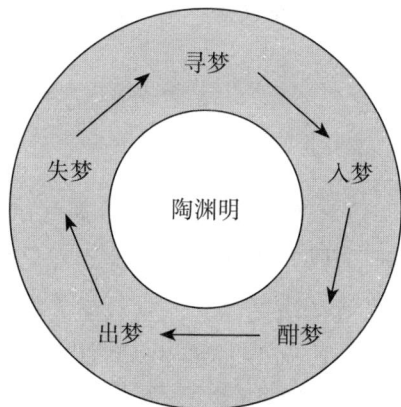

《桃花源记》陶渊明的文化理想的大同世界

陶渊明的文化理想在那个时代无法实现，而在新时代被中国共产党人批判继承。

接下来，让学生美读课文（教师出示经过艺术化处理的《桃花源记》一文幻灯片）：

（单读）晋太元中，武陵人捕鱼为业。缘溪行，忘路之远近。

忽逢桃花林，

夹岸数百步。

中无杂树，

芳草鲜美，

（齐读）落英缤纷。

落英缤纷。

落英缤纷。

（单读）渔人甚异之。复前行，欲穷其林。

林尽水源，便得一山，山有小口，仿佛若有光。便舍船，从口入。初极狭，才通人。

复行数十步，豁然开朗。

（齐读）啊！土地平旷，屋舍俨然，有良田美池桑竹之属。

阡陌交通，鸡犬相闻。

阡陌交通，鸡犬相闻。

阡陌交通，鸡犬相闻。

（单读）其中往来种作，男女衣着，悉如外人。黄发垂髫，并怡然自乐。

（齐读）怡然自乐。

      怡然自乐。

      怡然自乐。

学生按照教师要求美读文本，感情真挚，波澜起伏，将课堂教学气氛推向高潮，让学生的情感得到了升华。这样的课堂充满文化感、意义感。

总之，运用语文悬念教学法授课，课堂教学具有设计感、故事力、交响力、共情力、娱乐感、文化感六个方面的个性特征。

第四章

语文悬念教学法的理论依据

知之者不如好之者，好之者不如乐之者。

——《论语·雍也》

语文悬念教学法，是一种注重身体自由、精神自由和生命自由的教学法，是一种解放学生的教学法，它鼓励学生手舞足蹈地（身体自由）、浮想联翩地（精神自由）、兴趣盎然地（生命自由）参与到教学过程中来，鼓励学生在教学过程中全方位地动用自己的身体参与教育教学活动，或倾耳听，或尽情读，或用鼻闻，或动脑思，或张口说，或挥笔写，或以身演。

没有理论指导的教学可以说是盲目的、随意的、肤浅的、不负责任的教学，不可能上升到科学的高度。然而，教育学是艺术也是科学，它应该有理论依据支撑、有理论指导，那么，悬念教学法的科学性体现在哪里呢？它有什么理论依据支撑呢？

一、人类的教育发展史依据

教育发展史表明，教育，是随着人类社会的产生而产生的，一些教育学者以社会的产业技术发展水平为依据，将教育历史划分为原始社会的教育、农业社会的教育、工业社会的教育、信息社会的教育四个阶段，并且归纳总结出每个阶段的教育模式和教育特点。

原始社会的教育是一种与生产劳动相结合的比较散漫的、随意的、不成系统的教育模式。原始社会没有专门从事教育的机构，没有专门的学校，没有系统的教材，也没有专门从事教育的教师，教育与生产劳动、宗教活动紧密相连，教育方式也主要是口传身授、口耳相传。

农业社会的教育是一种积累式的"向后看"的教育模式。农业社会有了专门的教育机构，如国子监、庠、序、私塾等，也有专门从事教育的教师。但由于农业社会的重复性，昨天与今天，今天与明天，似乎没有什么变化，因此，教育的内容主要是上一代的知识、经验，这是一种"向后看"的教育模式。"先生"因"闻道于先"，是知识经验的集大成者，于是传道授业于学生；学生从内心崇拜老师，并且恭恭敬敬地听老师传授这些知识经验，丝毫不会怀疑老师的权威，是一种"向后看"的"神话"的教育模式。

工业社会的教育，则是一种"面向现实"的教育模式。工业革命以来，由于科学技术的进步，生产力水平的提高，社会的发展日新月异，今天的太阳与昨天不同，教育不能仅仅面向过去，更要面向现实，教育的主要任务是要帮助青年一代适应现实生活。由于工业社会采用大机器大规模生产，社会需要大批人才，传统的私塾式的小班化教学显然不适应生产的需要，班集体授课制度产生，这种教学模式主要是"以教师为中心"加以授课的。统一教学地点、统一教学计划、统一教学大纲、统一教材授课，最后统一测试。这种教学方式高速度地培养了大批生产者，但造就了千人一面的教育效果，把不同的人教育成了相同的人。工业社会的教育把学生当成可以批量生产的产品，这是一种"物化"的教育，有人戏称为"克隆"教学。不得不承认，我们现在还主要处在这种"物化"教学阶段，我们国家是教育高度统一的国家，统一教材，统一教参……然而，现在是信息社会，瞬息万变，今天学的知识明天就可能落后，人们应面向未来。信息社会呼唤一种新的教育模式。

信息社会的教育，则是一种"面向未来"的教育模式，这种模式正在形成并逐步完善。这种新的教育模式，特点是以学生为本，保护每个学生的个性，尊重每个学生的权利，宽容每个学生的过失，欣赏每个学生的发展，教育教学不再单纯是老师讲、学生听的授课方式，在整个教学过程中，有时学生变老师，老师变学生，教学相长，师生互动，共同提高，这是一种"人化"的教育。教育发展的历史表明，人类教育从原始社会和农业社会的"向后看"的"神化"教育模式走向工业社会的"面向现实"的"物化"教育模式，如今走向了信息社会的"面向未来"的"人化"教育模式。

语文悬念教学法，正是一种"面向未来"的"人化"教育模式。它尊重学生，以学生为本，让学生走向教室的中央。尊重学生的成长权利，相信学生的成长潜能。成长是学生自己的事情，教师不能代替学生学习，教师只是学生学习的促进者，是方便学生学习的人。教师的职责主要是帮助学生确定探究课题，并形成探究方案，或帮助学生制定合理的探究程序和活动程序，或以平等中的首席去帮助学生完成探究活动。

语文悬念教学法，正是将"以教师为中心"的注入式、满堂灌教学模式转变为"以学生为中心"的启发式、探究式教学模式。在悬念教学法理念下的课堂教学中，教师的角色也"只是学生学习的促进者，是方便学生学习的人"，语文悬念教学法所倡导的理念顺应了教育发展的潮流。

二、学生发展核心素养依据

2014年教育部印发的《关于全面深化课程改革　落实立德树人根本任务的意见》中首次提出"核心素养体系"的概念。

2016年9月13日，《中国学生发展核心素养》研究成果在京发布。"百度文库"中的《中国学生发展核心素养总体框架》一文，对核心素养做了具体阐释。核心素养是专家的研究成果，笔者根据上文稍做归纳，转述如下：

《中国学生发展核心素养》研究成果

核心素养以培养"全面发展的人"为核心，分为文化基础、自主发展、社会参与三个方面。其中，文化基础包含人文底蕴、科学精神，要求学生发展为既有宽厚文化基础又有严谨科学态度的文理兼通的高素质人才；自主发展包含学会学习、健康生活，重在强调学生能有效管理自己的学习和生活，认识和发现自我价值，发掘自身潜力，有效应对复杂多变的环境，成就出彩人生，发展为有明确人生方向、有生活品质的人；社会参与包含责任担当、实践创新，重在强调学生能处理好自我与社会的关系，养成现代公民所必须遵守和履行的道德准则与行为规范，增强社会责任感，提升创新精神和实践能力，促进个人价值的实现，推动社会发展进步，使自己发展为有理想信念、敢于担当的人。

六大素养又具体细化为国家认同、理性思维等十八个基本要点。这十八个基本要点则从更微观的角度对核心素养予以阐释，其中不少要点正击中我们当前教育的软肋。例如，培养学生的"批判质疑"精神和"审美情趣"。

以上就是中国学生发展核心素养的主要内容，总括起来就是一个核心、三大维度、六个要素、十八个指标。

我们过去的传统教学是重视"双基"，即基础知识与基本技能，后来又提出三维目标，即知识与技能、过程与方法、情感态度与价值观，现在又提出了核心素养。从"双基"到"三维目标",再到"核心素养",是从教书走向育人这一过程的不同阶段,是从"以教书为本位"的教学到"以育人为本位"的教育的伟大转变。那么,我们在教育教学过程中,要怎样落实核心素养呢?核心素养的落实,固然与教学内容的选择和变更有关,但与教师教学方式的转变关系更大。我们的学生为什么基础知识掌握扎实,而探究能力、创新能力却不强?关键在于我们的教学方式是以"满堂灌"为主。传统教学在培养目标上,只重视传授知识,不注重发展能力,按一个模式培养学生,不利于具有创新思维和创新能力的创造型人才的成长;在教学方法上,是注入式、满堂灌,只研究教师如何"教",不重视学生如何"学",考试主要靠死记硬背,不利于调动学生的学习积极性;这种"满堂灌"教学模式,显然不利于学生文化基础、自主发展、社会参与等核心素养的形成。我们说,学生的核心素养的形成,必须在一定的交往情境和学生的真实体验中孕育、生成、发展,核心素养呼唤一种新的教学方式。语文悬念教学法,正是一种提倡交往和体验的教学法,追求的是一种师生间、生生间的视界融合、精神相遇、理性碰撞和情感交流,强调的是探究知识与学问的过程体验,因此,语文悬念教学法,呼应了对学生要进行核心素养培养的时代要求,是落实发展学生核心素养的有效途径。

三、姚斯接受美学理论依据

"接受美学"这一概念是由德国文艺理论家、美学家姚斯在1967年提出的。接受美学的核心是从受众出发,从接受出发。姚斯认为,一个作品,即使印成书,在读者没有阅读之前,也只是半完成品。

作家毕淑敏在谈到读童话作家安徒生的作品《海的女儿》(也称《人鱼公主》)的阅读感受时说道:大约8岁的时候,读到人鱼公主的故事,泪流满面,被童话中的人物和故事情节深深打动;大约18岁的时候,也许是情窦初开,这一次很容易地就读出了爱情;到了28岁的时候,已经做了妈妈,读人鱼公主时,竟深深地关切起人鱼公主的家人来了;到了38岁的时候,因为开始写小说,读人鱼公主的时候,不由自主地探讨起安徒生的写作技巧来了;48岁,心平气和,仿佛天眼洞开,感觉到这是一篇写灵魂的故事。文章最后说:"有时想,当我58岁……68岁……108岁的时候,不知又读出了怎样的深长?"毕淑敏的话,说的是人随着年龄、身份、阅历的不同,对作品的解读往往也会不同。

文学作品不是由作家独创的，而是由作者和读者共同创造的。作为一门艺术的课堂教学活动，也应该是一种"未完成"的形态，它需要学生的主动参与，而不是教师唱独角戏。教师如果在教学中能科学地留下一些"空白"和"未定点"，给学生设置种种悬念，又热烈地"召唤"接受者即学生的能动参与，课堂教学就会呈现一个人与人相遇、灵魂与灵魂相撞、输出信息与反馈信息相融的美妙境界。接受美学认为，文学作品必须被读者接受，才能实现它的美学价值和社会功能，艺术作品的生命开始于它被读者接受，在读者的心灵中，唤起审美的感应。同样，教师的教案、一堂课的教学、设计的练习，必须被学生接受、消化，必须与学生的兴趣、爱好相吻合，才能实现它出色的教学功能。语文悬念教学法，正是要求教师在讲课中给学生留下"空白"和"未定点"，留下"悬念"，让学生去想象、去探究、去填补、去发挥，语文悬念教学法课堂教学理念与接受美学理论心心相印。

四、新兴具身认知原理依据

传统的学习观认为，学习主要是人的心理活动和大脑思维的结果，与人的身体无关。"身体"在学习过程中一直处于一种被人们忽略的"边缘"地位。一门新兴的学科——"具身认知"挑战了这种观点。《纽约时报》2010年2月2日刊载了一篇题为《抽象思维？身体对它们的直接作用》的文章。文章指出："……这一极为热门的研究领域被称为具身认知，其基本观念指的是大脑和心智并不是组成我们自身的两个独立部分……我们怎样加工信息并非仅仅同心智相关，而是同整个身体紧密联系着……"以法国哲学家梅洛–庞蒂提出的具身认知理论认为，人就是他的身体。人之所以能思维，是因为他有一个能看、能听、能触、能嗅和移动的身体。思维与身体分不开，不同身体造就不同思维方式。拉绍指出："心智中概念的联结不是随意的，而是似乎显示出受到了我们在世界中身体经验的制约……这些在物理世界中作为一种具身存在而产生的经验帮助我们结构化了思维方式。人类怎样移动身体，怎样知觉世界和他人，怎样与世界和他人互动将自然地影响到通过语言而进行的思维和理解意义的方式。"他举例说，如在概念形成中，身体扮演着重要角色。人类身体独特的构造决定了人类独特的思维方式。以身体为基础，人类形成了"上下""前后""里外"的概念。这些概念是基于身体的,以特定的身体体验为基础。以这些基本身体体验为原型,人类又发展出上尊和下卑、进步和落后等价值概念。如果人类的身体是球状体,如果人类的身体可以观察到上下、左右、前后,即具有全方位知觉,那么就不会有今天的"高高在上""情绪高昂""卑鄙下流"等抽象概念。

思维与身体分不开,确实有道理。叶浩生教授在《具身认知的原理与应用》一书中对此有精彩的分析。譬如,我们汉语中的许多成语,就体现了身体中心特征。例如,用"望眼欲穿""望穿秋水"来表达那种殷切盼望的情绪体验;用"睁只眼闭只眼"来形容那种得过且过,以避免产生矛盾的微妙态度;用"火眼金睛"来比喻思维敏锐、洞察秋毫的能力;用"见钱眼开"来描述那种贪婪、卑鄙的龌龊小人,我们在了解这些成语所表达的微妙含义的同时,如见其人、如见其性。

再如,我们用"步人后尘"来形容追随、模仿、无创造性的观念;用"脚踏实地"比喻做事不浮夸、认真负责的精神;用"行百里者半九十"隐喻事情越是接近成功越是困难和做事要有始有终,这些成语也与下肢动作有关。

成语是中华民族智慧的结晶,以上成语都体现了语言思维的具身特点。中文本身就是具身的语言。既然具身认知理论认为人的思维与身体有关,那么我们在教学中就不能忽视人的身体对学习语言、感受语言的作用,不能忽视人的身体对开阔视野、拓展思维、思想创新的作用。具身认知理论认为,人的身体越自由,思维与思想就越自由;人的身体若不自由,思维与思想就容易保守与僵化。例如,封建时代,对女子实行裹脚,禁锢了女子的身体自由,其最终目的就是禁锢女子的思想自由。

语文悬念教学法,是一种注重身体自由的教学法,是一种解放学生身心的教学法,它鼓励学生手舞足蹈地(身体自由)、浮想联翩地(精神自由)、兴趣盎然地(生命自由)参与到教学过程中来,鼓励学生在教学过程中全方位地动用自己的身体参与教育教学活动,或倾耳听,或尽情读,或用鼻闻,或动脑思,或张口说,或挥笔写,或以身演。可见,语文悬念教学法与具身认知理论心有灵犀。

第五章

语文悬念教学法的构建原则

教学原则反映教学过程的规律，是教学实践经验的总结。由于人们从事的教学实践不同，探究的课题不同，采用的哲学观点不同和对教育规律的认识不同，加之时代所提供的知识视野、智力资源不同，因此人们所确认的教学原则也不同，反映了教学内容的丰富性、教育过程的复杂性以及人们认识的创造性。

——韦志成《语文教学情境论》

没有生活做中心的教育是死教育。没有生活做中心的学校是死学校。没有生活做中心的书本是死书本。在死教育、死学校、死书本里鬼混的人是死人。

——陶行知

语文悬念教学原则服从于语文教学的一般原则，如语言训练和思维训练相结合的原则、听说读写思全面训练的原则、课堂教学和课外活动相配合的原则、文道统一的原则。除了服从于这些一般原则外，语文悬念教学法的原则还应反映它自身独特的具有规律性的认识。语文悬念教学法的原则如下。

一、教学生活化原则

中学生对古诗文学习兴趣不浓，一个很重要的原因是认为古诗文主要表现的是古人的生活和思想感情，与当今生活相距很远，尤其是与他们的生活无关。因此，在古诗文教学中，教师若能想方设法地将古诗文与现实生活尤其是学生生活联系起来，定会使古诗文教学充满生机，富有情趣。

《红楼梦》是中国文学史上经典的古典小说之一，然而，据上海师范大学人文学院教授詹丹先生透露，几年前曾有出版社统计发布了一个"死活读不下去"排行榜，《红楼梦》位列其中；而笔者在广大中学生中也做过调查，四大古典名著中，他们最不感兴趣的就是《红楼梦》，有的只是随便翻翻，还有许多学生只听过有《红楼梦》这样一部书而已，他们压根就没有读过《红楼梦》。

既然《红楼梦》让人"死活读不下去"，那么为什么不想点办法让人能"读下去"呢？

学生对《红楼梦》不感兴趣，一个很重要的原因就是学生认为《红楼梦》距离他们的生活太远。我们为何不将《红楼梦》融入学生生活呢？

2020年春节，为了推动《红楼梦》整本书的阅读，为了激发因不断延迟的假期而宅居家中的学生对《红楼梦》的阅读兴趣，让他们即使老师不在身边，也能兴趣盎然地阅读《红楼梦》，于是，我将《红楼梦》这部古典小说与学生生活联系起来，出了一道"假如贾宝玉得了流感，最有可能会传染的五个人是谁"这样一份整本书阅读探究题。

笔者设计这个题目诚如著名特级教师陈继英先生所言，一是为了引发学生将整本书与现实生活结合思考，激发学生的阅读和探究兴趣；二是为整本书阅读与教学拓展一条新思路，解决学生一直误解的"老古董"于今没什么意义的肤浅思想认知。

以往对《红楼梦》不感兴趣的学生，为什么突然就对《红楼梦》产生了如此大的兴趣呢？这里有一个重要的原因，就是让古典照进现实，将《红楼梦》

与学生的生活联系起来了。一位名叫晁述的一线语文名师在《读者新语文》上评价此题时说：为什么孩子们面对名著阅读纷纷退避三舍？课业重、功课难这些说辞都是借口，真正的原因还是觉得无趣、不好玩，面对一本名著，他们找不到入口。一件无趣的事情，怎么都挤不进一个孩子的人生。我问过中学生：你们愿意去追剧、看球，怎么就是不愿意翻开一本书？答案比较一致：那是和我们无关的世界。像"贾宝玉得病"这样的题目，确实是一次好机会。这样一道题，像突然展示给学生们的一个黑洞，把他们瞬间吸进大观园里去，让他们分析故事里的这场病和他们的人生，把自己的分析过程写下来。这就是一场酣畅的读书奇遇，一次从阅读到写作的完整的自我提升之旅。

陶行知先生说过："没有生活做中心的教育是死教育。没有生活做中心的学校是死学校。没有生活做中心的书本是死书本。在死教育、死学校、死书本里鬼混的人是死人。"在古诗文教学实践中，我们发现，文本内容、教学内容越是贴近学生、贴近生活，就越是容易激起学生浓厚的学习兴趣，就越是容易使古诗文课堂教学悬念迭出、妙趣横生。

教师有责任让古诗文教学变得生动、有趣，有生活气息。这样，古诗文才能真正走进学生的内心深处。

高中阶段的古诗文，篇幅较长的比较多，如《长恨歌》《琵琶行》《鸿门宴》《廉颇蔺相如列传》等，有些古诗文，如《逍遥游》《锦瑟》比较晦涩难懂，这就更需要教师将古典与现实生活联系起来，找到文本与学生之间的共同话题，让学生觉得古诗文的学习其实是与自己的生活息息相关的，甚至可以引发自己对人生、生活、生命等的思考，从而愿意、喜欢，甚至痴迷学习古诗文。

二、紧扣文本的原则

有些教师，将古诗文教得的确有趣、有味，课堂气氛活跃。然而，仔细观察，我们却发现这种趣味脱离了文本。

曾在杂志上看过好些这样的案例。例如，有教师在上《劝学》的时候，让学生合作讨论"风雨是如何形成的""龙生活在哪里""螃蟹到底有几条腿""蛇鳝真的不会挖洞穴吗"之类的问题，像这样的问题，与《劝学》的主题思想又有什么联系呢？结果一堂课讲下来，东拉西扯，越扯越远，课堂是热闹了、有趣了，但直到下课，教师也没有引导学生回归文本、聚焦文本。

著名特级教师肖培东老师曾在一次讲话中举过一个例子，说某市高级职称评选，一老师上高中的一篇课文《林黛玉进贾府》。老师大步流星走进教室就说："同学们，今天我们来一场红楼梦知识抢答赛。"学生立即兴奋起来。第一题开始抢答，《红楼梦》的作者是谁？学生全部举手高喊"曹雪芹"，老师一看，也搞不清楚是谁最先抢答的，于是只好给每组都加10分。第二个问题，《红楼梦》里有12个美女，说出1个得10分，说出12个得120分。全班学生开心了，教室里炸响一片，大家交头接耳、东凑西拼，有的把刘姥姥都搬上去了。这时候肖老师想：课堂也热闹了，气氛也活跃了，老师该引导学生走进文本了吧？没想到，第三个问题又出来了：这12个美女中，谁最美？显然这位老师想把问题引导到林黛玉身上。可当代中学生不喜欢林黛玉，觉得她刀子嘴，小心眼。最后，好不容易有学生说，林黛玉很美，这时肖老师想：林黛玉该进贾府了吧？该开始读文章了吧？结果，老师说了句："是的，林黛玉很美，87版电视剧《红楼梦》中陈晓旭把林黛玉演得更美，请看大屏幕。"于是老师一按鼠标，电视剧《红楼梦》林黛玉进贾府的片段开始了，这个环节又花了十几分钟，学生们看得津津有味，看完了，老师又请学生谈谈观后感。于是，学生开始说林黛玉怎么样，贾宝玉怎么样。老师又说了，你们谈得都很好，但是你们知道吗，这部电视剧的主题曲中的两句歌词写出了这两个人各自的性格特征，你们知道是哪两句吗？于是老师又放歌曲《枉凝眉》给学生听。针对歌曲中的"一个是阆苑仙葩，一个是美玉无瑕"，老师又问：为什么贾宝玉是无瑕的美玉，林黛玉是阆苑的仙葩？老师话音刚落，下课铃声响起，一节课就这样过去了，学生热闹非常，老师东拉西扯，始终在文本外围绕圈圈，就是没有紧扣文本开展教学。

诸如上述轰轰烈烈的合作、讨论、探究，固然有趣，但这样的教学活动严重背离了语文课堂教学的文本本位，背离了古诗文课堂教学的基本规律。古诗文教学中的自主、合作、探究，应该是在紧扣文本的基础上去引导学生自主发现问题和解决问题，这些问题要切合高中生古诗文学习的实际，同时又必须是有意义、有价值的有语文本色的问题。

三、坚持创新性原则

杜甫写诗，追求"语不惊人死不休"，我们讲课也要追求"课不惊人死不休"。语文悬念教学法建立者认为，有追求、有作为的语文教师，不仅要按照一般教学要求上好每一堂课，还要力求把每一堂课当成艺术作品来打造，这就需要创新精神。语文悬念教学法要坚持创新性原则，只有创新才能创造出学生喜欢的课堂作品。

《核舟记》是一篇文言说明文，我听过许多老师讲这篇文章，基本上都是采用串讲法，从头讲到尾，学生听得索然无味。笔者曾在《新语文学习》（2011年）杂志上，看到陶进老师的一篇文章——《学生是课堂教学的主人》，文章介绍了他的《核舟记》教学设计。陶老师讲这篇说明文可谓别具一格。

《核舟记》中说明舟头和舟尾的文字，采用描写和说明相结合的方法，具体而生动地介绍了苏东坡等五个人的神情姿态。为了让学生理解这一段文字精彩的描写和说明，陶老师事先布置五名学生分别扮演舟头的苏东坡、黄鲁直、佛印和舟尾的两个"舟子"。

扮演者一上场，学生们都乐了：扮演苏东坡的学生，头戴一顶高高的礼帽，嘴上贴了胡子，这正应了"中峨冠而多髯者为东坡"一句，还带了一本大的线装书，用来表现"苏黄共阅一手卷"；扮演佛印的学生敞开外衣，以此代"袒胸露乳"，手臂上挂着一串珠子，这与"左臂挂念珠倚之"相吻合；扮演"舟子"的两位学生用竹竿做船桨，用纸折了一个水壶，手里拿了一把扇子，这些都是根据文中"舟尾横卧一楫""居左者右手执蒲葵扇""炉上有壶"等句子准备的。

然后一学生朗读课文，字句铿锵，有声有色。扮演者依课文各自摆好姿势，随读随演，其他学生依据课文评议他们的表演。

课堂顿时活跃起来，连那些平时不爱发言的学生也纷纷举起了手。学生们边提意见，表演者边改，课文知识和人物形象就在这提提改改中不知不觉地印入了学生的脑海。

课后同学们反映，陶老师的这堂课学得最轻松，知识掌握得最牢固。一篇文言说明文之所以能取得如此效果？就是因为陶老师坚持创新性原则，课堂教学让学生耳目一新。

四、以生为本的原则

宋代著名文学家苏东坡有首《琴诗》：

若言琴上有琴声，放在匣中何不鸣？

若言声在指头上，何不于君指上听？

这首诗对我们理解教与学的关系颇有启迪作用。弹琴，既要有琴（客观条件），又要有弹琴的手指（主体），将两者巧妙地统一起来，才能产生优美动听的琴声。教和学也一样，只有将两者紧密结合，师生融洽，才能弹奏出优美的教育乐章。

然而，传统的语文"满堂灌"教学，教师是高高在上的权威，只顾自己"弹琴"，根本不考虑学生的反应和感受。这种"强迫性""单向性"教学，使学生失去了自己的思维，成为教学过程中的旁观者，课堂只能听到教师的一种声音，教学只是教师的一厢情愿，是教师的独奏。

语文悬念教学法理念认为，教室是师生平等交流，享受身体自由、精神自由与生命自由，进而促进师生共同成长的学习场。教学是教师和学生在课堂上相互合作、共同完成的，教学离开了学生就不存在了。

语文悬念教学法以生为本，经常站在学生的角度进行心理位置互换，教学处处为学生着想。

因此，语文悬念教学法要坚持"以生为本"的原则，课堂教学要为学生提供一个放松、自由的空间，让学生勇于质疑和批判，勇于发现和创造。著名心理学家罗杰斯认为，一个人的个性和创造力只有在他感觉到"心理安全"和"心理自由"的条件下才能获得最大限度的表现和发展。如果课堂组织形式过于严谨，学生在压抑、紧张的心理状态下是很难表现自己的个性和发展创造性思维的。适合于个性张扬和创造力生长的环境应该是宽松、民主、自由的环境。只有这样的环境才会容忍甚至鼓励多样性、与众不同、个性张扬；也只有在这样的环境中，个体才敢于甚至乐于批判和创造。为此，语文悬念教学法构建者全力支持并主动贯彻著名特级教师宁鸿彬老师提出的课堂教学中的"约法五章"：

（1）允许学生在课堂上说错、做错。错了，一不批评，二不挖苦讽刺。答错了重新回答。

（2）允许学生随时改变自己的说法和做法，鼓励他们逐步完善自己的认识。

（3）允许学生在课堂上发表与老师不同的见解，并就此同老师争辩。

（4）允许学生坚持自己的见解，并保留自己的意见，直到彻底搞懂为止。

（5）允许学生在老师讲课的过程中随时质疑。

总之，语文悬念教学法主张课堂要"放肆"些，要千方百计让学生尽量在课堂上活跃起来，给学生创设一种广阔的、自由的心理空间。

2018年11月14日，何泗忠老师赴肇庆学院推广语文悬念教学法，受到好评

第六章

语文悬念教学法的悬念类型

教亦多术矣，运用在乎人，孰善孰寡效，贵能验诸身。

——叶圣陶

杰出的民族企业华为在学习借鉴西方先进技术（包括管理经验）时，提倡"三化"，即先要僵化（开始是照葫芦画瓢，全盘照搬），继而固化（学习进行到一定阶段之后，利用方法、模式对现有流程进行规定，加强流程执行和效果的行为），最后是优化（根据实际对方法、模式进行优化，建立和实际相符合的新方法、新模式）。如果说僵化与固化是"入格"的过程，那么优化就是"出格"的过程。出格的过程也就是改进、创新性运用的过程。

——程少堂

悬念从不同的研究角度可以分为不同的类型。这里采纳苏州大学王家伦教授指导的教育硕士研究生袁月华的划分法。袁月华在其硕士学位论文《初中语文读、写教学中悬念艺术运用研究》中指出：从施教者角度，可分为"预设性悬念"和"生成性悬念"；从教学环节的角度，可分为"导入型悬念"、"过渡型悬念"和"拓展型悬念"；从课堂教学重点难点的角度，可分为"主题性悬念"和"非主题性悬念"。

一、从施教者的角度

教学是一种有目标、有计划、有组织、有过程、有结果的活动。教师必须在课前对自己的教学任务有一个清晰的、理性的、周密的思考与安排，因此，课前教师必然要认真阅读教材、钻研教材，根据特定的教学条件和教学对象，设计与教学环节相关的教学步骤和方法。这其中包含一些能够引发学生思考与想象的悬念设计，然而，课堂没有彩排，永远是现场直播，谁也无法完全控制课堂的进程。叶澜教授就说过，"课堂应是向未知方向挺进的旅程，随时都有可能发现意外的通道和美丽的图景，而不是一切都必须遵循固定线路而没有激情的行程"。因此，在课堂教学中，教师的预设不可能面面俱到，在整个教学过程中，随时都可能出现教师预料不到的情况，学生会提出各种各样教师预想不到的问题，使课堂教学"险象环生"，产生不少"生成性悬念"。所以从施教者角度可以把教学悬念分为"预设性悬念"和"生成性悬念"。

1. 预设性悬念

所谓预设性悬念，是施教者在备课时，根据学情预先设定的用于引发学生学习兴趣、激活学生思维，进而进入教学情境的一种悬念。

例如，2012年，我应邀赴江西上了一节语文悬念教学法推广示范课，讲授的是贾谊的《过秦论》一文。

上课伊始，我就设置了一个预设性悬念：今天我们学习《过秦论》，《过秦论》一文虽不长，但却是一部秦的兴衰史和编年史，何以看出？文章共六段，其中1～4段，每段的开头两句有一个共同点，请同学们研究一下，这个共同点是什么。这个预设性悬念让学生产生了一种好奇，学生带着研究的眼光研读课文，他们相互讨论，窃窃私语，几分钟后，终于有学生像发现新大陆似的，说这些段落的开头都写到了秦国国君的名字。学生一说完这个发现，我接着说，请同学们大声齐读每段的开头两句。于是学生大声朗读。在学生大声朗读的同时，我在黑板上板书这些秦国国君的名字：秦孝公、惠文王、武王、昭襄王、孝文王、庄襄王、秦始皇。这个预设性悬念，让学生初步弄清了文章的思路结构——以时间为顺序构思成文。当我写下这些国君的名字后，再次设置了一个预设性悬念，让学生再次研读课文，并根据课文内容，概括每位国君的治国方略，概括的内容不能超过15个字。面对这个预设性悬念的挑战，学生们再次认真研读课文，有的学生在书上写写画画，有的学生相互交流讨论。约3分钟后，学生们纷纷举手概括。对于秦孝公的治国方略，有的学生概括为雄心勃勃，变法图强，连横扩张。我让学生说出依据，学生说，"君臣固守以窥周室"，"窥"，偷偷地看，传神地写出了秦孝公以下犯上的野心，"有席卷天下，包举宇内，囊括四海之意，并吞八荒之心"。"席卷""包举""囊括""并吞"，形象生动地写出了秦孝公的万丈雄心。这些内容可以用雄心勃勃概括。如"商君佐之，内立法度"，是商鞅变法。"务耕织，修守战之具"，是注重发展生产，注重国防建设，这些都是奋发图强；"外连衡而斗诸侯"，是与合纵相对的连横政策；"于是秦人拱手而取西河之外"，"拱手"，轻而易举的意思，说的是对外扩张。有的学生将惠文王、武王、昭襄王的治国方略概括为沿袭旧策，南征北战，震慑九国。概括孝文王、庄襄王的治国方略是在位不久，无所作为，无所事事。概括秦始皇的治国方略是奋发有为，威震四海，一统天下。这些概括，有的概括得很准确，有的不够准确，但无论准确与否，学生都要研读课文，要逐字逐句研读每一句话，预设悬念，达到了让学生深入文本、与文本进行对话的目的。同时，师生边概括边与原文比照分析，实现了教师、学生、文本三者对话的目的。

就这样，我采用预设性悬念，师生互动，引导学生自主合作探究《过秦论》的写作思路及主要内容。预设性悬念很好地消除了师生间的陌生感，顺利达到预设的教学目的，激发了学生的学习热情，学生积极投入到后面的学习中。这样，学生学得兴趣盎然，观摩课取得了极大的成功。

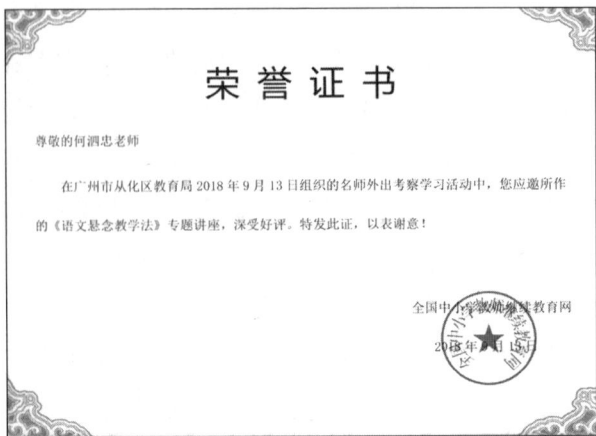

荣 誉 证 书

尊敬的何泗忠老师

在广州市从化区教育局 2018 年 9 月 13 日组织的名师外出考察学习活动中，您应邀所作的《语文悬念教学法》专题讲座，深受好评。特发此证，以表谢意！

全国中小学教师继续教育网

2018 年 9 月 15 日

2018年9月13日，何泗忠老师赴广州从化推广语文悬念教学法，深受好评

2. 生成性悬念

语文悬念教学法理念下的课堂教学，不再是教师津津乐道的自我陶醉、一厢情愿的自我独白，而是学生、教师、教材、作者、编者之间进行的一次次真情的交流对话。交流对话意义上的课堂教学是一个瞬息万变的过程，中间会生成许多不确定性，会临时产生许多生成性悬念，从而使课堂呈现出丰富性、复杂性和多变性，面对这些出乎意料的生成性悬念，教师要有随机应变的能力。

例如，我在讲《孔雀东南飞》一文时，就出现了很多生成性悬念。上课伊始，我采用词语填空法预设悬念，在黑板上板书"＿＿的刘兰芝"，要学生在"刘兰芝"前面加定语。说说刘兰芝在你心目中是一个怎样的女性形象，悬念一抛出，学生认真研读课文，约10分钟后，纷纷响应我，在"刘兰芝"前面加定语：聪明能干的刘兰芝，勤劳善良的刘兰芝，天生丽质的刘兰芝，忠贞不渝的刘兰芝，外柔内刚的刘兰芝，知书达理的刘兰芝，并且每种说法都在课文中找到了依据。学生在我的启发诱导下，全面立体地把握了刘兰芝这个血肉丰满的人物形象。正当我要按计划步入下一个教学环节时，突然有一名学生大声说：既然刘兰芝这么优秀，焦母为什么还要焦仲卿休了刘兰芝、赶走刘兰芝？面对这个生成性悬念，我因势利导地启发说：这个问题问得好，请大家就这个问题讨论讨论。于是，学生们七嘴八舌地议论开来。一个男生站起来说：书上不是已经说明焦母的理由了吗？"此妇无礼节，举动自专由。"这时，一个女生马上站起来大声说：我反对！欲加之罪，何患无辞？刘兰芝"十五

弹箜篌，十六诵诗书"，知书识礼，尽管焦母对她如此刻薄，临走时还"上堂拜阿母"，可知刘兰芝并非"无礼节"之人。我以为，焦母丧夫，儿子外出公干，女儿尚小，内心孤独郁闷，无处诉说，兰芝正好成了她发泄苦闷的对象，所以，在她眼里，兰芝的一切都是"无礼节""自专由"。女生刚说完，一个男生好像发现了新大陆似的："共事二三年"，焦仲卿与刘兰芝结婚达三年之久，但还没有生育小孩，焦母要赶走刘兰芝是因为刘兰芝没生孩子，古代讲"不孝有三，无后为大"；刚一说完，所有男生都得意地鼓起了掌。针对男生的得意，突然，一个女生走上讲台，举起手中的书本，朗诵起两段诗歌来：

还家十余日，县令遣媒来。云有第三郎，窈窕世无双，年始十八九，便言多令才。

云有第五郎，娇逸未有婚。遣丞为媒人，主簿通语言。直说太守家，有此令郎君，既欲结大义，故遣来贵门。

如果按刚才这位男同学的猜测，刘兰芝不能生育，那为什么被休后，县令的儿子、太守的儿子纷纷上门求婚呢？而且追求她的人一个比一个年轻英俊，门第一个比一个高，难道他们就不怕没有后代？女生一说完，所有女生拼命地鼓起掌来。

……

唇枪舌剑，争论不休，谁也说服不了谁。

用悬念教学法理念分析这个教学案例就可以发现，高明的教学艺术不仅在于引导学生自己解开一个想知道的"谜"，更重要的是通过解谜培养学生的探究精神。优秀的课不在于奉送真理，而在于启迪学生思维。

在上海市特级教师殷秀德讲授《爱莲说》的课堂上，当一名学生说"作者把莲花写得像人一样，似乎有了生气"时，很多学生频频点头。面对这个生成性悬念，殷老师马上跟进："你觉得像是男人还是女人？"笑声一下子就在教室里弥漫开来。当学生回答"像女人"时，教师紧盯不放："从哪里看出像女人的？"学生说，从"亭亭净植"可以看出，"亭亭"是形容女性纤细而漂亮；也有学生说，从"濯清涟而不妖"可以看出，"妖"是形容女性的。教师紧追不放，此"亭亭"是彼"婷婷"吗？学生马上查词典。殷老师请学生说出两者的区别，学生弄明白了"婷婷"是美好的样子，"亭亭"是耸立的样子，在文中形容君子。

至于"妖"，学生立马想到了"妖怪""妖精"，殷老师也不反对，笑着予以鼓励，示意学生自己想办法解决。学生查词典后明白，"妖"在古汉语中解释为"艳丽美好"。殷老师便自然地"扯"上了《诗经》中的"桃之夭夭"，学生明白了这是指桃花开得艳丽。而本课中，"妖"是指莲花吗？学生急切地从文中寻找答案，原来"妖"隐指牡丹，莲花恰恰是"不妖"。

文言文教学不就是要正确理解其文言，鉴赏其文学，把握其文化特性吗？教师和学生像旅伴一样，一路欣赏着山阴道上的美景，一路不疾不徐地对话。教师巧用生成性悬念，引发学生思考问题，引诱学生解决问题，不断生成悬念，不断破除悬念，学生的大脑细胞始终处于生长状态。

生成性悬念在于教师能智慧地调配思维，学生一些奇妙的解答和错误的理解都可以成为调配的对象。教师不可能预设到课堂教学的所有，适时地利用这些生成性悬念，才能让人感觉到生命力的涌动、思维火花的绽放。

二、从教学环节的角度

中国古代的诗歌戏曲创作十分讲究"凤头、猪肚、豹尾"。所谓"凤头"，是指开端部分要光彩夺目，引人入胜；所谓"猪肚"，是指情节主体部分要言之有物，如同猪肚一样充实丰满；所谓"豹尾"，是指结尾部分要刚劲有力。诗歌戏曲如此，课堂教学亦如此。

在我们诗文写作结构章法中，还有"起承转合"之说。所谓"起"，就是指诗文的开头；所谓"承转"，就是诗文的承接和展开部分；所谓"合"，就是诗文的结尾。王家伦教授认为课堂教学是一门艺术，可以借用诗文"起""承""转""合"的写作结构章法，将其运用到语文课堂教学过程中来。"起"就是课堂教学的导入部分，"承""转"就是课堂教学的承接和推进过程，"合"就是课堂教学的结尾部分。根据这一特点，我们可以把"悬念"分为"导入型悬念"、"过渡型悬念"和"拓展型悬念"。

1. 导入型悬念

导入型悬念，是把学生带入课堂教学情境的悬念。它相当于诗文写作的"起"，它像"凤头"一样，要"起"得漂亮，如"昨夜西风凋碧树"，要让学生"独上高楼，望尽天涯路"。大凡经典之作，无不在如何开头上煞费苦心，诚如清代李笠翁《闲情偶记》中所说："开卷之初，当以奇句夺目，使之一见而惊，不敢弃去"，语文课堂教学活动，起始阶段，也要让学生"一见而惊，不忍弃去"，这就得煞费苦心。

导入型悬念的开头十分重要，就好像电影的开头十分重要一样。在好莱坞电影中，大多数成功的电影都在其前10分钟表现出色。

悉德·菲尔德在其《电影剧本写作基础》一书中这样写道："在这个戏剧性动作的单元内，即第一幕，剧作家需要建置故事、人物、戏剧性前提……作为一个作家，你必须在10分钟内创建这些。"

为何剧本的前十分钟如此重要？菲尔德给出了解释：

"这是因为观众通常只需要10分钟左右就会做出是否喜欢这部影片的决定——无论是有意识或无意识地产生这样的决定。"

为吸引观众，好莱坞的许多电影开头都会设置悬念。

国产侦破电影《405谋杀案》是20世纪非常出色的华语悬疑片之一。影片1980年上映，在全国造成了万人空巷的巨大轰动，这部影片导入型悬念运用得非常成功。

影片开头是这样的：

1976年6月23日晚，一个叫丁娟的女孩提着一个手提包，来到了一栋楼的405房间，她打开门进去，把门关上了，突然，门里传来女人的尖叫声（这是影片给观众设置的第一个悬念：屋里到底发生了什么？女人为什么会尖叫？）；接着，公安局侦查员钱凯、陈明辉等接到报案，迅速赶赴现场，发现405房间并排倒着两个人，一男一女（这是影片给我们的第二个悬念：一男一女躺在地上，他们是互相打斗而死，还是另有凶手？是谋财害命，还是情杀？）；再往后看，男的已死，而女的却是昏死，男的叫李良，女的就是前面进入405房间的丁娟，经法医鉴定，李良之死属于他杀（这是影片为我们设置的第三个悬念：是谁杀害了李良呢？）。

接下来，侦察员围绕谁是凶手展开调查。影片通过在开头设置悬念，不到3分钟就抓住了观众的心。

我上课也十分注重在开头设置悬念。

2009年，我赴浙江杭州上了一节示范观摩课——《梦游天姥吟留别》。

上课伊始，设置导入型悬念。我先打出标题"梦游天姥吟留别"，让学生对"梦游"引起注意。什么是"梦游"？即梦中游览。李白在梦中游览天姥山，天姥山成了他魂牵梦绕的地方，天姥山肯定有它吸引人的地方，那么，天姥山到底是一座怎样的山呢？我让学生拿出白纸，阅读诗歌，要求根据作者的描述把天姥山画出来。这个导入型悬念让学生产生了一种神秘感和新奇感，学生果然兴致勃勃地用心研读文本，寻找天姥山的特点并把它画下来。很多学生根据自己的理解画出了天姥山，我让同学相互评价，学生在与文本的相互对照中不仅准确地理解了诗歌中的关键字词，如"天姥连天向天横，势拔五岳掩赤城"中的"横"字和"拔"字，"脚著谢公屐，身登青云梯"中的"青云梯"等。学生只有理解了这些字词，才能画出天姥山雄伟高大的特点。

这节课采用导入型悬念很好地消除了师生间的陌生感，顺利达到了预设的教学目标，激发了学生的学习兴趣，使学生积极投入到后面的学习中，学生学得兴趣盎然，观摩课取得了极大的成功。

导入型悬念是教学过程中的重要起始环节，对理想教学效果的获得起着奠基作用。有经验的教师非常注意在这一环节上下功夫，以便尽快把学生的注意力牵引到学习中来。孔子说过，知之者不如好之者，好之者不如乐之者。一堂课，若要引起学生的兴趣，就要在起始阶段尽可能地贴近学生的生活和心理。

2. 过渡型悬念

美国有一种"钩子理论"，强调故事在叙述过程中要不断伸出"钩子"，挑起观众的兴趣，要在适当的间隔里安插"兴奋点"，这些兴奋点要像过山车一样起伏错落，富有刺激性，能够始终调动观众的兴趣，一直到故事结束。在课堂教学过程中，仅仅依靠起始阶段的导入型悬念，很难撑起课堂教学的框架，很难维持学生探究的情绪和兴趣，心理学研究表明，在课堂中，中学生容易疲劳，注意力难以持久，每隔6~7分钟就有所松弛，心神开始游离，因此课堂教学也要不断伸出"钩子"，安插"兴奋点"，使课堂教学始终扣人心弦。怎样伸出"钩子"，安插"兴奋点"呢？办法就是设置过渡型悬念。

过渡型悬念，相当于诗文写作的"承转"，是一种承前启后的悬念。如同"猪肚"，要充实丰满，有料有趣，要让学生"衣带渐宽终不悔，为伊消得人憔悴"。优秀的诗文作者都十分重视"承转"的环节，因为它在作品中不仅起到"承前"的作用，更重要的是"启后"，为作品的进一步展开起到一种铺垫和蓄势的作用。语文课堂教学，既要做好"承前"的工作，更要"启后"，做好铺垫和蓄势的工作，即通过起始阶段的导入型悬念激发起学生的学习兴趣以后，接下来就要进行可持续性发展的推进工作，始终维持学生的学习兴趣。过渡型悬念对课堂教学非常重要，我们要不断设悬—解悬—再设悬—再解悬，如此反复递进，吊足胃口，让学生欲罢不能。

我在杭州上的观摩示范课——《梦游天姥吟留别》，从标题入手，通过导入型悬念让学生绘画，初步熟悉课文，把握了天姥山的外形特点——雄伟壮观之后，再让学生朗读课文，读出节奏，读出情感。之后，我又设置过渡型悬念。李白一生徜徉山水之间，阅览天下名山无数。能够让游遍祖国山河的大诗人李白魂牵梦绕的天姥山，肯定还有它独特的美，下面请同学们继续研读课文，看天姥山美在何处。我采用词语填空法再次设置课堂悬念。天姥山美在_____，让学生在横线上填上能表现天姥山美的特点的词语，同时要在课文中找到这种美的依据。有学生说，天姥山美在她的气势。"天姥连天向天横，势拔五岳掩赤城。"一个"拔"字，体现了天姥山拔地而起，直插云霄。"天台一万八千丈，对此欲倒东南倾。"一个"倾"字，侧面衬托出天姥山的高大险峻。有学生说，天姥山美在它的朦胧。"海客谈瀛洲，烟涛微茫信难求；越人语天姥，云霞明灭或可睹。"天姥山在浮云彩霓中时隐时现，有一种朦胧美。有学生说，天姥山美在她的秀丽，诗人笔下的天姥山溪水清澈，皓月当空，夜色如洗，湖面若境。有学生说，天姥山美在她的壮美。"脚著谢公屐，身登青云梯。半壁见海日，空中闻天鸡。"这里除了有驻足半山，远望海日升空、天鸡高唱的辽远、空旷的意境美，更有一种豪情勃发、壮志凌云的情感蕴含其间。有学生说，天姥山美在它的和谐，诗歌中出现了不少十二生肖中的动物，有猴——渌水荡漾清猿啼，有鸡——空中闻天鸡，有龙——熊咆龙吟殷岩泉，有马——霓为衣兮风为马，有虎——虎鼓瑟兮鸾回车。这些十二生肖中的动物，与现实中吃人的豺狼虎豹不同，它们与人和睦相处，"霓为衣兮风为马，云之君兮纷纷而来下。虎鼓瑟兮鸾回车，仙之人兮列如麻"，这是一幅多么和谐平等的图画啊！最后，一名学生说，天姥山美在变幻，诗人笔下的天姥山，既有月光皎洁、绿水荡漾、白鹿青崖、镜湖映影的幽静之美，也有"半壁见海日，空中闻天鸡"那种海日东升、浮光跃金、天鸡破晓的壮观之美，既有"千岩万转路不定，迷花倚石忽已暝"的赏心之美，又有电闪雷鸣、熊咆龙吟、列缺霹雳、丘峦崩摧的惊骇之美，还有琼楼银台、雍容和谐、富丽堂皇的高贵之美。奇景异境，变幻迭出，"笔落惊风雨，诗成泣鬼神"。

学生就这样一个接着一个说，畅所欲言，过渡型悬念扣住了学生的心弦，使学生对天姥山独特的美产生了兴趣。

40分钟的课堂教学，要使学生注意力始终保持饱满，确实不易。过渡型悬念是不断调动学生学习内驱力的一种好方法。过渡型悬念能使课堂教学"峰回路转"，曲径通幽，进入新的境界。

3. 拓展型悬念

拓展型悬念在课堂教学的结尾阶段，是在课堂结束时留下的悬念。它相当于诗文写作的"合"，古人喻之为"豹尾"，就是指诗歌结句要有力，或提示题旨，或耐人寻味，言有尽而意无穷。课堂教学的结尾也要有力，要给学生留下思考与想象空间，要让学生在学习的过程中"众里寻他千百度"，最终实现"蓦然回首，那人却在灯火阑珊处"的成功飞跃。因此，课堂教学的"合"，即拓展型悬念，可谓画龙点睛。唐代张彦远在《历代名画记》卷七中曾记载，梁武帝喜好修饰佛寺，名画家张僧繇在金陵安乐寺墙上画了四条龙，但不画眼睛，说："点了眼睛龙就要飞去。"人们不信，要求他画眼睛。于是，他给两条龙点上眼睛，一会儿，雷电破壁，风雨大作，两龙乘云腾天，另外两条未点眼睛的龙还在墙上，这就是画龙点睛的由来。一节课快要结束了，但并不意味着学生学习的结束。如果把一堂课喻为一台精彩纷呈的文艺晚会，那么，结尾就是一出令人拍案称奇的压轴戏。结尾阶段的拓展型悬念如能设计精妙，可产生余音绕梁、课断思不断、语停意不停的艺术效果。

我在杭州上观摩示范课——《梦游天姥吟留别》时，先从标题入手设置导入型悬念让学生绘画，初步熟悉课文，把握了天姥山的外形特点——雄伟壮观之后，接着采用词语填空法设置过渡型悬念，让学生说说天姥山美在何处，让学生全方位立体地把握了天姥山的美，接下来，我在课堂结尾又设置了一个拓展型悬念：《梦游天姥吟留别》这首诗歌的写作目的就是表现天姥山的美吗？还是有其他目的？

拓展型悬念再次激起学生的探究兴趣，一部分学生认为，这首诗歌的写作目的就是描绘天姥山的自然美、人文美和和谐美，诗人最后像陶渊明一样，须行即骑访名山，陶醉在山水美之中，逍遥自在，再不管世间之事，表现了作者逃避现实、寻仙仿道的消极态度。另一部分学生则认为，写景是为了抒情，主旨句是最后一句，"安能摧眉折腰事权贵，使我不得开心颜！"表达了作者不与权臣贵族同流合污的决心，表现了作者对上层统治者的蔑视和反抗的积极傲岸的精神。双方唇枪舌剑，针锋相对。最后，一名学生站起来说，作者的思想是复杂的，世间行乐亦如此，古来万事东流水。在作者看来，世间行乐，如同这场梦游一样，总是乐极生悲；古来万事总是如流水那样转瞬即逝，还是骑着白鹿到名山去寻仙访道的好。这里有伤感的情绪和逃避现实的态度，表现了李白思想中消极的一面，但决不能只看到这一面，还要看到另一更为强烈的一面。在李白的思想中，和"人生无常"相伴而来的，不是对人生的屈服，不是与权臣贵族的同流合污，而是对上层统治者的蔑视和反抗。这名学生一说完，全体学生深表赞同，为他鼓掌。

语文悬念教学法理念下的课堂教学，不是一种静态的呈现和反映过程，而是教师与学生之间形成的一种动态的双向交流过程。这节课，学生在我设计的导入型悬念、过渡型悬念、拓展型悬念的引导下逐步思考、逻辑推进，到达原来如此、恍然大悟、豁然开朗、始见洞天的彼岸，取得了"众里寻他千百度，蓦然回首，那人却在灯火阑珊处"的出奇效果。

拓展型悬念并不是为了拓展而去拓展，而是要紧扣文本，紧扣教学目标加以设计，要成为课堂教学的有机组成部分。

三、从教学重难点的角度

一个作品反映一个主题，同样，一堂课也有一个主题、一个中心，针对这个"主题"或"中心"，教师应该设置一个关键悬念，这个关键悬念能统摄整个教学过程。但整个教学过程不可能通过一个关键悬念就展示出来，它还需要其他的悬念设置加以辅助，一步步展开，一步步推进，神不知鬼不觉地、巧妙地诱引学生去接近，进而解答那个关键悬念。根据这一特点，我们把悬念分为"主题性悬念"和"非主题性悬念"。

1. 主题性悬念

主题性悬念就是与文本中心主旨或是教学活动的中心任务紧密相关的悬念，可以看成灵魂性悬念、总悬念。艺术作品中往往有主题性悬念，如南斯拉夫与第二次世界大战相关的经典影片《桥》，一开始就设置了主题性悬念。1944年，第二次世界大战接近尾声，纳粹德国由大进攻转入大败退，面临东西夹击的德国已走到了失败的边缘，然而他们仍不死心，为了挽救危局，德军计划从希腊经南斯拉夫撤退回本国。撤退途中，他们必须经过南斯拉夫境内的一座桥，德军派重兵守卫这座桥，并在桥的周边铺设了地雷。南斯拉夫游击队少校"老虎"接到上级命令：为阻止德军撤退，必须在第七天德军刚刚抵达这座桥时炸毁这座桥。能不能按时把桥炸毁，成了影片的主题性悬念（总悬念）。

我们教材中的课文，也有总悬念。例如，人教版必修一中的《荆轲刺秦王》，课文开篇写道：秦将王翦破赵，虏赵王，尽收其地，进兵北略地，至燕南界。

秦国咄咄逼人，大兵压境。燕国太子丹十分恐惧，于是派荆轲去刺杀秦王。荆轲进入秦国后，能不能刺杀秦王，就成了这篇文章的主题性悬念。我抓住这一点，设置主题性悬念：荆轲前去刺杀秦王。荆轲刺杀秦王，他会成功吗？我向学生抛出这个主题性悬念，学生顿时兴趣盎然，认真地阅读课文，自己去解开这个谜团，领悟了荆轲"士为知己者死"的侠士精神。

2018年5月21日，何泗忠老师赴深圳市鹤围学校
推广语文悬念教学法

2. 非主题性悬念

非主题性悬念是指主题性悬念之外的悬念，它对作品的主题或课堂教学任务的完成不起决定性作用，但能更好地推动情节的发展或课堂教学的进程，能使作品的情节或课堂结构更丰富、更曲折。例如，南斯拉夫电影《桥》，除设置游击队能不能炸毁这座桥的主题性悬念外，还围绕这个主题性悬念设置了非主题性悬念。由于德军重兵把守，大规模的炸桥行动是不可能的。前去炸桥的人不能太多，也不可能携带大量的炸药，而是要将较少的炸药放在桥的关键部位，把桥炸

毁。那么，桥的关键部位在哪里呢？这就要找到这座桥的设计者、工程师。能不能找到这座桥的设计者、工程师，成了该影片的第一个非主题性悬念。德国盖世太保也看中了这位工程师，经过一番肉搏，游击队打败了盖世太保，接走了工程师，但是工程师坚决反对炸掉自己心爱的作品，为此他在通过沼泽地的时候逃跑了。工程师逃跑，能不能把他找回来，成了电影的第二个非主题性悬念。游击队队长老虎带着他的游击队队员寻找工程师的时候遭遇了大批德军，德军将他们包围，并抓住了他们，游击队队员能不能逃出德军的魔掌，成了电影的第三个非主题性悬念。为服务主题性悬念，电影后面还设置了一连串非主题性悬念。由于主题性悬念和非主体性悬念的设置，这部影片情节扑朔迷离、跌宕起伏、险象环生、扣人心弦。

电影有主题性悬念与非主题性悬念，我们的课堂教学也可围绕主题性悬念设置非主题性悬念。《荆轲刺秦王》，除有荆轲进入秦国后能不能刺杀秦王这个主题性悬念外，也有很多非主题性悬念。例如，荆轲为了接近秦王，向太子丹提出需要樊於期将军的头颅作为信物，太子丹不同意，荆轲能得到樊於期将军的头颅吗？这是文本的第一个非主题性悬念。接着，荆轲让樊於期将军自愿献出头颅，荆轲是怎样说服樊於期自愿献头的呢？这是文本的第二个非主题性悬念。在冷兵器时代，没有手枪，刺杀秦王，需要匕首，荆轲又是怎样将匕首带入戒备森严的秦国宫廷的呢？这是文本的第三个非主题性悬念。荆轲进入秦国宫廷后，他的副手秦武阳吓得脸色苍白，浑身发抖，表现异常，引起秦国群臣怀疑，荆轲又是怎样化解这个意外的呢？这是文本的第四个非主题性悬念。我充分利用这些非主题性悬念诱导学生一步步阅读课文，极大地调动了学生的学习兴趣。

以上这些悬念，无论哪种悬念类型，其目的都是调动学生学习的积极性，培养学生的学习兴趣，因此，在教学活动中，我们要根据教学内容、教学目标、教学环境、教学对象去合理设计悬念，切忌故弄玄虚。

第七章

古诗文教学的悬念设置艺术

只有学会用15种至20种音调来说"到这里来"的时候，只有学会在脸色、姿态和声音的运用上做出20种风格韵调的时候，我就变成了一个真正技巧的人。

——苏联教育家马卡连柯

教学设计是一门涉及理解与改进教学过程的学科。任何设计活动的宗旨都是提出达到预期目的的最优途径，因此，教学设计主要是关于提出最优教学方法的一门学科，这些最优的教学方法能使学生的知识和技能发生预期的变化。

——赖格卢特

武汉教育学院教授韦志成先生在《语文教学情境论》一书中谈到"教学方法要艺术化"的问题时，曾列举了教学设计和课堂教学要注意的方方面面。例如，教学目标的显与隐、教学内容的详与略、教学程度的深与浅、教学进程的快与慢、学生接受的难与易、学习态度的冷与热、教师情感的浓与淡、教学氛围的虚与实、教学过程的张与弛、教学结构的疏与密、教学节奏的抑与扬、教学风格的刚与柔、教学语言的庄与谐等。的确，韦教授所列举的这些内容都应该是我们在课堂设计和教学过程中尤其需要以艺术的眼光和心思去认真打磨的地方。语文教学中，教学方法多种多样，教学过程千变万化，语文悬念教学法，尤其强调课堂教学中的悬念设置艺术，要求教师"博采众长，以我为主"，创造出具有自己特点的悬念教学艺术。

有些教师讲得平淡无奇，味同嚼蜡，而有些教师讲得精彩纷呈，妙趣横生。为什么会有这种差别？一个非常重要的原因就是懂不懂得设置课堂悬念。恰当、巧妙、适时地在教学中设置一系列悬念，可收到意想不到的效果。

央视《百家讲坛》中的阎崇年教授所讲的《清十二帝疑案》的收视率一直很高，正如于丹教授所说："对疑案的选择是这个系列最大的成功。"阎崇年教授的讲解之所以能够吸引很多观众，撇开阎教授深厚的学术底蕴，一个重要的因素就是他很善于设置悬念，能有效调动观众的兴趣。这一点给我们的启示就是在平时的课堂教学中要善于设置悬念，悬念的设置能够吊起学生的胃口，让学生觉得所学的内容是有趣的、值得学习的。因为悬念的设置相当于给学生造成了一种认知失调、认知不平衡的状况，所以学生会花时间和精力去学习，解决认知不平衡的问题。悬念设置在古诗文教学中显得尤其重要，悬念能调动学生学习古诗文的兴趣，激发学生对古诗文的探究欲，从而使学生高效地完成课堂教学任务。下面谈谈古诗文教学中的悬念设置艺术。

一、在文本空白处设置悬念

我国现当代雕塑家、书法家、文学家熊秉明先生在《看蒙娜丽莎看》一文中说："面对一幅画，我们说'看画'。这是我们和画的关系。我们处于一种安全而优越的地位，享受着观赏之全体的愉快、骄傲和踌躇满志。然而走到蒙娜丽莎之前，情形有些不同了。我们的静观受到意外的干扰。画中的主题并不是安安稳稳地在那里'被看''被欣赏''被品鉴'。相反，她也在'看'，在凝眸谛视、在探测。侧了头，从眼角上射过来的目光，比我们的更专注、更锋锐、更持久、更具密度、更蕴深意。她争取着主体的地位，她简直要把我们看成一幅画、一幅静物，任她的眼光去分析、去解剖，而且评价。她简直动摇了我们作为'欣赏者'的存在的权利和自信。"这段话形象地阐释了一个道理，艺术作品是由创造者和欣赏者共同完成的。不独绘画作品如此，其他艺术作品也是如此。

著名评论家王冶秋先生就曾这样评说《阿Q正传》的欣赏过程：看第一遍，我们会笑得肚子痛；第二遍，才咂出一点不是笑的成分；第三遍，鄙弃阿Q的为人；第四遍，鄙弃化为同情；第五遍，同情化为深思的眼泪；第六遍，阿Q还是阿Q；第七遍，阿Q向自己身上扑来；第八遍，合而为一；第九遍，又一次化为你的亲戚故旧；第十遍，扩大到你的左邻右舍；第十一遍，扩大到全国；第十二遍，甚至洋人的国土；第十三遍，你觉得它是一面镜子；第十四遍，也许是警报器……十四遍以后读者欣赏到什么评论家没有说，我想只要继续读下去，新的体会和想法肯定依然会有。同一个人，能读出这么多阿Q，更不用说，不同的人能读出更多的阿Q，正所谓"一千个读者就有一千个哈姆雷特"。为什么会产生这样的效果，因为作者在阿Q身上给我们留下了许多"不确定性"和"意义的空白"。语文教材中的大部分课文都是古今中外名家的名篇，内容含蓄，语言凝练，为读者留下了耐人寻味的艺术"空白"。如果我们能充分利用教材提供的这些"空白"制造悬念，引导学生去思考、联想、理解、填补这些"空白"，促成"完形"，将会起到开发学生智力、发展思维能力、提高教学效果的积极作用。

荣誉证书

何泗忠 同志于2018年3月23日(周五)受邀到宁夏固原市为"宁夏固原市2018年中小学骨干教师培训班"作专题讲座，授课专题为《高效课堂中的悬念设置艺术》《骨干教师要怎样成长》，共计6学时，深受学员好评，特发此证，以资鼓励。

深圳城市学院
二〇一八年三月二十三日

2018年3月23日，何泗忠老师赴宁夏固原推广语文悬念教学法，深受好评

例如，汉乐府诗《陌上桑》，写秦罗敷的美，不像宋玉写东邻之女那样说她"增之一分则太长，减之一分则太短；著粉则太白，施朱则太赤"，而是采用了侧面描写的手法来写罗敷的美："行者见罗敷，下担捋髭须。少年见罗敷，脱帽著绡头。耕者忘其犁，锄者忘其锄。来归相怨怒，但坐观罗敷。"行文没有一字一句直接描写罗敷美貌，罗敷究竟有多美，是不确定的、模糊的。唐朝是以丰满为美，因此，杨贵妃的身材并非十分苗条。欧洲人看了这首诗后，可能会把罗敷想象成一个金色的头发、蓝色的眼睛、苗条的身材的姑娘；非洲人看了，可能会把罗敷想象成黑色的皮肤、洁白的牙齿、大大的嘴巴的姑娘；在太平洋有一个叫汤加的岛国，那里是以胖为美，因此，在汤加人看来，罗敷一定是一个大嘴巴、水桶腰的姑娘。我在讲授这首诗歌时，利用作者侧面描写形成的"空白"，设置悬念，让学生根据自己的想象和审美标准来体会琢磨罗敷的美，然后让学生说出这种美，结果学生们都说出了自己心目中的罗敷美。正当我要对罗敷美做一个总结时，一名学生大声说，诗中的使君是一个好色之徒。一石激起千层浪，学生开始议论纷纷，一时间课堂气氛异常活跃。面对文本空白带来的这种突如其来的"生成性悬念"，我意识到，这是一个涉及诗歌的主题思想及艺术手法的问题。我迅速让学生安静下来，然后让学生讨论，学生有的思考，有的翻书，有的在书上写写画画，有的与同桌小声讨论，不一会儿，学生纷纷举手发言。有学生说，使君就是一个好色之徒，"使君从南来，五马立踟蹰"，踟蹰，即徘徊，走不动的样子，马犹如此，人何以堪。面对该学生的主张，有学生马上提出反对意见，面对罗敷的美，那些行者、耕者、锄者，还有那个少年，都有异常的表现，难道他们的异常表现就是爱美，而使君就是好色吗？其实诗歌就是从不同的侧面来表现罗敷的美。接着，又有学生反驳，使君的表现与其他人还是有些不同的，他一见到罗敷，就要求罗敷与他一同坐车回去。"宁可共载不？"这不是想霸占罗敷吗？该学生还没说完，马上有学生反驳："使君遣吏往，问是谁家姝？"使君是让小吏去询问罗敷，比较有分寸，并没有用他的威势强迫罗敷。诗中还写到"使君谢罗敷"，一个"谢"字看出他很有礼貌，而不是无礼、轻薄。爱美之心，人皆有之。行者、少年、耕者、锄者能欣赏罗敷的美貌，而使君就是"好色之徒，有荒淫之心"？

学生继续发表他们各自的"独特见解"，我则静静地看着学生——这种勇于深入探究的课堂氛围正是我希望见到的。直到下课铃响，学生还意犹未尽地讨论着诗歌的内容。

《鸿门宴》是《史记》中的经典名篇，再现了刘邦集团和项羽集团为争夺胜利果实而进行的一场惊心动魄的斗争。它既为我们再现了历史真实，也为我们提供了高度的文学技巧典范。文中人物性格鲜明生动，人物形象栩栩如生。作为学生刚进入高中阶段就接触的文言文，在篇幅上，《鸿门宴》比学生在初中学过的文言文显然要长，处理不好，学生就会产生畏难情绪。如何化解学生的畏难情绪，激发学生阅读文言文的兴趣，是我们必须面对的急需解决的问题。在教学《鸿门宴》一文时，我充分运用文本空白处设置悬念，吊起学生胃口，激发学生的学习兴趣。

细读《鸿门宴》，我们会发现刘邦赴鸿门与项羽初见之时的一个极为反常的细节。

刘邦刚到鸿门，与项羽初见，说话低声下气，不惜以臣下之身，尽力满足项羽自尊自大的心理，三言两语，就成功解除了项羽对自己思想上的防范。得意扬扬的项羽不经意间就把告密者说出来了。

"此沛公左司马曹无伤言之。不然，籍何以至此？"

看到这一细节，我们不禁会问：刘邦听了项羽的话后，难道就没有反应吗？这太不正常了。可司马迁没写刘邦的反应，直接就写"项王即日因留沛公与饮"。这里的空白充满想象的空间，我利用这个空白设置悬念。我说，同学们，刘邦听了"此沛公左司马曹无伤言之"这句话后，会不会有反应呢？这个悬念引起了学生强烈的探究兴趣。以下是教学片段：

生21：按常理会有反应。

师：为什么？

生21：因为曹无伤告密，背叛了他。中国传统文化中提倡一种"忠孝节义"，曹无伤对自己不忠不义，刘邦应该十分愤怒。

师：对了，我也觉得刘邦应该会有反应。但原文中司马迁没写这个反应，我觉得违背常理，于是，在这里，我加了一句：

沛公闻之，大惊，切齿曰"曹无伤，吾必诛尔九族！"

师（指着所加句子）：到底是我加得好，还是原文写得好？

生22：我觉得老师加得好。人，都是有感情的，面对部下对自己的背叛，刘邦应该会愤怒，这是情感的自然流露。事实证明，刘邦也确实对曹无伤刻骨铭心了，课文写他一回到军营后，"立诛杀曹无伤"。

生23：我觉得原文不写刘邦有所反应更好，更符合刘邦的性格。

生24：我并不反对刘邦会有所反应。刘邦一定有反应，但不会表露出来，更不会说出来。这更符合情理，这是一种合情合理的违背，这样写更符合刘邦的个性。刘邦是个老谋深算、城府很深的人。他的城府深到即使有内心反应也不会表露出来，换了项羽就会表露，会说出来。

师：分析得很深刻。刘邦内心一定有反应，但内心有想法，能做到不形于色，可见城府很深，深到不可测了。是的，刘邦脸皮非常厚，厚到连内心有什么反应也不能透过脸皮表现出来。因此，司马迁这里没写刘邦的反应，细节看似反常，但实则极为正常。没有这样反常的举动，又何来刘邦正常的性格？

总之，作品中的艺术"空白"和"不确定"，就好像海上的一座冰山，我们能看到的只是表面很少的一部分，而更大一部分却藏在更深的层次，不为人所见。我们应善于利用古诗文中的"空白"和"不确定"设置"悬念"，引导学生去挖掘作品中蕴藏得更深层次的内容，使我们的古诗文课堂教学做到歌德所说的"一只眼睛看到纸面上的话，另一只眼睛看到纸的背面"。

二、以问题诱导法设置悬念

教师对学生提问是课堂教学中常用的，也是最重要的手段，甚至可以说，教学的艺术全在于如何恰当地提出问题和巧妙地引导学生作答。韦志成教授在《语文教学艺术论》一书中论述了课堂提问的多种作用，他说：

提问是引起学生学习活动的最好的刺激信息，具有激发学习动机的作用；

提问能促使学生定向思考，具有促使学生注意教材的重点、难点的作用；

提问能诱发学生思考，具有培养学生思维能力和习惯的作用；

提问能引导学生发现问题、分析问题，具有完善学生智能结构的作用；

提问能让学生得到充分的口语训练，具有培养学生口头表达能力的作用；

提问能让师生交流思想感情，使教与学能及时交流反馈信息，具有因材施教、有的放矢进行教学的作用；

提问能活跃课堂教学的气氛，具有提高教学效率、加快教学进程的作用。

正因为意识到提问对课堂教学的重要性，语文悬念教学法才非常重视采用问题诱导法来设置悬念。用问题创设悬念来激发学生思维，让学生自己去发现问题、回答问题和解决问题，使他们成为知识的发现者，而不是消极的接受者。在课堂教学中，教师不失时机地以问题诱导法设置悬念，能创造一种引人入胜的学习情境，使学生产生好奇心、新鲜感、求知欲。

曾在《语言文字学》2015年第六期上看过曹玉强老师提到的一个《草船借箭》的教学案例。这个案例，教师其实是运用了问题诱导法设置悬念，并且取得了很好的教学效果。《草船借箭》对于成年人来说理解起来并不难，而且很多人耳熟能详，但是对于阅读面比较窄的小学生来说，理解起来并非易事。案例中的老师在教学过程中适时地用问题设置悬念，如《草船借箭》中写道，周瑜说"对，先生和我想的一样，现在军中缺的是箭，想请先生负责赶造十万支"。老师抓住"一样""赶造"两词提出如下问题："周瑜为什么明知故问？为什么要把决定成败的十万支箭让诸葛亮来赶造？周瑜把诸葛亮当成最好的朋友了吗？"这一连串的问题给学生造成悬念，学生们带着问题速读起了课文，谁都想快速找到答案。当学生读到第三段周瑜活动时，不由恍然大悟，原来周瑜是有意陷害诸葛亮。接着教师抓住"我得吩咐将军们，造箭用的材料不给他准备齐全"提出问题："好狠的计谋！面对周瑜如此不给力的合作，诸葛亮在三天之内完成得了吗？"面对如此狡诈的周瑜，学生都暗自憋了一股劲儿，想要帮助诸葛亮。当学生读到第四段，诸葛亮向鲁肃借船时，教师又提出问题："诸葛亮急疯了吧？不能按时完成造箭任务，他会承担很重的责任。既然是造箭，借船有何用？难道要逃走不成？"学生立刻带着这个问题，关注诸葛亮的生死，并迫不及待地读下去，想探个究竟。当说到草船借箭时，学生恍然大悟，无不被诸葛亮的聪明才智折服。师生不禁脱口而出，诸葛亮真真"神机妙算"！一节课里，学生在问题悬念中边学边解疑，其乐无穷。

深圳名师、语文特级教师、中国科学院深圳先进技术研究室实验学校校长宋如郊老师在教学《烛之武退秦师》这篇传统文言文时，也采用了问题诱导法设置悬念，收到了很好的教学效果。在教授这篇课文时，宋老师抓住课文中"夜缒而出"这句话，以"缒"字为核心，围绕课文内容设计了一系列问题，引导学生从情境、事理等方面由浅入深地展开探究。宋老师首先发问，"缒"是什么意思？学生结合课文注解（"缒"，用绳子拴着人或物从上往下送）轻松完成。这属于文言知识层面的问题，是展开推想探究的起点。接下来，宋老师提出第二个问题，"缒"的具体过程是什么？学生结合"缒"的意思开始推想探究，很快推想出一个工作流程：准备结实的绳索—把人拴牢—专人在高处抓紧绳索往下放，把人安全送达地面。这属于低难度的问题，但是学生通过推想探究使"缒"具体化、形象化，为下面思维的深化打下基础。于是，宋老师又提出第三个问题，从都城的哪个方向"缒"的？这个问题原文中没有一字提及，属于难度稍大的推想探究。该问题马上引发了学生的争论，大家思考的积极性被调动起来。不久，学生推想出了一致的结论：只能是在秦军而非晋军围城处"缒"。宋老师趁机又提出第四个问题，为什么要"夜缒"？大部分学生从事理上推想，立即回答为避人耳目。但这是简单的推想，宋老师在此时引领学生的思维走向深入，使他们学会根据原文已知信息和隐含信息对事物进行符合逻辑的判断和推理。学生结合原文中的"国危矣"解读当时郑国局势千钧一发的严峻性，结合"今急而求子"体会郑国国君的极度无奈、无助和惶急的心情，推断出"夜缒"具有现实的紧迫性和必然性。以上这四个问题基本解决了文章主要内容的理解问题。但是核心人物烛之武的形象还未深度涉及，于是，宋老师继续设问，提出第五个问题，"夜缒"的风险是什么？学生经简单推想后得出结论：会出现各种意外，包括生命危险。宋老师继续引向深入，提出第六个问题，烛之武显然不适合"缒"，可他为什么还要冒生命危险夜"缒"？宋老师借此引导学生通过补充资料和原文推想烛之武的人生经历，分析主人公的性格和形象，得出结论：烛之武虽然受过国君的不公正对待，但是在郑国危急存亡的关头，能够舍身奋智，临危纾难，挽狂澜于既倒，扶大厦于将倾，充分彰显了他的宽恕情怀、大智大勇和忠君爱国。最后一问："缒"所蕴含的文化内涵是什么？这是最具挑战性的问题，需要学生结合历史背景、中国的文化发展传统等进行推想，难度较大。经过师生共同努力，得出结论：体现了中国古代的战争智慧、外交智慧，这是中华民族生存发展智慧的重要组成部分。在这节课中，宋老师采用问题诱导法设置悬念，给学生留下了大量想象与思维的空间，极大地调动了学生学习文言文的主动性和积极性，让学生深度地卷入到古诗文课堂教学中来。

问题诱导法循着"提出问题—解决问题—又发现问题—再解释—再发现"的方式进行，整个课堂的气氛就好像带领着观众在一个满是门的迷宫里探索，打开一扇门却发现房间里还是一扇门，就这样不断地打开，直到最后一扇门。

三、以语言节奏法设置悬念

我国著名美学家朱光潜论析声音的节奏特点时说："声音是在时间上纵直地绵延着，要它生节奏，有一个基本条件，就是时间上的段落。有段落才有起伏，有起伏才可以见节奏。"他以一组线条来表示节奏：

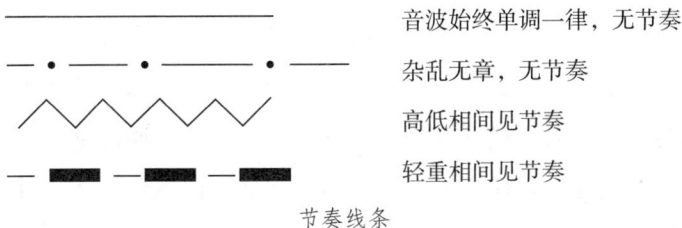

———————————	音波始终单调一律，无节奏
— · — · — · —	杂乱无章，无节奏
∧∧∧∧	高低相间见节奏
— ■ — ■ — ■	轻重相间见节奏

节奏线条

以语言节奏法设置悬念，就是借助语言的高、低、快、慢、断、续等技巧制造"悬念"的一种教学方法。白居易的著名诗歌《琵琶行》，诗中主人公琵琶女奏出的琵琶声十分迷人、感人，人们听得如痴如醉——"东船西舫悄无言，唯见江心秋月白"，诗人更是感动得泪如雨下——"座中泣下谁最多，江州司马青衫湿"。琵琶女弹奏的音乐为什么能如此迷人、感人呢？原因众多，但琵琶女善于利用音乐抑扬顿挫的节奏艺术制造"悬念"，引发听众沉思、联想、回味是一个重要原因。琵琶女"轻拢慢捻抹复挑"，使琵琶声时而如黄莺婉转流利，时而如冰下泉流阻塞，时而低声沉咽，时而高亢激越，这种张弛有度、疏密有致、新颖多变、起伏跌宕的音乐节奏给听众留下一种虚虚实实、实实虚虚的艺术悬念，吸引了诗人，感动了诗人。弹奏音乐如此，语言表达亦是如此。清代戏曲理论家李渔就认为，念白应有缓、急、顿、挫，有当断处，有不当断处，都要恰到好处，有些台词不必说尽，要"说半句，留半句，或说一句，留一句"，给观众留下悬念。好的课堂教学，教学语言也不应从头到尾像机关枪一样哒哒哒地讲个不停，而应讲究变化和节奏，必须有动有静、有张有弛、开合有度，富于节奏感；必须给学生留下几段空白，留下一些悬念，形成一种"召唤结构"，这样才能吸引学生主动参与。

北京师范大学第二附属中学的历史教师、《百家讲坛》栏目里的中学教师纪连海就十分善于运用"语言节奏法"来制造课堂"悬念"，以增强课堂吸引力。例如，他这样讲"火烧圆明园"："圆明园英法联军找得着吗？从英国、从法国那么老远来，他知道中国有个圆明园？肯定不知道！那么问题在于，是谁告诉他中国有个圆明园的呢？肯定不是你。我知道！那么告诉英法联军中国有个圆明园，你们可以到那儿去抢、去烧的这个人是谁呢？这个人便是……"讲到这里，纪连海"停"住了，这一停，真是吊足了学生的胃口，形成了一种"期待视野"，学生伸首引颈，睁大眼睛，期待着纪老师往下讲。纪老师的课，不由得学生不听，听了还想听，这就是纪老师充分利用"语言节奏"制造出来的悬念效应。我在讲授《鸿门宴》一文时，也采用过这样的方法，当讲到"夺项王天下者必沛公也"一句时，我不禁感慨地说："鸿门宴中项羽为什么会由主动变被动，乃至几年后，最终为刘邦所灭，自刎乌江？原因是什么呢？原因就在——"话说到这儿，打住不说了，我布下空白，留下悬念，此时，教室里显得出奇的安静，然而，在这安静的表层之下，却是暗流涌动，学生们在积极地思考。果然，"于无声处听惊雷"，过了一会儿，有学生开始接茬了。一个说，团队齐心协力很重要；一个讲，性格决定命运；一个道，要善于倾听别人的意见；又有一个喊，能伸能屈才能成就大业……你一言，我一语，学生们纷纷表达自己的意见。在这里，我巧妙使用语言节奏制造"悬念"，使学生处于一种情绪高涨、欲罢不能的亢奋状态，使古诗文教学呈现出一种"百花齐放，百家争鸣"的精彩生态。语言节奏法，很好地实现了"悬念教学法"的课堂教学理念。

苏联教育家马卡连柯说过："只有学会用15种至20种音调来说'到这里来'的时候，只有学会在脸色、姿态和声音的运用上做出20种风格韵调的时候，我就变成了一个真正技巧的人。"教师恰当地运用语言节奏，传神达意，是会收到良好的教学效果的。

四、以体态语言法设置悬念

体态语言是一种重要的交际语言，是以身体动作表示意义的信息系统，包括身体各部分无声的动作，如眼神、面部表情、点头或摇头、手势等。人际交往离不开体态语言。美国传播学家艾伯特·梅拉比安曾经提出一个公式：信息的全部表达=7%的言语+38%的声音+55%的表情、动作、举止。也就是说，在人际交往中，55%的信息传递是通过体态语进行的。白居易《琵琶行》中的琵琶女就十分懂得运用体态语言来表情达意，给我们留下了十分深刻的印象。"千呼万唤始出来，犹抱琵琶半遮面"，那"半遮面"的出场式，使千般风韵、万般情思、东方女性的羞怯、流落天涯的苦楚，尽在这遮与不遮、露与不露之间；接下来，那弹奏的表情，时而低头，时而蹙眉，时而起立，时而坐下，就这样，琵琶女内心的情感通过这有声的音乐和这无声的体态语言充分地表现出来了，使白居易和读者感动得泪湿青衫。《扬州画舫录》记载了这么一件事：清朝扬州一个说书艺人，说到张飞一声怒吼，喝断长坂桥时，只是张口怒目，以手佐势，不出一声，而听众却觉得满室中如雷霆于耳。如果这个说书艺人真的喊出声来，我想，不管他声音如何洪亮，听众都不会觉得这喊声能喝断长坂桥。这种"以手佐势，不出一声"的"空白"，正是寓有喝断长坂桥之声，给听书人制造了悬念，留下了无限联想与想象的空间。艺人表演与教书育人有相通之处，要使我们的古诗文教育教学活动取得感人的效果，给学生留下悬念，留下思考的空间，也要运用体态语言。

有位老师解释《触龙说赵太后》中"徐趋"一词，他放低了身子，双脚快步走着，认真地做了一个滑稽的老态龙钟的姿势。学生们笑起来了，他接着说，触龙见赵太后为什么"徐"？因为腿痛。又为什么"趋"？表示对赵太后的尊敬。他腿患有风湿病，得了关节炎，所以只好"慢慢地快步"。

何谓"徐趋"？古代臣见君时，按礼节规定要快步往前走。但触龙病足，不能快走，只好"徐趋"。老师的点头、手势、走步、眼神、表情、沉思等，"只可意会不可口传"，能表达语言所不能表达的内容。在这里，老师借助体态演示，表达的信息及产生的感染力，远远超过了有声语言，给学生制造了悬念，留下了无限联想与想象的空间，真正是"此时无声胜有声"。

马卡连柯说："做教师的决不能够没有表情，不善于表情的人，就不能做教师。"马卡连柯的话告诉我们，体态语言对当好一个教师、上好一节课是多么的重要。为保证教师有丰富多彩的体态语言，武汉教育学院韦志成教授甚至要求语文教师上课时必须具备以下基本的感情变化：

兴奋豪迈之情、壮怀激烈之情

欣喜愉快之情、欢欣鼓舞之情

喜悦乐观之情、崇敬赞美之情

缅怀哀悼之情、相思怀念之情

分离惜别之情、沉痛悲愤之情

　　忆旧怀古之情、冷嘲热讽之情

　　憎恶愤慨之情、鄙薄蔑视之情

　　向往追求之情、期望祝愿之情

　　辛酸痛苦之情、忧郁惆怅之情

　　压抑愤懑之情、自信自立之情

韦教授要求的每一种感情，教师在发出有声之语的同时，必须辅之以相对应的体态语言，做到形神兼备，声情并茂。

五、以模糊语言法设置悬念

我国传统美学认为，事物往往因模糊迷离而显得更美，愈朦胧神秘愈会激起人们神往而欲要穷其究竟的心理，黄山之所以美不胜收，令人神往，是因为笼罩在烟雨云雾中，白居易笔下的琵琶女之所以迷人，是因为她"犹抱琵琶半遮面"，给人留下很大的可供模糊猜测的空白。语言因模糊而留白，同样会令人产生悬念，引人深思不已。

美国第二十二、二十四任总统克利夫兰是运用模糊语言的高手。他在竞选第二十四任总统时，华盛顿州给西北的一座大山命名为雷尼尔山还是塔科马山的问题是当时的热点，这真是一个说不清、道不明的问题。有一次，克利夫兰乘专列去做竞选宣传，暂停大山附近，当地选民要他对大山命名问题表明态度，但克利夫兰知道，这里的选民对大山命名的态度不一，如果自己的态度明确，就会得罪一部分选民。于是，他决定采用模糊语言，避开这个矛盾。他首先用大量的篇幅、华丽的辞藻来形容这座美丽的大山，最后，在表明立场时他说："我要让人们都知道，我是坚决支持将这座大山命名为……"，关键时刻，列车"呜……"的一声，出站了，汽笛声把克利夫兰后面的话给淹没了。克利夫兰巧妙地运用了语言的模糊艺术，避开了得罪任何一方，赢得了选票；同时，也给选民们留下了一个巨大的悬念：总统候选人对大山的命名到底是什么态度呢？克利夫兰当选总统后，还有不少好奇的人专门写信问他对这座山命名的态度。

教师在教学中如能像克利夫兰一样使用一些模糊语言留下空白、制造悬念，也会激起学生的探究欲望。我在讲授《孔雀东南飞》时，就采用了"模糊语言法"制造悬念。当师生共同欣赏解读完诗歌的第一、二自然段时，有名学生提出了这样一个问题：既然刘兰芝是一个"十三能织素，十四学裁衣。十五弹箜篌，十六诵诗书"的既工于女红，又知书达理，还勤劳善良美丽的完美女性，为什么会被焦母看不惯而"自请归家"呢？我让学生就这个问题展开讨论，学生表现得异常活跃，他们对同一个问题做出了几个、十几个不同的解答，但谁也说服不了谁。这时，有学生向我投来了求助的目光，他们希望我对他们的看法做出评价，想看看我的态度。针对学生的期盼心理，我先是赞扬了同学们善于思考、勤于探究的学习品质，接着大谈特谈"孔雀东南飞"故事所发生的时代背景，最后在表明我的立场时，我说："在你们众多的看法之中，谁最有道理呢？结合故事所发生的时代背景，我同意……"我讲到这个节骨眼时，刚好打了下课铃，学生眼睁睁地看着我走出教室。我像克利夫兰一样，给学生留下这个"模糊的悬念"就走了，问题像磁石一样吸引着学生，"风乍起，吹皱一池春水"，课后，学生忍不住反复研读课文，看书，思考，再看书，再思考；有的学生意犹未尽，课后还专门找我探讨这个问题，甚至"纠缠"着我，问我到底同意谁的观点。这堂课，我巧妙运用"模糊语言法"制造悬念，激起了学生打破砂锅问到底的欲望，引导学生进入追索的、探求的境界，收到了意想不到的教学效果。可以说，模糊语言法的运用，很好地实现了"悬念教学法"的课堂理念。

六、以情境体验法设置悬念

教育心理学研究表明，掌握知识的效果依赖于学生发挥智力的积极性，而这种积极性在很大程度上是由情境引起的。好的情境设置，往往能激发学生的学习兴趣，勾起学生的探究欲望，因此，有经验的教师，总是善于抓住学生心理，根据教学目标与内容，巧设情境，设置悬念，启迪学生积极思考，撩拨起他们欲罢不能的探究欲望。

著名特级教师钱梦龙老师在教学《死海不死》一文时，让语文课代表把一个盛满清水的大烧杯、一根玻璃棒、一柄塑料匙子、一碟食盐、一个鸡蛋放在讲台上，这些道具的出现已给学生带来悬念，学生十分好奇，老师到底要干什么？接着，钱老师又在学生迷惑的目光下把鸡蛋投入大烧杯，要求学生想方法只用讲台上提供的道具，使鸡蛋浮起来并解释原因。此要求激起学生积极参与的情趣，学生纷纷跃跃欲试。当问题得到圆满解决后，钱老师即板书课题"死海不死"，接着又让学生思考为何叫"死海"，为何又说"不死"？这些做法正是为课堂教学的展开而巧设的情境。钱老师以情境体验法设置悬念，触发学生的兴奋点，引发他们的有意注意并认真思考，从而有效地调动了学生学习的主动性，使学生获得了发现和成功的情绪体验，激起了他们的求知欲望。

著名特级教师、语文情境教学法创建者李吉林老师教小学四年级学生学习李白的《独坐敬亭山》："众鸟高飞尽，孤云独自闲。相看两不厌，只有敬亭山。"教学中，她引导学生朗读诗句，想象画面，体会诗的意境。下面是教学当中的一段实录。

师：这首诗是我国唐代著名诗人李白写的。你们自己先读题目，再读诗，读着读着，是不是想到一个画面？（学生自读全诗，边读边想象画面。）

师：你们说画面上有些什么？你们说，我来画。

生：（学生思考片刻）画面上有一座山，山上有个亭子，这就是敬亭山。李白一个人坐在亭子里。因为题目是《独坐敬亭山》。

生：还要画鸟，画云。

师：画多少鸟？鸟是画大一点，还是画小一点？从哪个字眼可以知道？

生：画一群鸟，因为是众鸟。

生：应画小一点，因为"高飞尽"，飞得高，就小了。

生：也可以不画鸟，因为已经飞"尽"，飞得看不见了。

师：意思是对的，不过不画鸟，怎么能体现"众鸟高飞尽"的意境呢？

生：我想还是画好，画在靠边上一点，画得小一些，这样越飞越小，最后就看不见了，这才能叫"众鸟高飞尽"。

师：鸟飞得越来越高，飞得越来越远。

生：还要画云。

师：画多少云？

生：画一朵云，因为是"孤云"。

师：画一朵云，飘在天空，显得很自在。高飞的鸟，闲游的云，正表现了李白不受当时黑暗势力压制的态度。

在这里，李老师用情境体验法设置课堂悬念，给学生们营造一种身临其境的氛围，引发学生学习诗歌的兴趣，并在学习交流的过程中相机启发、精心点拨，学生在身心愉快中不知不觉地就领略了诗歌的语言之美、意境之美，取得了很好的教学效果。

七、以倒叙追问法设置悬念

法国18世纪启蒙运动的代表人物狄德罗很看重悬念。他在《论戏剧艺术》一文中说过，戏剧有两种写法：一是守密，把故事后面的情节瞒住观众；二是把故事后面的情节先透露给观众。他把这两种写法进行了比较，认为后一种写法的效果更好。

2016年3月10日，何泗忠老师（左3）率二高年轻教师运用悬念教学法参加
广东省青年教师大赛

俄罗斯19世纪文艺理论家、作家车尔尼雪夫斯基在他的长篇小说《怎么办？》的序言中写道，我援引了小说家所常用的诡计：从小说的中央或结尾抽出几个故弄玄虚的场面来，将它们放在开头的地方，并且给装上一层迷雾。狄德罗和车尔尼雪夫斯基所说的实际就是布置疑团，也就是我们所说的悬念设置，而且讲的都是以倒叙法设置悬念。的确，叙述一件事情，采用倒叙法能给人造成悬念。例如，福斯特在《小说面面观》中，对下面几种说法做了比较分析：

1.国王死了，不久王后也死去。

2.国王死了，不久王后也因伤心而死。

3.王后死了，原因不详，后来才发现，她是因国王去世，悲伤过度而死的。

他认为第一种只是按时间顺序叙述，这种讲述故事的方法十分平淡；而第二种讲述故事的方法就因多了一层因果关系而有了一些悬念，但悬念不强；第三种，把因果关系倒过来讲述，即采用一种倒叙法讲述，就有了一种神秘色彩，给人带来一种强烈的悬念。电影史上伟大的电影之一《公民凯恩》就是采用倒叙法来设置悬念的。影片以凯恩在桑拿都庄园之死揭开序幕，凯恩在临终前说出"玫瑰花蕾"，接下来影片的叙事全都围绕着这一句"玫瑰花蕾"到底意味着什么而展开，倒叙手法给整部影片带来强烈悬念，并以此吸引了观众，使影片获得巨大成功。

艺术如此，我们上课要取得好的效果，也可以采用倒叙法设置课堂悬念。

例如，我在教学白居易的《琵琶行》一诗时，先让学生阅读诗歌前面的小序，可以知道白居易是被贬九江的大诗人，而弹奏琵琶的人是一个下等歌女。接着，教师出示幻灯片，让学生用创读法读《琵琶行》最后一段：

感我此言良久立，良久立。

却坐促弦弦转急，弦转急。

凄凄不似向前声，向前声。

满座重闻皆掩泣。唉，皆掩泣。

皆掩泣。

皆掩泣。

座中泣下谁最多？

谁最多？

谁最多？

谁最多？

啊！江州司马青衫湿。

青衫湿。

青衫湿。

青衫湿。

学生齐读完后，我接着说，以上是唐代诗人白居易著名诗歌《琵琶行》中的最后一段。接着，我采用倒叙追问法设置悬念，引起学生探究的兴趣：

听了琵琶女的琵琶曲后，"满座"的人"掩泣"，诗人白居易却哭得最悲伤，为什么诗人会与一个从未谋面的下等歌女产生共鸣呢？请从诗歌中去探究原因。

倒叙追问法使学生兴致盎然地去分析诗歌前半部分内容，探究共鸣的原因。通过分析，学生探究出了以下两个方面的原因：一是经历或遭遇相同：同是天涯沦落人，相逢何必曾相识，他们都从都城来到这个遥远的江州，都有出类拔萃的才能，都有由盛到衰的遭遇感受，都有满腹的幽恨暗生；二是音乐的迷人感人：琵琶女有高超的演奏技艺，"大弦嘈嘈如急雨，小弦切切如私语，嘈嘈切切错杂弹，大珠小珠落玉盘"，琵琶声时而婉转流利，时而高低错落，时而起伏跌宕，时而戛然而止，这样变化多端的音乐节奏吸引了诗人，感动了诗人，征服了诗人。

这节课，我在倒叙中设置悬念，先果后因，环环相扣。既让学生熟悉了诗歌的基本内容，又让学生把握了琵琶女与诗人的形象，达到了激发学生学习古诗文兴趣的目的。

在古典名著《红楼梦》整本书导读中，我也多次采用倒叙追问法设置悬念，取得了很好的阅读效果，如黛玉之死，在《红楼梦》第九十八回，接近小说尾声，我采用倒叙追问法对黛玉之死设置悬念：

探春过来，摸了摸黛玉的手已经凉了，连目光也都散了。探春、紫鹃正哭着叫人端水来给黛玉擦洗，李纨赶忙进来了。三个人才见了，不及说话。刚擦着，猛听黛玉直声叫道："宝玉，宝玉，你好……"说到"好"字，便浑身冷汗，不作声了。紫鹃等急忙扶住，那汗愈出，身子便渐渐地冷了。探春、李纨叫人乱着拢头穿衣，只见黛玉两眼一翻，呜呼！香魂一缕随风散，愁绪三更入梦遥！

以上这段文字，出自《红楼梦》第九十八回，是写林黛玉去世的情景，黛玉死时，年仅16岁左右。关于黛玉的死因，众说纷纭，甚至有研究《红楼梦》的专家认为，黛玉死于"谋杀"（此说见老夫子诠释《红楼梦》），果真如此吗？专家的意见也未必正确，为了弄清黛玉的死因，我们成立一个"林黛玉之死"专案组，假如你就是专案组成员，请你写一份林黛玉死因调查报告。

以上采用倒叙追问法设置悬念，让黛玉之死有了侦探色彩，造成了一种非常神秘的效果，自然激起学生的阅读兴趣。学生果然好奇地阅读起了《红楼梦》，探究黛玉的死因。倒叙追问法驱动学生去阅读《红楼梦》整本书，导读取得了出奇的效果。

八、以抑扬法设置课堂悬念

《红楼梦》在塑造贾宝玉这一形象时，采用了多种艺术手法。欲扬先抑法是其中最重要的一种。小说第三回，写在宝玉出场以前，王夫人对黛玉说宝玉是个"孽根祸胎""混世魔王""一时甜言蜜语，一时有天无日，一时又疯疯傻傻"；而且黛玉也曾听母亲说过，她这个"衔玉而诞"的表哥"顽劣异常，极恶读书，最喜在内帏厮混"。宝玉的亲人对宝玉处处贬抑，把宝玉说得一无是处，这种贬抑造成悬念。这种悬念致使黛玉以及读者产生了愈来愈深的"这个宝玉，不知是怎生个惫懒人物，懵懂顽童"的疑惑心理，越是疑惑，越是想见到宝玉，当两"玉"相见时，"便胜却人间无数"，黛玉原来对宝玉那种负面的疑惑刹那间烟消云散，眼前的宝玉竟是如此的超凡脱俗。这种欲扬先抑的手法，在黛玉和读者心目中造成了相当强烈的心理共振和情感共鸣，造成了一种悬念四伏、妙趣横生、令人怦然心动的效果。小说这种欲扬先抑的手法，也可以借鉴到我们的课堂教学中来制造悬念。

例如，我在讲曹操的《短歌行》一诗时，就采用了欲扬先抑法设置悬念。

在正式学习文本之前，我对学生说，你们看过《三国演义》没有？《三国演义》中的人物给你印象最深的是谁？学生说，印象最深的有两个人：一个是诸葛亮，智慧的代表，我们十分喜爱他。一个是曹操，奸诈的代表，我们恨透了他。我说，曹操在《三国演义》中有哪些言行使你们恨透了他呢？学生说，宁可我负天下人，休叫天下人负我，可见此人十分自私。还有，他杀吕伯奢，杀孔融，杀杨修，杀董承、伏完，杀皇后皇子，悍然不顾，心特别黑。我说是的，所以有人觉得曹操是"治世之能臣，乱世之奸雄"，是一个奸诈、阴险、嫉妒的人，在戏剧中，他也是一个反面人物，是一个白脸。

在做了以上这样一番贬抑性的介绍后，我接着说：这是《三国演义》等艺术作品中的曹操形象。然而历史上的曹操真的是一个这样的人吗？不，我们词典上对曹操是这样介绍的（出示幻灯片）：

曹操，东汉末年杰出的政治家、军事家、文学家、书法家，三国中曹魏政权的奠基人。

曹操是天下大乱时期出现的"非常之人""超世之杰"，曹操是中国古代少见的一位集政治、军事、文学才能于一身的人。

今天我们学习曹操的《短歌行》，让我们重新发现曹操。我的一番对曹操的欲扬先抑的介绍，跌宕起伏，给学生留下了悬念，引起了学生对学习《短歌行》这首诗歌的极大兴趣。接下来，我让学生认真研读《短歌行》，以《短歌行》为依据，给曹操重新画像，并结合原诗说出你这样画曹操的理由。在我的精心引导下，学生思维渐趋活跃，感情潮水逐步高涨，发言的学生一个接着一个。

有的学生说，要把曹操画成一个珍惜时光者的形象，他手里拿着酒杯，抬头仰望天上的太阳，嘴巴微微张开，慨叹生命易逝，人生譬如朝露。如此塑造的理由是诗中有"对酒当歌，人生几何？譬如朝露，去日苦多"的句子。

有的学生说，要把曹操画成一个求贤若渴者的形象，他手里拿着一张求贤令，上书"唯才是举"四字，双眉微蹙，若有所思。如此塑造的理由是诗中有"青青子衿，悠悠我心。但为君故，沉吟至今"的句子。

有的学生说，要把曹操画成一个礼贤下士者的形象，他手里拿着《论语》，上书"有朋自远方来，不亦说乎？"字样，面带微笑，双腿迈步，似迎接客人的样子，如此塑造的理由是诗中有"呦呦鹿鸣，食野之苹。我有嘉宾，鼓瑟吹笙"的句子。

有的学生说，要把曹操画成一个胸怀大志者的形象，他应该站在高处，昂首挺胸，双手叉腰，双目望着远方，如此塑造的理由是诗中有"山不厌高，海不厌深。周公吐哺，天下归心"的句子……

这堂课，我采用欲扬先抑的手法设置悬念，引起学生对曹操好奇、关注的心理状态，然后让学生为曹操重新画像，就在为曹操画像的过程中，让学生弄清了诗歌的关键句意，把握了曹操的形象，理解了诗歌的主旨。课上得十分有趣、有味、好玩，学生学得兴致盎然。

程少堂教授说过，会教书的教师把教学过程变成师生互相享受的过程，不会教书的教师把教学过程变成互相难受的过程。有的教师的教学不是激起学生对语文学科的兴趣，而是年复一年、月复一月、日复一日地可持续发展地扼杀学生学语文的兴趣，让学生从讨厌语文发展到憎恨语文。我们要避免这种语文教学的悲剧，一个重要的手段就是学会"玩教材"，欲扬先抑、为曹操画像，就是玩教材、设置悬念的有效手段。

九、以姗姗来迟法设置悬念

凡看过曹雪芹《红楼梦》中《林黛玉进贾府》一文的人，都会对王熙凤产生十分深刻的印象，尤其是她的姗姗来迟法，给初来乍到的林黛玉和读者都造成强烈的悬念。林黛玉初到贾府，包括贾母在内的贾府女眷都见了林黛玉，唯独王熙凤姗姗来迟：

"一语未了，只听后院中有人笑声：'我来迟了，不曾迎接远客！'""未见其人，先闻其声"，在礼仪森严的贾府，不是身份特殊的人物，是不会也不敢如此放肆的，更何况是女子，而且还是在贾母的住处；笑声过后，接着便说："我来迟了，不曾迎接远客！"这究竟是何人呢？曹雪芹并不作交代。这便是曹雪芹的高明之处，这笑声和语声勾起了黛玉和读者的悬念。——"这些人个个皆敛声屏气，恭肃严整如此，这来者是谁，这样放诞无礼？"其实，王熙凤姗姗来迟的出场，是曹雪芹，也是王熙凤精心策划的。王熙凤知道，如果与贾母一同出场见黛玉，那势必就成了贾母的陪衬，如果与迎春、探春、惜春一同出场，也会泯然众人矣，她只有姗姗来迟才能成为舞台的中心，成为众人关注的焦点。凤姐先在台后响亮地叫板"我来迟了"，然后，被一群媳妇丫鬟围绕着、簇拥着，"彩绣辉煌，恍若神妃仙子"，站在了黛玉面前。

就这样，凤姐通过姗姗来迟法造成了强烈的悬念，吸引了黛玉与读者的眼球。

语文课堂教学，也可以借鉴凤姐的姗姗来迟法。

有一次，我给湖南省资兴市全市教师上一节大型的公开课，上课时间快到了，会堂（因为听课的人多，课堂设在大会堂）里学生、老师都已经正襟危坐。

上课铃响了，讲台上没有出现教师，第二次铃响了，讲台上还是没有出现教师。在时间的流逝中，听课的师生开始骚动，由正襟危坐而坐立不安、由坐立不安而东张西望，人们视线的焦点由讲台转向了会堂大门。一分钟，两分钟，三分钟，挂在会堂前的大挂钟，嘀嘀嗒嗒地响着，有的人在看手表，教研组长跑到会堂门口……正当人们焦虑不安之时，我迈着方步，走上了讲台，并且朝着在焦虑、猜测、埋怨中度过了难挨的几分钟的师生们鞠了一躬，然后在黑板上挥笔写下课题：《林黛玉进贾府之熙凤出场》，让学生阅读文本，分析鉴赏，然后分组讨论《红楼梦》这部古典小说是怎样描写王熙凤出场的，这个出场表现了王熙凤怎样的性格特点。学生热烈响应教师召唤。几分钟后，学生纷纷举手回答问题。

有学生说，王熙凤出场，给她印象最深的是作者对王熙凤的外貌描写，"一双丹凤三角眼，两弯柳叶吊梢眉"，丹凤眼本身十分美，但是三角眼却给人一种凌厉之感，写出了王熙凤的美丽与霸道。

有学生说，王熙凤出场，给她印象最深的是作者对王熙凤服饰的描写，作者从头到脚十分细致地描写了王熙凤的服饰，王熙凤的服饰以红色为主色调，从服饰中可以看出王熙凤的高贵、开放与贪婪。

有学生说，王熙凤出场，给她印象最深的是王熙凤的语言。"天下真有这样标致的人儿！我今日才算看见了！况且这通身的气派竟不像老祖宗的外孙女儿，竟是嫡亲的孙女儿似的。"这句话既表扬了黛玉，又讨好了贾母，同时间接地称赞了贾家众姐妹的美貌，可谓八面玲珑。

突然，有一名学生说，王熙凤是向何老师学的，今天老师上课姗姗来迟，吊足了我们的胃口，我们十分好奇，王熙凤也像老师一样，姗姗来迟，以引起别人对她的关注好奇。"我来迟了，不曾迎接远客"，让读者眼前不由一亮，心思和黛玉差不多——"此人是谁？敢如此放诞无理？"接着当然会迫不及待地继续读下去，探个究竟。王熙凤的出场蕴含着作者的巧妙构思。

这名学生说完，听课师生恍然大悟，接着爆发出雷鸣般的掌声。原来，老师的姗姗来迟是课堂教学艺术的精心设计，使课堂教学达到了"悠然心会，妙处难与君说"的美妙境界。这堂课，我迟到4分钟，给课堂制造了悬念，学生在悬念中获得了对"熙凤出场"精妙构思的丰富的情感体验，深化了对文本的解读。

十、以开合教材法设置悬念

开合教材法，就是艺术地引导学生"翻开书"和"合上书"，制造悬念，以撩拨学生的学习兴趣、调动学生学习的积极性、促使学生深度深入教材、走进文本的一种教学手段。

心理学告诉我们，青少年的注意力不持久，而且常常为兴趣所左右。在我们的课堂教学中，如果教师讲授内容或形式不生动有趣甚至枯燥乏味，学生就会苦于听讲，上课会走神；反之，如果教师所授内容或讲授形式与众不同，别具一格，生动活泼，学生就会认真听课，积极思考，身心融入。合理应用开合教材法，往往能使课堂教学充满意趣、充满悬念。例如，2015年，我在教学《鸿门宴》这篇文言文时，就采用了开合教材法来设置悬念。

上课开始，我先让学生朗读第一自然段，我设计了如下花样朗读：

沛公军霸上，未得与项羽相见。沛公左司马曹无伤使人言于项羽曰："沛公欲王关中，使子婴为相，珍宝尽有之。"项羽大怒曰："旦日飨士卒，为击破沛公军！"

嘿嘿嘿！击破沛公军！嘿嘿嘿！击破沛公军！嘿嘿嘿！击破沛公军！

当是时，项羽兵四十万，四十万，四十万，四十万，在新丰鸿门；沛公兵十万，在霸上。范增说项羽曰："沛公居山东时，贪于财货，好美姬。今入关，财物无所取，妇女无所幸，此其志不在小。吾令人望其气，皆为龙虎，成五采，此天子气也。急击勿失！"

勿失！勿失！勿失！

我叫一名学生朗读，遇到加点句子，全班同学齐读。通过这种花样朗读，营造了一种大兵压境的紧张氛围。接着我说，在项羽要进攻刘邦的千钧一发之际，刘邦通过项羽的叔父项伯知道了这个消息，于是决定到项羽的驻地鸿门向项羽请罪，说明情况。那么，刘邦和项羽到底是什么样的人呢？接下来，我开始讲故事：

两人都是农民起义领袖：公元前209年（秦二世元年）7月，陈胜、吴广在大泽乡起义，各地纷纷响应。楚国旧贵族项梁率侄儿项羽起义，泗水亭长刘邦也在沛县起义。

两人都有奇特的相貌：项羽，重瞳子，一个眼睛里面有两个瞳孔，在中国传统文化中，重瞳是一种异相、吉相，象征着吉利和富贵，往往是帝王的象征。刘邦，七十二黑子，左大腿上有七十二颗黑痣。在中国传统文化中，这被认为是帝王相。

两人都有远大志向：秦始皇喜欢外出巡游，有一次，项羽与刘邦两人都看到秦始皇巡游的庞大的威武雄壮的仪仗队。

项羽说了一句话：彼可取而代也！

刘邦也说了一句话：大丈夫当如此也！

举行鸿门宴时，项羽27岁，刘邦54岁。

同学们听得很有兴趣，故事讲完后，我说，请同学们猜猜看，刘邦赴宴，见到项羽以后，第一句话会怎么说？会怎样称呼项羽？会怎么称呼自己？不准看书（学生越关注、越好奇、越想看），你们相互之间可以讨论一下。

学生热烈讨论，猜想种种说法，有的学生说，刘邦见到项羽后会称呼项羽为弟弟，称自己为愚兄。有的学生说，刘邦见到项羽后会称项羽为大王，称自己为在下。有的学生说，刘邦见到项羽后会称项羽为后生，称自己为老夫，不一而足。在学生猜测种种情形后，我让学生打开书，学生带着强烈的好奇心终于看到原文（教师展示幻灯片）。

沛公旦日从百余骑来见项王，至鸿门，谢曰："臣与将军戮力而攻秦，将军战河北，臣战河南，然不自意能先入关破秦，得复见将军于此。今者有小人之言，令将军与臣有郤。"

司马迁的写法出乎学生意料。此时的刘邦见到项羽后，是以上下级的关系来称呼的。称项羽为"将军"，称自己则为"臣"。"臣"是象形文字，《说文解字》是这样解释的：事君也。象屈服之形。像一个人弯曲自己的身体，低眉顺眼。这反映了刘邦能屈能伸的性格。

这节课，我除了采用花样朗读法、讲述故事法设置悬念外，还重点采用了开合教材法设置课堂悬念，引起学生强烈兴趣。

这篇课文过去我上过许多次，但都是按部就班，从作者介绍讲到时代背景，讲到人物形象，讲到作品主题，讲到写作手法，虽条分缕析，效果却不尽人意。这次则巧妙运用"翻开书"与"合上书"的手段，设置悬念。一堂课，就好比是一条河流，上面还筑有一个水坝，水坝拦住一池湖水。合上书就好比是关上闸门，将学生的思考与疑问之水蓄得满满的。而当老师说打开书时，就好比打开了闸门，学生的思考与疑问从闸门中奔涌而出，仿佛那一江春水滚滚东流，是"不愤不启，不悱不发"的巧妙演绎。《鸿门宴》整节课，在学生的猜想与印证中演进，在"欲知后事如何，且听下回分解"的悬念中进行，教师教得意趣横生，学生学得兴致盎然。课上完后，听课的老师们都认为我这堂课上得奇奇怪怪，神神秘秘，虚虚实实，实实虚虚，悬念迭出，一波三折，对这堂课给予了高度评价。

有人说，"合上""翻开"似乎是两个简单的动作，实际上却包含着深刻的教育学、心理学原理，这话完全正确，从语文悬念教学法的角度来看，"合上""翻开"其实是不断设悬—解悬—再设悬—再解悬的过程。

十一、以故意延宕法设置悬念

延宕，是一种艺术手法，张玉雁在《戏剧的有效一招——"延宕"》一文中是这样阐释的："延宕"是剧作家在剧本中叙述所发生的事件、安排故事情节和设计人物言行时抓住观众急于获知内情的破谜心理，故意放慢叙述节奏，延缓事件进程而使用的一种方法技巧。这种方法技巧可以借用到语文课堂教学中来，形成悬念教学法中的故意延宕法。通俗地讲，故意延宕法就是一种"千呼万唤始出来"的手段。

白居易《琵琶行》中的琵琶女就深谙此种手法。"忽闻水上琵琶声，主人忘归客不发，寻声暗问弹者谁"，琵琶女弹奏的乐曲是如此迷人感人，在诗人心中激起无限涟漪。于是诗人"移船相近邀相见"，"寻声""暗问""移船"，那样急切地想见到琵琶女，然而琵琶女却迟迟不出，"千呼万唤始出来，犹抱琵琶半遮面"，琵琶女放慢出场节奏，故意延宕，无疑增添了琵琶女自身的魅力，也吊足了诗人和读者的胃口，增强了悬念的力度。

古典文学名著《三国演义》中诸葛亮的出场就是非常典型的以故意延宕法来设置悬念的。诸葛亮在正式出场之前，如云中之龙，露出一鳞半爪。司马微的一句"卧龙、凤雏，两人得一，可安天下"的神秘偈语，弄得刘备一宿没睡，接着军师徐庶临走前又特意向刘备极力推荐孔明，徐庶刚刚离开不久，司马微与刘备交谈时，又提到孔明，"可比兴周八百年之姜子牙，旺汉四百年之张子房也"。然而，到此时，诸葛孔明还未正式登场，刘备心痒难熬，读者又何尝不是心痒难熬呢？接着写刘备"三顾茅庐"，一路上遇到的是崔州平、石广元、孟公威、诸葛均、黄承彦等人，就不见诸葛孔明，然而从这些人的言谈举止中仿佛又看到了诸葛孔明的影子。作者欲擒故纵，使得刘备未见其人，先闻其才，对诸葛孔明产生无限仰慕之情，不见此人，决不罢休。三顾茅庐，前两次扑空，第三次终于等到诸葛孔明。待要正式出场了，诸葛孔明又装睡，"仰卧于草堂几席之上。玄德拱立阶下"，足足睡了好几个时辰，孔明才醒，口吟一诗："大梦谁先觉？平生我自知，草堂春睡足，窗外日迟迟。""千呼万唤始出来"，直到此时，诸葛孔明才正式出现在刘备和读者的面前，"身长八尺，面如冠玉，头戴纶巾，身披鹤氅，飘飘然有神仙之概"。诸葛亮的出场真是吊足了刘备和读者的胃口。对此，毛宗岗从读者接受心理角度论道：

孔明乃《三国志》中第一妙人也。读《三国志》者，必贪看孔明之事。乃阅过三十五回，尚不见孔明出现，令人心痒难熬。及水镜先生说出"伏龙"二字，偏不肯道出姓名，愈令人心痒难熬。至此卷徐庶既去之后，再回身转来，方才说出孔明。读者至此，急欲观其与玄德相遇矣。孰意徐庶往见，而孔明作色，却又落落难舍，写来如海上仙山，将近忽远。绝世妙人，须此绝世妙文以副之。总之，罗贯中描写诸葛孔明的出场，是一种典型的故意延宕法。课堂教学要让学生产生如毛宗岗所谓"贪！""心痒难熬！""急！"的心态，亦可借鉴此法。

我在讲王勃的《秋日登洪府滕王阁饯别序》一文时，就采用了故意延宕法来制造悬念，以增强课堂魅力。

2014年2月25日，来自滕王阁故乡的江西宁师中学60多名教师来我校交流，他们要求听我的课，我上了《秋日登洪府滕王阁饯别序》一文。

上课伊始，我没有直接入题，而是采用故意延宕法放慢入题节奏，先从岳阳楼说起，再说到黄鹤楼，最后才把滕王阁端出来，在这个过程中设置教学悬念，令听课师生心痒难熬，成功地吊起了学生学习《秋日登洪府滕王阁饯别序》一文的胃口。在接下来的学习中，学生兴趣盎然，听课教师也兴趣盎然。课后，江西宁师中学教师给予了高度赞誉，说我这节课上出了文化品位，上出了启发性，上出了冲击力，上出了学生和老师的个性魅力。

十二、以填空法设置课堂悬念

"空"者，空白也。课堂教学上的"填空法"，实际上就是教师有意为之的一种布白艺术，教师在教学中，在一些关键处有意留下空白，让学生去填补、去想象、去丰富，亦可使课堂悬念迭出。

笔者曾参加过"黄厚江'本色语文'教学研讨会"，聆听了黄厚江老师执教的《阿房宫赋》一课。黄老师这堂课既简单朴素，又深藏"玄机"，尤其在压缩课文的同时，采用填空法实施教学这个环节，更是令人称道：

同学们，我读《阿房宫赋》，反复读反复读，越读越短，读到最后呢，这篇文章只剩下几个句子，我大胆地把它缩成这样一段话：

投影显示：

阿房之宫，其形可谓（　　）矣，其制可谓（　　）矣，宫中之女可谓（　　）矣，宫中之宝可谓（　　）矣，其费可谓（　　）矣，其奢可谓（　　）矣。其亡亦可谓（　　）矣！嗟乎！后人哀之而不鉴之，亦可谓（　　）矣！

请同学们根据你对课文的了解，想想在这些括号里填上什么样的词比较合适……

黄老师的填空法，给学生留下了许多思考和想象的空白，更制造出了一连串教学悬念。接下来，学生们兴致盎然地认真阅读课文，在课文中寻找依据，根据课文内容，把这些括号中的字填好。学生填字的过程，就是理解课文的过程，就是学生、教师、文本之间对话的过程：

师：根据你对课文的熟悉，你能填出哪一个就填哪一个。最好填的，我觉得是宫中之女可谓……

生（全体）：美矣。

师：大家想到的是"美"，（生笑）可是否写宫女的美呢？——宫中之宝可谓……

生（全体）：多矣。

师：多矣。其费可谓……

生（全体）：巨矣，奢矣。

师：巨矣，巨大的巨。这个"费"就是耗费。其奢可谓……

生（全体）：侈矣。（笑）

师：大家填的这个词应该修饰"奢"，"奢侈"二字意思相近，我们常常说"这个人简直奢侈到了……"

生（全体）：极点。

师：对，其奢可谓极矣。其亡亦可谓……

生（全体）：哀矣，必矣。

师：哀矣，必矣，都有道理，但是我填的不是这两个词，我填的是《六国论》里刚学的一个字，有哪位同学想出来了？（有生答"速"）对了，速。你想，秦始皇自己筑阿房宫，还没筑好，秦已经亡了。其亡亦可谓速矣。后人哀之而不鉴之，亦可谓……

生（全体）：哀矣。

师：哀矣。但是呢，哀之而不鉴之，亦可谓哀，从行文来讲……

生（全体）：悲矣。

师：对，悲矣。大家总体上和我的理解是一样的。我写的是这么一段话（投影显示）。

生（全体）：阿房之宫，其形可谓（雄）矣，其制可谓（大）矣，宫中之女可谓（众）矣，宫中之宝可谓（多）矣，其费可谓（靡）矣，其奢可谓（极）矣。其亡亦可谓（速）矣！嗟乎！后人哀之而不鉴之，亦可谓（悲）矣！

黄老师的这一教学设计用心良苦，不仅梳理出了《阿房宫赋》一文的结构思路，而且浓缩了文本在内容上的精华。在紧要处又留有空白、设有悬念，又引发学生思考。在这里，黄老师通过压缩课文，然后采用填空法实施教学，避免了我们讲授文言文时逐字逐句去串讲的传统"满堂灌"的教学模式，使课堂教学生动有趣，悬念迭生，取得了很好的教学效果。

1911年，法国巴黎卢浮宫珍藏的达·芬奇的油画《蒙娜丽莎》被盗，挂这幅画的那面墙成了空墙，但正是从这时起，这面空墙前却观者如潮，人们在这面墙前想象着，感叹着，猜测着，遗憾着，愤怒着，两年时间在此驻足流连的人竟超过了过去12年来观赏名画的人的总和。油画被盗，留下空白，更引起了人们的关注和悬想。黄老师在教学《阿房宫赋》一文时，把文本中一些关键字词"盗"出来，留下空白，使课堂悬念迭出，黄老师也是一个高明的"盗贼"啊。

十三、以隐藏法设置课堂悬念

美国著名作家、诺贝尔文学奖获得者欧内斯特·米勒尔·海明威在关于人物描写的一段议论文字中，以一个鲜明生动的比喻来谈创作，即著名的"冰山原则"。他说："如果一位散文作家对于他想写的东西心里很有数，那么他可以省略他所知道的东西，读者呢，只要作者写得真实，会强烈地感觉到他所省略的地方，好像作者已经写出来似的。冰山在海里移动很是庄严宏伟，这是因为它只有八分之一露在水面上。"

2013年5月16日，何泗忠老师向来访的华南师范大学教授介绍
语文悬念教学法

依照冰山理论，作者只应描写"冰山"露出水面的部分，水下的部分应该通过文本的提示让读者去联想、去想象、去补充。冰山之所以迷人，主要不在于能触及人们眼球的露在水面的部分，而在于隐藏在水面之下的部分。隐藏在水面之下的部分之所以吸引人，是因为它能给人以悬念，令人遐思，使人神往，引发人们的无尽想象。故许多艺术家都喜用隐藏艺术来结构自己的作品，并赢得人们的喜爱。彼得·沃德在其《电影电视画面》一书中就曾经举过这样一个例子：

美国电影摄影家威廉·弗雷克参与影片《罗丝·玛莉的宝贝》的拍摄时，导演罗曼·波兰斯基要求得到这样一幅画面：透过一扇门，只见一个女子正在隔壁屋子里打电话，但是摄影机的位置却使镜头里的这个女子的脸被门柜挡住了，弗雷克想重新调整摄影机的位置，但波兰斯基阻止了，他说："我们要让每一个观众都尝试着向右边去寻找那张门柜后的脸。"波兰斯基阻止，是因为他懂得女子的脸被隐藏更能给观众带来悬念。

著名电影悬念大师希区柯克在他的电影当中也常常运用隐藏法来设置悬念，以吸引观众的注意力，如影片《迷魂记》中，有一个主角玛德琳在森林中的镜头。精神恍惚的玛德琳突然走到了一棵树后，这棵树将玛德琳在镜头中全部遮住，并且玛德琳在短时间内并没有出来。此时镜头完全可以转向树后，让观众去了解玛德琳的情况。但是在这里，希区柯克通过镜头中树对人物的隐藏制造了悬念。此时，观众纷纷猜想，"玛德琳为什么还不出来""她是不是在森林里遇到了不测""森林里到底发生了什么""希望她平安出来"等等。

相传宋徽宗赵佶喜欢绘画，并且特别注意构图的立意和意境，所以在朝廷考试画家的时候常常以诗句为题，让应考的画家按题作画，择优录用。有一次考试，主考官出的题目是"深山藏古寺"。有一幅画让宋徽宗连连点头称赞，认为是位列第一的作品。这幅画的内容是崇山峻岭，山路蜿蜒，有一个老态龙钟的和尚在山下河边汲水。画面上虽看不见古寺，但并不等于没有，老和尚自然是自古寺而来，再回古寺而去，这就很巧妙地将"深山藏古寺"的"藏"字表现出来了，也将"深山藏古寺"的意境完整地呈现出来了。还有一次，考题是"竹锁桥边卖酒家"，宋徽宗亲自圈点了第一名。入选的是一个名叫李唐的人的画，他画的是小桥流水、竹林茂密，在绿叶掩映的林梢远处露出古时候的一个常用酒帘子，上面写着一个大大的"酒"字。画面上同样看不见酒家，却使你似乎看到了竹林后面确有酒家。无论是"古寺"，还是"酒家"，都是运用了"藏"的表现策略。隐蔽造成悬念，激发人们的想象。正如汉斯·罗伯特·尧斯所说："人类的视线从本质上说是对任何事物都会发生兴趣的。它不满足于直接呈现给它的东西，而迷恋于所缺少的东西，力图获得仍然隐藏着的东西。"

隐藏对于教学悬念创造的意义一点也不亚于文学、电影、绘画，教学要魅力恒久，要产生悬念，绝不能一览无遗，而应善于隐藏。正如脂砚斋所说，草中有蛇，灰中有线，但蛇伏何处，线向何方，并不清楚，影影绰绰而已。偶露端倪，但正要细看，却又在一片朦胧中隐去。我在讲《青玉案·元夕》一词，介绍作者辛弃疾时就用了隐藏法。我打破了作者的介绍常规，把辛弃疾的名字隐藏起来，再逐步露出辛弃疾的一些个性化特征和个性化事迹，引起学生的不断猜测，最后学生终于猜出是辛弃疾。隐藏法，使作者介绍一波三折，悬念环生，调动了学生学习《青玉案·元夕》的兴趣。

十四、以故意错误法设置悬念

唐朝李端有一首《鸣筝》："鸣筝金粟柱，素手玉房前。欲得周郎顾，时时误拂弦。"其中"欲得周郎顾，时时误拂弦"一句用了一个典故。周瑜二十四岁为将，时称"周郎"。《三国志·吴志·周瑜传》载："瑜少精意于音乐，虽三爵之后，其有阙误，瑜必知之，知之必顾，故时人谣曰：曲有误，周郎顾。"就是说，虽然酒过三巡，但只要你曲子弹错了，周瑜必定知道，知道了必定过来纠正。周瑜不仅是位军事家，而且精通音乐。弹筝的女艺人为了博得他的青睐，故意把筝弹错，以逗引他注意。对《鸣筝》这首诗，清人徐增分析说："妇人卖弄身份，巧于撩拨，往往以有心为无心。手在弦上，意属听者。在赏音人之前，不欲见长，偏欲见短。见长则人审其音，见短则人见其意。"（《而庵说唐诗》）的确，弹筝的艺人们这种反常悖理、"偏欲见短"、故意错误的妙法用心良苦，高人一筹。这种故意产生的错误，会在听者心中引起波澜，产生悬念，引人注意。这种以故意错误设置悬念的妙法，同样可以借鉴到我们的语文课堂教学中来。曾在《教师博览》（2007年第9期）上看到著名特级教师李镇西老师的一个教学案例。李镇西老师教学《在烈日和暴雨下》一课，板书课题时故意把"在烈日和暴雨下"写成"在暴雨和烈日下"。李老师这一故错，在学生心中引起了波澜，学生沉静下来思考，过了一会儿，学生嚷起来了："错了！错了！应该是'在烈日和暴雨下'，老师，您刚好写反了！"听到学生们激动的声音，李老师真是高兴，但是，他故意不认错："我没有错！是的，我写的课题是和书上不一样，但意思都是一样的。你们看，'烈日和暴雨'是什么短语？"他有意引学生"上钩"。学生异口同声地回答："并列短语！""对了！既然是并列短语，那么连词前后的部分并没有主次之分，当然可以颠倒一下！"他很得意地说。李老师的进一步错误更激起了学生的探究意识。"不对！"一位女生似乎有些激动，她说着便站了起来，"题目名为'在烈日和暴雨下'而不是'在暴雨和烈日下'是有道理的！因为课文是先写烈日，后写暴雨，这既是天气变化的顺序，也是课文的大体结构，怎么能够随便颠倒呢？"当学生的智慧灵光被点燃后，李老师故作恍然大悟状："嗯，同学们言之有理。看来，'烈日和暴雨'还真不能颠倒。好，我接受你们的意见。谢谢同学们！"就这样，李老师利用巧妙的"错误"制造出一连串悬念，让学生自己悟出一篇文章的内容顺序和结构，使课堂教学呈现出跌宕多姿、妙趣横生、一波三折之状。江苏江阴市青阳中学范丙军老师在教学《老王》一文时，在黑板上写下了"王老"两个字，学生哄笑不已，范老师反问："错了吗？"这时有学生站起来说："没错，老师按照从右到左的方向写的，也可以用这样的编排方式。"范老师进一步问，那从左向右读与从右向左读，意思上有什么区别？文中主人公能不能称得上"王老"二字，你的依据是什么？请从课文中概括。于是学生围绕老王的身份、遭遇、别人对他的态度等各抒己见。在这里，范老师采用故意错误法设置悬念，引起了学生的注意，唤起了学生的好奇心，激发了学生的思考，让学生既了解了常识，又走进了文本，初步把握了老王的形象。

2015年9月15日，何泗忠老师（左3）指导华中师范大学和
华南师范大学实习生运用悬念教学法备课

韦志成教授在《语文教学艺术论》一书中也记载了一个用故错法设置教学悬念的案例：有位教师教《登鹳雀楼》一诗，为引导学生领会"欲穷千里目，更上一层楼"的含义，拿出了一幅两层楼的图画，说是自己根据诗意画出来的，问学生画得好不好，符不符合诗歌意境。学生说画得好，符合诗歌意境。突然，有一名学生说，画面不合诗意，应该画三层。老师坚持说，我没有画错，诗歌明明是"更上一层楼"。老师的故意错误，引起了学生的争论：

生1：我觉得老师的画符合意境。诗人一边上楼一边想，登上了二楼，觉得楼不够高，只有两层，还看不到远处的景色，有一种惋惜的心情，于是想，要是再有一层楼就好了，因此，老师画得正确。

生2：不对，《登鹳雀楼》是说诗人已经上了楼，到了二层，如果欲穷千里目，还要更上一层楼，这就说明楼有三层。

生3：欲穷千里目，更上一层楼，是诗人的想法，是一种积极向上的愿望、一种对更高标准的追求，也是真的写一层又一层地上楼去看更远更多的景色，写景中藏着道理。所以是三层楼，图画错了。

……

师：对的！据沈括《梦溪笔谈》记载，鹳雀楼确实是三层……

为了让学生正确理解"欲穷千里目，更上一层楼"的含义，在这里，教师采用故错法，将一幅画画错，一石激起千层浪，兴起了课堂波澜，引发学生关注、思考，引来了学生的争论，使课堂教学波澜起伏，悬念环生。

十五、以侧面烘托法设置悬念

以前的人教版教材中，有一篇课文叫《明湖居听书》，该文节选自刘鹗的《老残游记》第二回。文中描写美人白妞王小玉的绝唱，给我们留下了极为深刻的印象。作者运用各种修辞手法对白妞说书的高超技艺做了绘声绘色的描写。文章用了大量篇幅展开侧面描写，通过写白妞演唱的场景、周围的人物和听书人的议论等，从侧面把白妞的绝技烘托出来，不断产生悬念，收到了很好的艺术效果。

全文共有9个自然段，侧面烘托描写就占了6段。

先是以环境侧面烘托白妞说书。文章开头写演出前戏园子里的热闹景象。说书要到下午才开场，但上午10点，戏园子里已坐得"满满的了"，后面来的人只得出钱弄一张短板凳在人缝里坐下。听众多、来得早、情绪高的盛况，对书场环境的渲染烘托，给读者造成巨大悬念，是什么人说书，致使全城出动，为何有如此魅力，读者产生一种强烈的期待心理，期望说书人快快出来。

再是用人物侧面烘托白妞说书。先写琴师弹琴，再写黑妞演唱。

弹奏三弦的琴师，其貌不扬——"长长的脸儿，一脸疙瘩，仿佛风干福橘皮似的，甚为丑陋"。琴师弹奏，开始听众并不怎么留意，"只是到后来，全用轮指，那抑扬顿挫，入耳动心，恍若有几十根弦，几百个指头在那里弹似的"。描摹琴师弹奏技巧高超，从侧面烘托，给读者造成巨大悬念，伴奏的琴师尚且如此出色，演唱者更是了得，读者更期盼演唱者快快出场。

接着写黑妞出场，黑妞音韵清脆婉转、节奏或缓或急、旋律忽高忽低，令人拍案叫绝，自然"觉一切歌曲腔调俱出其下，以为观止"了。有听众以为眼前的女子就是白妞，然而，得到的回答是她不是白妞，真是"山外有山，人外有人"，至此，作者再次给读者造成强烈悬念，那白妞演唱到底好到什么程度，读者强烈期待着白妞的出场。

最后用听众反应侧面烘托白妞说书。

黑妞唱完以后，听众以为是白妞，却有人如此评价："这人叫黑妞……他的调门儿都是白妞教的，若比白妞，还不晓得差多远呢！他的好处人说得出，白妞的好处人说不出。他的好处人学得到，白妞的好处人学不到。"

接下来，才正写白妞出场。

白妞出场前作者接二连三地采用侧面烘托的手法，先声夺人，造成强烈的悬念，唤起听众急切的期待心理，造成白妞千呼万唤始出来的态势，收到了极佳的艺术效果。

语文课堂教学也可以借鉴《明湖居听书》的侧面烘托法设置悬念，引起学生注意。2011年12月21日，语文味教学流派创始人程少堂老师在广州市广铁一中讲李商隐的《锦瑟》一诗时就用了侧面烘托法设置悬念，以勾起学生学习《锦瑟》的兴趣。

众所周知，李商隐的《锦瑟》十分难懂。对这首诗歌的解读众说纷纭，有人说是写给令狐楚家一个叫"锦瑟"的侍女的爱情诗；有人说是睹物思人，写给故去的妻子王氏的悼亡诗；也有人认为中间四句诗可与瑟的适、怨、清、和四种声情相和，从而推断该诗为描写音乐的咏物诗；此外，还有影射政治、自叙诗歌之说。

学生要学习这样的诗歌，首先就有畏难情绪，面对这样晦涩难懂的诗歌，学生该怎样学，教师该怎样教呢？程老师采用了侧面烘托法设置悬念来勾起学生学习《锦瑟》的欲望。上课伊始，程老师打出一连串名家评说李商隐诗歌的投影：

> **投影1：**
>
> 李商隐不能说是最伟大的诗人，但我们可以说李商隐是对后世最有影响的唐代诗人，因为爱好李商隐的人比爱好李、杜、白诗的人更多。
>
> ——当代著名诗人、学者施蛰存

投影2：

义山诗辞藻华丽，声韵铿锵。有时不知所言何意，但读来仍觉韵味飘逸，意象生动，……诗不一定要求懂。诗的辞藻美和韵律美直接诉诸人的灵魂。汉诗还有一个字形美。

——季羡林

师对着投影解说：诗是不大容易懂的，特别是好诗，好懂的诗是比较差的诗。（生来兴趣了，听后大笑）

投影3：

义山的《锦瑟》……诗，讲的什么事，我理会不着。拆开一句一句叫我解释，我连文义也解不出来。但我觉得他美，读起来令我精神上得一种新鲜的愉快。须知美是多方面，美是含有神秘性的。

——梁启超

师又对着投影说：梁启超，我们广东的著名的思想家。你看，这么多学者都理会不了，那我也理会不了，那就是正常的对不对啊，我只是一般的学者。那你们有没有人能说我懂《锦瑟》这首诗的？（生爆笑）没有是吧？没有那我们今天这堂课就好办了！（生哄堂）大家都不懂！学者不懂，老师也不懂，那就都不懂，那就好办了。（生说，老师，我们想学这首诗歌，看它到底难在哪里）

以上教学片段，程老师先引用别人尤其是名家对李商隐诗歌特别是《锦瑟》的看法与感受，激起学生的学习欲望，让名家都觉得难学、难懂的诗歌，到底是一首什么样的诗歌呢？我偏要学。就这样，程老师以侧面烘托法设置悬念，勾起了学生想要挑战名家、学学这首诗的强烈欲望。接下来，师生互动、平等交流，教师、学生、教材、教法、教学环境融为一体，课堂教学达到了一种"天人合一"的境界。

十六、以教师示弱法设置悬念

中国科学院院士钱钟韩教授在谈到自己求学阶段谁对自己的帮助最大时，曾说过这样一段有趣的话："我总结一下自己的经验，觉得还是某些公认的'蹩脚教师'对我帮助最大。他们每次讲课，只能提出问题，不能解决问题。由于他讲不清楚，就会引起我的注意，把脑筋集中到真正的难点上。听课之后总觉得不满足，就只能自己去学。"

钱教授的话，我们自然要辩证地看。我们当然不能以此为由，心安理得地去做一个"蹩脚教师"。但此事启迪我们，教师在学生面前"有意识"地做"蹩脚教师"，适当地示弱，给学生以"欠缺"感，反而能够造成课堂悬念，激发起学生去主动体验、探究、实践的兴趣。

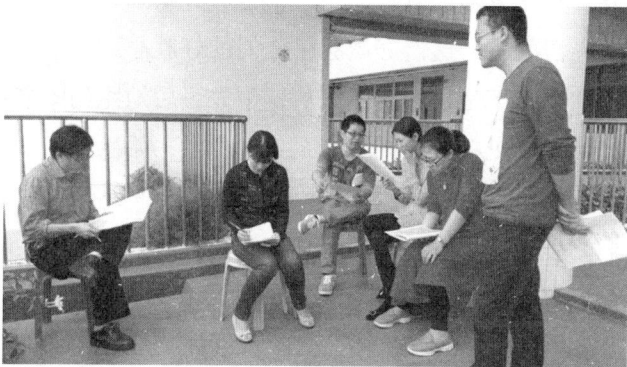

2015年12月2日，何泗忠老师（左1）与深圳市第二高级中学
年轻教师探讨课堂教学中的悬念设置艺术

我在讲授南北朝民歌《木兰辞》时，就采用了示弱法以引起课堂悬念。我对学生说，爱因斯坦说过，提出一个问题往往比解决一个问题更重要。我按照惯例，鼓励学生提问。这时，一名女生站起来提出了自己的疑问："诗中说'同行十二年，不知木兰是女郎'，我想这不真实！行军打仗肯定要洗脚，而中国古代妇女裹脚，不就暴露了吗？"一石激起千层浪。有名学生说："木兰为了掩饰自己的女儿身份，应该不会当众洗脚。"话音一落，提问的女生马上反驳："就算木兰为了掩饰自己的女儿身份不当众洗脚甚至不洗脚，但诗中说'万里赴戎机，关山度若飞'，'赴''飞'，速度极快，一双小脚，三寸金莲，走起路来都摇摇晃晃，能适应这样的行军速度吗？"女生刚说完，又有

学生反驳："诗中的木兰不用走路，'东市买骏马，西市买鞍鞯，南市买辔头，北市买长鞭'，她是骑马行军打仗的啊！"话音未落，女生大声说道："十二年时间，木兰不可能一直骑马，诗歌最后说'双兔傍地走，安能辨我是雄雌？''傍地走'，就是下马走，'走'，在古代可是'跑'的意思啊！"学生一阵争论而不得其解，几十双眼睛全注视着我，他们期待着我的解答。说实在话，这个问题可难不倒我。因为我在备课时也考虑了这个问题，要给学生解答这个问题，可以说是胸有成竹，但我转念一想，何不在这个问题上向学生示弱，造成悬念，促使学生自己去探究这个问题呢？想到这里，我微微笑着说："同学们，我也无法解答你们提出的问题，下课后，咱们师生都去查查资料，来个比赛，看谁能最先弄清这个问题，好吗？"学生一听说我也"无法"解答这个问题，就乐了，他们提出的问题，我终于回答不出来了。他们觉得我并非无所不知、无所不晓，觉得老师也有"不足"，也有"缺陷"，现在还要与他们一起比赛查资料，弄清问题，这恰好激起了他们的好胜心理，激起了他们要弥补老师"缺陷"的欲望，于是，学生下课后，争先恐后地跑到图书室去查资料，他们终于从浩如烟海的史料中找到了答案："裹足，始于五代。"这说明中国女子裹足要晚于《木兰辞》问世的年代。学生得到这个结论后，欣喜若狂，跑到办公室把他们的发现告诉我。我说，你们查得真快，你们不说，我现在还不知道，学生听后，露出了骄傲和自豪的神情。这节课，我通过示弱制造出一种"山重水复疑无路"的悬念，恰好满足了学生的好胜心理，激起了学生探究的欲望，使他们获得了一种"柳暗花明又一村""众里寻他千百度，蓦然回首，那人却在灯火阑珊处"的审美享受。教师示弱法，成功地制造了课堂悬念，激起了学生探究的欲望。

十七、以图文对照法设置悬念

中小学语文教材，在课文中配有大量插图，这些插图不是可有可无的，它是教材的有机组成部分，与文字材料相辅相成，具有形象性、直观性的特点，正如著名教育家叶圣陶先生所说："图画不单是文字的说明，且可开拓读者的想象。"因此，我们在教学中，要充分利用这些图画的特点，采用图文对照法，巧妙地设置课堂悬念，引领学生领悟教材内容中所蕴藏的内涵。

浙江绍兴鲁迅中学林忠港老师在讲授《沂水春风》（以前人教版选录此文

时的标题为"子路、曾皙、冉有、公西华侍坐"，"沂水春风"为语文版教材标题）时，就采用了图文对照法设置空白，构建"悬念"，以此引导学生领悟文本内容。

上课伊始，林老师巧妙借助课文左上角程宗元先生的画——《侍坐》，让学生根据画中人物神态和文本内容分别推断出孔子、子路、曾皙、冉有、公西华，程宗元先生这幅形神兼备的《侍坐》图，变成了林老师引导学生整体把握文意、深入感知人物形象的载体。"你能从人物形态和文本内容分别推断出孔子、子路、曾皙和公西华吗？"林老师以图文对照法设置的这一课堂悬念，巧妙地把赏画与品文两个活动融合在一起，既引起了学生的学习兴趣，又引导学生"亲密接触"文本，在画作的牵引下，学生以画解文、以文赏画，兴致盎然，极大地优化了教学内容的呈现方式，极大地调动了学生学习这篇古文的兴趣。2012年《中学语文教学参考》第4期登载了林忠港老师的《〈沂水春风〉教学实录》，且让我们来欣赏一下林老师的教学片段吧：

师：现在，我们把目光聚焦在课文左上角程宗元先生的画——《侍坐》。这幅画形神兼备，那么你能从人物神态和文本内容分别推断出孔子、子路、曾皙、冉有和公西华吗？（稍停）哪一位是孔子？

生：中间那位。

师：同学们听明白了吗？（生摇头）我相信这位同学的眼力，但怎样表述才能让别人听明白？

生：画中左起第二位。

师：嗯，这个表述很严密，也很专业。那么判断此人是孔子的依据是什么？

生：画中他座位最高，胡子最长，先生之风最足。

师：在古代，往往胡子越长，年纪越大，故事越多。"胡子最长"体现在哪句话上？

生："以吾一日长乎尔"。

师：哪一句可以看出"先生之风"呢？

生：从"夫子喟然叹曰：'吾与点也。'"可以看出孔子赞许满足的神情。

师：下面我们再看子路，哪一位是子路呢？

生：孔子右边的那位。

师：同学们听明白没有？（一名学生说没有）那么应该怎样表述？

生：左起第三人。

师：很好。你凭什么判断他是子路？

生：子路"兼人"，勇猛、刚强、豪爽，而长着络腮胡的往往有些急躁，有些鲁莽，像张飞、鲁智深一样。

师：文中哪个地方反映了"急躁鲁莽"呢？

生："率尔而对"是对子路的神态描写，"比及三年，可使有勇，且知方也"反映了子路的勇猛。

生：从孔子的"其言不让"可以看出子路毫不谦逊。

师：这位同学的文本整体意识很强，能够从文章后面找依据。那么哪一位是冉求呢？

生：画中子路右边的那位，因为他看上去很斯文。

师：请同学们齐读冉求言志的段落，看看哪些句子能够反映出冉求的斯文。（生读）

生："如其礼乐，以俟君子。"冉求比子路要谦让些。

师：非常好。哪位是公西华呢？

生：最年轻的那位，因为曾点要鼓瑟，剩下的就是公西华了。

师：公西华比孔子小四十二岁，他是最年轻的人。请齐读公西华言志的段落，体会一下公西华的志向。（生读）

师：这里有一个字重复出现，是哪一个字？

生："愿"字。

师："愿学焉"和"愿为小相焉"反映了什么？

生："愿"是希望的意思，有一种谨慎、恭敬的意味，反映了公西华的谦逊。

师：很好。最后我们看曾点，画中的站立者显然就是曾点，那么曾点言志前为什么要鼓瑟？

生：说明他比公西华还要谦逊有礼。

师：后生可畏。四位弟子言志，按照子路、冉有、公西华、曾皙的顺序，发言者越来越谦逊。也就是说，礼的成分越来越重。那么孔子又是如何引导的呢？

生：孔子最初启发诱导学生，创设了一种平等交流的氛围，接着指名学生回答，当曾点犹豫的时候，孔子继续鼓励他。

师：这是语言方面的引导，还有没有其他方面的引导？

生：还有神态方面的引导，"夫子哂之"这个神态对后面几个弟子的言志产生了很大的影响。

师：夫子循循善诱，让师生间呈现出平等和谐的气氛。如果用一个成语重新给这幅画命名，你准备用什么成语？

生：循循善诱。

生：畅所欲言。

生：各抒己见。

生：如沐春风。

生：如坐春风。

师：这个成语中有"春风"，你太有才了。（板书：如沐春风）

透过以上教学片段，我们可以看出，林老师采用图文对照法，使课堂产生一连串悬念，给学生留下了思考与想象的空间，避免了我们讲授文言文时逐字逐句串讲的教学模式，使学生学得生动有趣。

十八、利用标题设置课堂悬念

希区柯克是举世公认的电影大师。他所拍摄的电影十分善于设置悬念，故事情节一波三折、扣人心弦，吸引了大批观众。他拍摄了许多悬念电影，如《房客》《谋杀》《三十九级台阶》《蝴蝶梦》《美人计》《海外特派员》《深闺疑云》《火车上的陌生人》等。这些影片，其题目本身就充满悬念，吸引观众。广东电视台公共频道的一档纪实性专题栏目《解密大行动》，也经常利用标题设置悬念，为叙事埋下一定的伏笔。例如，《解密大行动之夺命寡妇村》，看到这个题目观众就会产生悬念：为什么会有那么多寡妇？死人的原因到底是什么？为什么偏偏是男性才会遭此噩运？观众的胃口就被吊起来了。

我们在语文课堂教学中，也可以利用标题来设置课堂教学悬念。

例如，我在讲授《廉颇蔺相如列传》时，就是利用标题设置悬念的。

上课伊始，我让学生阅读翻译第一、二自然段。

廉颇者，赵之良将也。赵惠文王十六年，廉颇为赵将，伐齐，大破之，取阳晋，拜为上卿，以勇气闻于诸侯。

蔺相如者，赵人也。为赵宦者令缪贤舍人。

103

再让学生分析两人的身份地位及影响力。学生根据"良将""伐""破""拜""闻"等词语，分析出廉颇的身份是大将，地位高，是上卿，影响大；根据"宦者""舍人"等词，推断出蔺相如的身份是下等门客，地位低，是舍人，默默无闻。

在学生分析的基础上，我接下来利用标题设置悬念，廉颇、蔺相如身份地位及影响力如此悬殊，司马迁为什么要将他们两人放在一起，形成合传？司马迁《史记》中有本纪、世家、列传，本纪记历代帝王生平、政绩，世家记诸侯国和汉代诸侯、勋贵兴亡。请同学们认真阅读全文，思考司马迁为什么将蔺相如与位高权重的廉颇放在一起，形成合传，并给我一个合理的解释。

我利用课文标题设置的这个"悬念"一下子激发了学生的学习兴趣和思维兴趣，学生认真阅读文本，几分钟后纷纷举手回答问题：

因为蔺相如为主人排忧解难；因为蔺相如为国家挺身而出，完璧归赵；因为蔺相如智勇双全，渑池相会廷叱秦王；因为蔺相如顾全大局、忍辱负重；因为蔺相如先国家之急而后私仇；等等。

我在讲授《荆轲刺秦王》这篇文言文时，第一课也是利用标题设置悬念的。

我说课文标题是《荆轲刺秦王》，请同学们想一想，课文重点会在哪个字上做文章？学生不假思索地回答说"刺"。

我说，既然是围绕"刺"字做文章，那么，估计在文章中会多次出现"刺"字，下面请同学们认真阅读课文，在文章中遇到"刺"就画圈，看能圈出多少个"刺"字。

这一巧妙的悬念设计激发了学生的阅读兴趣，学生迅速投入到对文本的探究之中，约10分钟后，学生中有些骚动，有的学生窃窃私语起来。

我问同学们课文中到底出现了多少个"刺"字。

一学生说，通篇都找不到一个"刺"字。其他学生也七嘴八舌地说认真阅读了课文，反复找"刺"，但就是没有找到。

我说，是的，我也反复阅读课文，课文共18个自然段，但没有直接出现"刺"字。那么，课文中，有没有与"刺"字意思一样的字词呢？

这个悬念设置再次激起学生的探究欲望，学生再次认真阅读课文，有的在书上写写画画。

总之，我利用标题设置课堂悬念，起到了一石四鸟的作用，既激活了学生的思维，又巧妙地阐释了课文题目，还让学生熟悉了故事情节，初步让学生把握了廉颇、蔺相如、荆轲、秦王的形象，为后面更深入细致地分析鉴赏课文打下了良好的基础。

十九、以排列文字法设置悬念

人们往往会对陌生的事物或平时不常见到的东西产生一种悬念，会引起一种惊异好奇。可以说，创造"惊异"，切断人们的日常意识，是制造悬念的一种重要手段。

曾看过朱赢椿写的一本书——《设计诗》，书中的作品在排版上与众不同，别出心裁，以画面传达构成诗歌，用设计的手法表现诗歌的魅力。例如，《送别》《我》《生活》是这样排列的：

《送别》

我 原来很瘦

后来天天 吃肉

瘦肉　　肥肉

……
我
……
我
……
我
……
我

都不像我了……

《我》

前年
我一个人生活
人 像神仙一样快活的人

去年
我两个人生活
从 此变成另一个人的随从

今年
我三个人生活
众 人只把我当成最忠实的听众

《生活》

　　朱赢椿一反常规，将诗歌用设计的手法直观展现，呈现出画面上的诗意感觉，这样的呈现方式新颖独特、令人惊异，能够第一时间引发人的形象思维、合理想象。例如，《流星与野狗》中有一句话是横着排布的："一只四处流浪的野狗一动不动地站在笔直的地平线上向村庄张望"，将"野""狗"二字竖着排列，跟整句话垂直，这样就将野狗仰头眺望的憨态十分形象地呈现了出来。

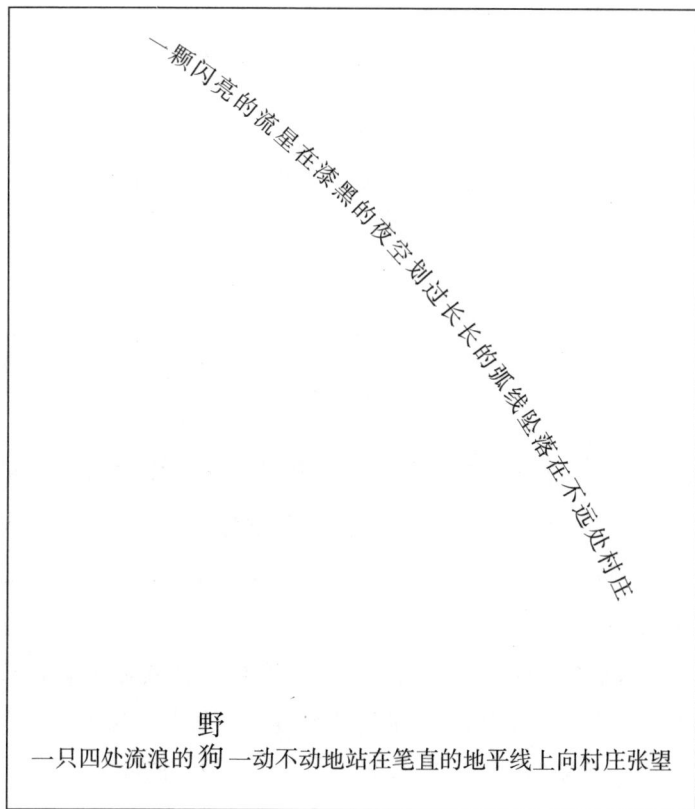

《流星与野狗》

汉字本是表意符号，属象形文字，十分适合艺术化的排列。像朱赢椿这样将语言作品艺术化排列的手法，其实古已有之。相传，宋神宗熙宁年间，北朝的使臣每每以诗才自负，常拿些问题来考验朝廷翰林文人。有一次，宋神宗叫苏轼去接待一位使臣。这位使臣不识时务，居然在苏轼面前班门弄斧。苏轼便意味深长地对他说："作诗，那是容易的事，读诗却要难一些。"说着便拿起笔来写了一首《晚眺》：

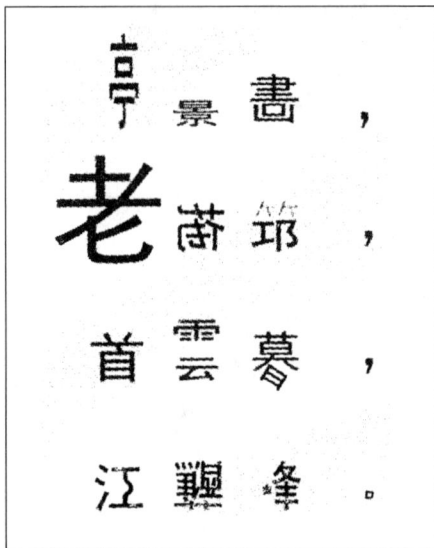

《晚眺》

据苏轼自己的解释："亭"字写得很长，"景"字又写得极短，"画"字写成了图中的怪样子，表示内中无人。这句念作"长亭短景无人画"。第二句"老"字写得特别大，"拖"字横写，"筇"的竹头写得极瘦，这句念作"老大横拖瘦竹筇"。第三句"首"字反着写，"云"（繁体）字中间写断了，"暮"字中间的"日"字倾斜了，这句念作"回首断云斜日暮"。第四句"江"字中的"工"字曲写，"蘸"字倒写，"峰"字边的"山"字侧写，这句便念作"曲江倒蘸侧山峰。"整体合念便成一首《晚眺》。

苏轼将《晚眺》诗这样排列，弥补了语言文字本身不能呈现的具象感，令人惊异，造成一种悬念，给读者带来极深的印象和浓厚的阅读兴趣。

我们在古诗文教学中也可以借用此法，设置悬念，使学生产生一种关注、好奇、惊异的心理状态，激发学生学习古诗文的兴趣。

例如，我在讲李煜的《虞美人》一词时，将诗歌进行创造性排列，这种排列在学生心目中留下悬念——诗歌也可以这样排列吗？进而激发学生兴趣。

闻一多先生曾说过，诗歌要有三美，即音乐美、绘画美、建筑美。我们的文字是象形的，我们中国人鉴赏文艺的时间至少有一半的印象是要靠眼睛来传达的。文学本是占时间又占空间的一种艺术。我们对古诗文进行艺术排列，可以显示出一种建筑美，能兴起一种教学悬念，使学生惊异好奇，能激发学生的学习兴趣。

二十、以名言名句设置课堂悬念

学生对名人名言，往往有一种由衷的崇拜心理，在讲课的过程中，适当适时地引用一些名人名句，往往会收到意想不到的效果。

韦志成教授的《语文教学艺术论》一书中有一个这样的教学案例——一位教师在教授蒲松龄的《促织》时，先在黑板上端端正正地写上了两行字：

画人画鬼高人一等

刺贪刺虐入骨三分

学生看后，精神为之一振，但不明所以。教师接着开讲——这两行文字是著名诗人、文学家郭沫若为蒲松龄纪念馆"聊斋堂"写的对联。蒲松龄是我国清代著名文学家，他的《聊斋志异》是传世的不朽之作。"画人画鬼"，指《聊斋志异》的题材内容，借狐鬼故事来达到"刺贪刺虐"的目的；"高人一等"，是评价蒲松龄在文学史上的杰出贡献；"入骨三分"，则高度概括了蒲松龄创作的特色和卓越成就。今天，我们将要学习他的名篇《促织》，看看郭沫若的这个评价是否恰当。希望同学们学后都能谈谈自己的见解。

以名人名句评论文章的价值，引发学生的兴趣，造成一种积极的"定式"，让学生带着仰慕的心情来学习课文。

我教授李白《蜀道难》一诗时，也采用了名言名句法设置悬念，以引起学生的学习兴趣。上课伊始，我先用幻灯打出《西江月》这首诗：

御手调羹赐酒，

谪仙舞墨成章。

风雷隐隐动明皇，

吞吐乾坤诗匠。

揽月九天怀想，

乘风八裔翱翔。

举杯长啸梦仙乡，

唯我青莲纸上。

然后让学生猜想这首《西江月》写的是古代哪位文人骚客。

学生兴趣来了，有的说是屈原，有的说是杜甫，有的说是李白，有的说是苏轼，有的说是陶渊明。下面是教学片段：

师：（指着一名学生）你说说看。

生1：我认为是杜甫。

师：何以见得？

生1：诗中提到"酒"字，可见，他爱喝酒，杜甫就爱喝酒。其次，"吞吐乾坤诗匠"，可见，他是一个大诗人。"吞吐乾坤"，其作品气魄宏大。杜甫有诗，"气蒸云梦泽，波撼岳阳城""无边落木萧萧下，不尽长江滚滚来"，这些诗句都可谓"吞吐乾坤"，气魄宏大。

生2：我感觉是屈原，而不是杜甫。

师：为什么？

生2：第一，正如前面同学所说，他一定是个诗人，"吞吐乾坤诗匠"，而且是一个大诗人。第二，他有浪漫主义精神，"揽月九天怀想，乘风八裔翱翔"，屈原的诗歌，开创了浪漫主义先河。他不是写过《九歌》《天问》吗？

生3：我觉得以上两名同学都说错啦，应该是李白。这首诗歌咏的是一位诗人，不错；而且是一位大诗人，不错；而且是一位浪漫主义诗人，也不错。但他们忽视了另外几个关键。"谪仙""青莲""明皇"，李白有"谪仙"诗人之美称，李白号"青莲"居士，"风雷隐隐动明皇"，"明皇"指"唐明皇"，即唐玄宗，唐玄宗曾召李白进宫，要李白当御用诗人。"御手调羹赐酒"，"御手"应该是指唐玄宗的手，唐玄宗亲自给李白调鸡尾酒（学生大笑）。因此，综合起来看，这首诗写的应该是李白。

师：对啦，应该是李白啊！（教师出示李白画像并指着画像）这个就是李白，非常潇洒，飘飘欲仙。李白，字什么？

生：太白。

师：为什么叫太白呢？李白的母亲生李白时梦见太白星，故命其名"白"，字"太白"；古代有些名人出生时，往往有一个神秘的故事。岳飞母梦大鸟飞止于其屋而生岳飞，故命其名"飞"，字"鹏举"；陆游母梦见前辈词人秦观（字少游）而生陆游，故命其名"游"，字"务观"。这种梦生现象，其实是母亲对未来儿女前程的一种勾画，是母亲心愿的一种折射。岳飞的母亲希望儿子展翅高飞，做出一番事业；陆游的母亲希望儿子成为像秦观那样著名的诗人；李白的母亲则希望李白像天上的太白金星一样，当神仙。结果，李白真的成了一个诗仙，成了大唐文学天空中一颗耀眼的明星。绣口一吐，就是半个盛唐。（学生张大嘴巴，听得如醉如痴）今天，我们来学习李白的一首诗——《蜀道难》。说起《蜀道难》，唐代的诗评家殷璠是这样评价的：这首诗是"奇之又奇，自骚人以还，鲜有此体调也"，这首诗究竟奇在何处呢？

接着，我又引用欧阳修评价《蜀道难》的话："太白之精下人间，李白高歌蜀道难，蜀道之难难于上青天，李白落笔生云烟"，那么，李白究竟是怎样落笔来表现蜀道之难的呢？同学们想不想知道？（生大声回答：想）好，那我们就走进《蜀道难》吧！

我用殷璠、欧阳修等名人名句设置悬念，他们对《蜀道难》给予如此奇而高的评价，引起了学生的好奇、关注，激发了学生学习《蜀道难》的强烈兴趣。

二十一、以辩论对垒法设置悬念

讨论（或辩论）是一种非常民主平等的切磋学问、交流看法的方式方法，由于这种方式方法具有开放性和流动性的特点，在讨论或辩论中，思维跳跃、悬念迭出，总是会产生一些意象不到的思维火花。这种方式能很好地培养学生判断分析反应能力，古希腊的苏格拉底和中国古代的大教育家孔子就非常喜欢采用这种方法与学生交流。由于民族性格的原因，我们的学生总体上显得内敛含蓄，再加上教师的"满堂灌"教学方式，在语文课堂教学尤其是古诗文学习中，学生总不敢大胆地表达。因此，我们要千方百计给学生创造表达的机会。在古诗文课堂教学中，我们可以采用辩论对垒法设置悬念，以激发学生学习古诗文的兴趣。

江苏的黄卫荣老师在讲授汉乐府《陌上桑》一诗时，就采用了辩论对垒法设置悬念，极大地激发了学生的学习兴趣。黄老师曾先后在两个班执教《陌上桑》，对于文章的立意和人物形象，在先授课的班上，他设计了这样的问题："你认为秦罗敷是个怎样的人？这篇作品反映了当时怎样的社会现实？"学生的回答近乎"标准答案"："勤劳、善良、聪明、勇敢……""揭露了封建统治阶级（太守）对劳动人民的凌辱，赞扬了劳动人民的反抗精神"，回答无懈可击，课堂波澜不起。在后授课的班上，黄老师巧妙将问题改为"秦罗敷是农家女还是贵妇人？"问题一提出，课堂沸腾了，很快出现了两种观点，形成了"贵妇人"派和"农家女"派，为了激活学生思维，黄老师采用辩论对垒法，

111

让两派展开辩论。以下是一段课堂实录：

"贵妇人"派：从其穿着打扮上看，"倭堕髻""明月珠""缃绮""紫绮"等均不是农家女的打扮。

"农家女"派：《陌上桑》是文学作品，文学作品允许有虚构和夸张，像这样的描写在楚辞和汉赋中比比皆是，因此，不能仅从其穿着打扮的描写上就断定她不是农家女。

"贵妇人"派：说得好。本文若是选自《楚辞》或《汉赋》，那的确不能断定，但《陌上桑》是出自《汉乐府》。大家知道，《汉乐府》的最大特点是现实主义，因此，对其穿着打扮的描写，即使有夸张的成分，也是在写实基础上的夸张。

（"农家女"派哑然。）

"贵妇人"派：从他人（行者、耕者、锄者等）的反应看，她若是农家女，势必经常出入此地，与她家地界相邻的农人不至于有这样的反应。另外，从她的答词来看，她的胆识似乎更像"贵妇人"。

经过激烈的争辩，"贵妇人"派占了上风，秦罗敷的身份在该班得到了"重新定位"。

同样的老师，同样的课文，这样的场面、这样的探索、这样的结论为什么没有在第一个班出现，而在第二个班出现，显然，是黄老师采用辩论对垒法设置悬念的结果。这次悬念的设置，这场辩论的价值，正如黄老师所说的，并不在于确定秦罗敷是"贵妇人"还是"农家女"，而在于给学生创设了一种广阔的、自由的心理空间，给学生提供了更多的参与表达的机会，引导学生关注了文本细节，激发了学生思维，激起了学生探索的兴趣，引发了学生思维的碰撞。

我在古典名著《红楼梦》的导读过程中，经常采用辩论对垒法设置悬念，以激发学生辩论，如：

（1）花袭人是个工于心计的告密者还是个顾全大局的维和者？

（2）有人说，高鹗续写的后四十回《红楼梦》将"贾宝玉"变成了"假宝玉"，你是否同意这个说法？请展开辩论。

（3）如何看待贾环这个人物？贾环的遭遇是否值得人们同情？

（4）以局外人的身份看，贾宝玉和林黛玉如果结婚，是否会幸福？

以上这些悬念设置，总的目的是驱动学生深入探究，独立思考，不人云亦云。辩论时，学生由于阅读深入、准备充分、理由充足，故唇枪舌剑、互不相让、高潮迭起、悬念迭出。很好地培养训练了新课标提出的直觉思维、形象思维、逻辑思维、辩证思维和创造思维的能力，学生的深刻性、敏捷性、灵活性、批判性和独创性等思维品质得到明显提升。

二十二、利用板书设置课堂悬念

板书，顾名思义，是板上所书，是教师讲课时在黑板上所写的教学要点。它具有周密的计划性、准确的概括性、严密的逻辑性、生动的形象性、深刻的启迪性等特点。对板书的作用，王松泉先生用了一连串的比喻来概括说明。王先生说，板书是反映教学内容的镜子，展示作品场面的屏幕；是教师引人入胜的导游图，是学生学习中掌握真谛的显微镜；是开启学生思路的钥匙，是进入知识宝库的大门，是每堂课的眼睛，是读写结合的桥梁。可以说，板书是语文课堂教学中的一种最重要的教学辅助手段。教师如果在板书设计上能借鉴格式塔"完形"理论，充分考虑到学生的好奇求全心理，讲究点板书的"空白"艺术，给学生留下思维与想象的空间，将会使语文课堂产生悬念，活力四射。

曾听过一位老师讲鲁迅先生的《药》，在设计《药》的最后一课的板书时，就是由最简单的文字和标点符号组成的：

药？药！药？药！

这幅板书是在学生基本理解课文后，在总结全文时出示的。它言简意赅地引导学生揭示作品的主题：人血馒头是药吗？不是药！而华老栓却用蘸着革命烈士鲜血的馒头作为治儿子痨病的药，这不正说明当时中国国民是多么愚昧麻木吗？中国太需要一种能治愈国民精神麻木的药了！

著名特级教师钱梦龙老师更是利用板书设置课堂悬念的高手。对于说明文，要讲得让学生兴致盎然是比较困难的。然而，钱老师在讲《中国石拱桥》这篇说明文时利用板书设置课堂悬念，使课堂教学妙趣横生，学生学习兴致盎然。

钱老师首先要求学生不要看书，然后在黑板上板书了一幅赵州桥的结构图（见下图）。

赵州桥的结构图

　　接着，钱老师手指着图中的大拱问学生是什么，学生当然知道是桥的大拱。接着又指着图中的四个小拱问学生是什么，学生自然回答是小拱。接下来，钱老师就要学生根据此图来说明大拱和四个小拱的位置关系，看谁说明得更准确。这一悬念设置引起了学生极大的兴趣。

　　有一名学生说，大拱的两边各有两个小拱。

　　于是，钱老师照学生的说明，在大拱的两边各画了两个小拱，板书如下（见下图）：

"大拱的两边各画了两个小拱"的板书

　　学生见了老师的板书后，纷纷指出，不对不对。一名学生马上纠正说，应该是大拱两边的顶部有四个小拱。于是，钱老师照学生的说明，在大拱两边的顶部画了四个小拱（见下图）：

"大拱两边的顶部画了四个小拱"的板书

　　学生见后，议论纷纷，认为还是说明得不准确。只见一名学生再次纠正说，在大拱的两端各有两个小拱。于是，钱老师按照学生的说明，在大拱的两端各画了两个小拱（见下图）：

"大拱的两端各画了两个小拱"的板书

学生觉得还是不够准确，接下来，学生又说出了不少答案。在学生思维充分激活之时，钱老师让学生打开书阅读原文，学生终于发现，原文是这样说明大拱和四个小拱的位置关系的：

在大拱的两肩上，各有两个小拱。

就这样，学生反复说明，教师反复板书，通过板书设置悬念，引起学生探究的兴趣，课堂气氛十分活跃。

讲现代文可利用板书设置课堂悬念，讲古诗文亦可用板书设置课堂悬念。例如，福建国防工业技术学校的陈德美老师在教《邹忌讽齐王纳谏》这篇文言文时，在疏通了句意之后，就做了下面一个充分体现"空白"、让人思索的板书（见下图）：

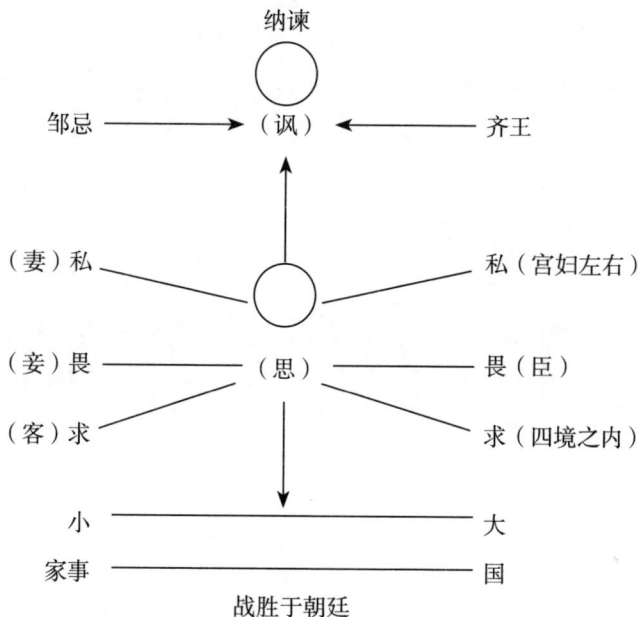

《邹忌讽齐王纳谏》的板书

学生看了后，对板书中的两个"圆圈"产生了浓厚的兴趣，陈老师让学生积极思考，看在圆圈中填上一个什么字为好。

学生认真阅读文本，积极思考，探究答案，先后填过好几个字，最后在"圆圈"内填上了"讽"和"思"两个字。板书留下的空白、板书设置的悬念激起学生探究的欲望，让学生自己去发现文章的线索"思"与进谏的方法

"讽"，尝到了一种成功的喜悦。

有人说，教学板书带来悬念，往往来自板书本身的含蓄蕴藉，富有弹性和张力，不做一览无余的交代，而是给学生留下思考和想象的余地。的确，学生面对留下空白、留下思考与想象空间的充满悬念的板书，会产生浓厚的兴趣，会试图去填补板书中留下的空白，学生的学习积极性和主动性就会被充分调动起来。

第八章

何泗忠古诗文悬念教学实录

古今之成大事业、大学问者，罔不一经过三种之境界。

"昨夜西风凋碧树，独上高楼，望尽天涯路"，此第一境界也。

"衣带渐宽终不悔，为伊消得人憔悴"，此第二境也。

"众里寻他千百度，回头蓦见，那人却在，灯火阑珊处"，此第三境界也。

——王国维

在教学过程中教师既要学会走"正步"，又要会"乱跑"，敢于"乱"是优秀语文教师创造性地处理教材、把握课堂、突破自我的原动力，语文教师要有敢于走"野路子"的胆量。敢走"野路子"的教师，往往有活力、有激情、有创造性，敢胡思乱想，有时还会出奇制胜。

——程少堂

报载:"中国武汉杂技团在巴黎演出,顶碗一绝,轰动了欧洲。一位女演员亭亭玉立,婀娜多姿。在舒缓的古乐中,她弯腰后仰,两手撑桌,两腿分开,头从两股间伸出,面带笑容,口含鲜花,头上顶着层层叠叠的碗……她那柔软的身段,精湛的技艺,给观众美的享受。观众报以热烈的掌声,叹为观止。回到国内,记者采访她,问她成功的奥秘。她嫣然一笑,翻开床板,竟是数不清的破碗。'台上一分钟,台下十年功',她的精湛艺术是台下有准备的苦练练出来的。"语文悬念教学法,能得到师生的高度赞誉,也如拥有精湛技艺的杂技演员一样,是"台上一分钟,台下十年功"的结果,也是从实践中苦练出来的结果。

语文悬念教学法走的是从实践中来,到实践中去的路子。我上了一系列公开课、实验课、家常课,课后反思,并找出这些教学个案的共同点,抽象出一些共同的关键词,然后又将这些共同的东西运用于自己未来的课堂教学中,通过"实践—认识—再实践—再认识"这样的过程反复打磨提升,渐渐形成自己的教学风格和个性。自2006年我正式提出语文悬念教学法理念以来,我上每一节课,都采用悬念教学法,并用这个理念上了一系列公开课,得到专家、教师、学生的高度赞誉。下面是我运用语文悬念教学法讲授古诗文的部分课堂实录。

一、《虞美人》悬念教学实录

上课时间:2013年5月15日上午第3节

上课地点:深圳市第二高级中学四楼考务室

上课班级:高一(17)班

(一)激趣导入

(教师出示幻灯片,上有"李杜诗篇万口传,至今已觉不新鲜。江山代有才人出,各领风骚数百年"的诗句。)

师(指着幻灯片上的诗歌):请同学们把这首诗齐读一遍。

(学生齐读。)

师:同学们刚才读的这首诗歌是什么意思呢?说的是一个时代有一个时代的代表作家和代表文学。前段时间,我们从《诗经》学到《楚辞》,再学到《古诗十九首》,然后学到了唐代的诗歌,接触了李白、杜甫,到了宋代,又产生了一种新的诗歌体裁——宋词。最近,我看了余秋雨的一篇文章《中国文脉》,

余秋雨对宋代文学作者进行了排位，他排出了前四名，同学们猜猜看，会是哪四大高手呢？

（设置导入型悬念，激发学生学习兴趣，学生有的说是苏轼、柳永、李清照、辛弃疾，有的说是苏轼、李清照、辛弃疾、姜夔，有的说是苏轼、辛弃疾、陆游、李清照。）

师（边出示幻灯边说）：余秋雨认为第一名是苏东坡，第二名是辛弃疾，第三名是陆游，第四名是李清照。我也同意余秋雨的观点，而且大家发现没有，其实这四位也是宋代写词的四大高手。余秋雨在《中国文脉》中还提到，在这四位文学高手诞生之前，还有一位写词的里程碑式的承前启后的人物，就是这位人物奠定了词这种新的文学样式的基础，这么一个厉害的人物是谁呢？（教师故意延宕，学生十分期待）他就是南唐后主李煜。说实在话，我很喜欢苏东坡、辛弃疾、陆游、李清照、李煜这五个人写的词。但在这五位词人中，我最喜欢一个人的词，大家猜猜看，这五位词人中，我最喜欢谁？（采用提问法再次设置悬念，调动学生的学习兴趣）

生1：苏东坡。

（师摇头。）

生2：李清照。

（师摇头。）

生3：李煜。

师：对啦，我最喜欢李煜的词。我第一次接触李煜的词，是读高中的时候，也就是你们现在这个年龄。当第一次读到李煜的一首词时，我感动得哭了。（生露出十分惊讶的样子）这首词就是李煜的《虞美人》，今天，我们就一起来学习学习李煜的这首当初把我感动得热泪盈眶的词——《虞美人》。请同学们打开教材。

（教师采用悬念教学法激趣导入，学生听说这首词感动得老师流泪了，于是纷纷好奇地迫不及待地打开教材。）

（二）以"读"攻"读"

步骤一：素读《虞美人》，咬准词音

师：在学习诗词的时候，我记起了北京大学中文系系主任、教授温儒敏先生的一段话（教师出示幻灯片并读幻灯片内容）。

教学美文，要注意"涵泳"，"或者说浸润式习得"，"这是语文阅读教学最佳的境界"，"尤其是诗词课，还有文言文的课，更要求阅读主体的融入，没有反复的阅读，那情味就出不来，语感就出不来"。

师：李煜的《虞美人》是古诗中的绝品，在讲授这样的美文时，除诗歌本身内涵值得反复品味外，诗歌节奏、韵律、语调等这些外在的形式美也都有着特定的教学意义。因此，我们今天从朗读的角度，分五个朗读的层级来学习这首词，来个以"读"攻"读"，让我们在读中识、读中悟、读中问、读中说、读中议，好不好？

生：好！

师：鉴赏诗歌的第一步就是素读课文，从我自己的经验来看，我拿到一首词，不管三七二十一，首先就是读，把课文读正确，读流利，不丢字，不添字，不错字，争取把词念得字正腔圆。下面请同学们朗读《虞美人》，自由地读，大声地读。

（学生兴致盎然地、自由地读起来，教师在一旁巡视，了解学生的读书情况。）

师：谁首先来试着读一下这首词？

（一男生举手读了起来。）

师：我们请一位同学来点评一下。

生1：读得还算流畅，但有些字读错了。"春花秋月何时了"的"了"读错了，不是读"le"，而是读"liǎo"。"雕栏玉砌"的"砌"字读成了"qiè"。

师：这位同学听得很仔细，同学们，朗读首先要把字音读准。大家把"春花秋月何时了"这一句齐读一下。（生朗读）这个"了"字为什么读"liǎo"而不读"le"？

生1：因为"了"是结束的意思。李煜降宋后被封为违命侯，虽名为王侯，但实为阶下囚。在对生命已经绝望之时，"春花秋月"对他而言是一种讽刺，让他觉得厌烦，希望这一切都结束。

师：对，可见这里的"了"不是轻读的助词"了"，而是动词。

（教师再请一位女生读。）

师：看哪位同学来评价一下，她读得怎样？

生2：她字音咬得很准，字正腔圆，但声音过于洪亮，感情表达还不到位，读得过于豪放激昂，没有通过低沉的音调和悠长的语气读出诗歌的意境来。

师：她的评价既指出了在她看来的优点，也指出了所谓的不足之处。至于她的评价到底准不准确，是否公正客观，下面，我们就一起来体味一下这首词的情感，看这首词到底要读出一个怎样的感情基调才对。

步骤二：美读《虞美人》，体味词情

师：我们读诗词，不能仅仅满足于读准字音，还要读出感情。古人读书很讲究吟诵之道，要吟诵得口到、心到、情到。请同学们美读课文，体味情感。然后说说自己对这首词的直觉感受、原初体验。

（学生摇头晃脑地自由朗读。）

师：现在，请同学们说说读这首词的原初体验与感受。

生3：读这首词，我读出了一份悲凉和无奈。

师：词中哪里体现了悲凉和无奈？

生3："春花秋月"本是美好的事物，李煜却希望它早日"了"却。

师：嗯，一个"何时了"，确实透露出李煜的悲凉和无奈。

生4：我读出了词人作为亡国之君的哀痛。

师：这能从词中找到依据吗？

生4："雕栏玉砌应犹在，只是朱颜改"，"只是"一词，蕴含了无限哀伤之情。

师："朱颜"是生命意识？

生4："朱颜"就是红颜，也就是后宫佳丽的容颜。

师：这里不仅包含"后宫佳丽的容颜"，也包含"词人的容颜"和"国家的容颜"。"朱颜改"，无限痛惜之情尽在其中。

生5：我读出了诗人的血泪。

师：理解越来越有深度了。著名学者王国维就说过："后主之词，真所谓以血书者也。"同学们的第一感觉不错。我们通过美读，感受到了词人的悲伤、痛苦、忧愁。现在请大家相互读给对方听一下，看你读出了这份感情没有。

（同座位学生互相读给对方听，然后讨论。）

师：下面请两位同学示范美读一下，将作者的文字美转化为语言美、情感美。

（一男生、一女生先后诵读。）

师：他们读得怎么样？

生6：汪嘉伟（男生）声音洪亮，韵律清楚，但感情高亢了些。徐弈（女生）的感情处理好一些。

师：其他同学还有什么评价吗？

生7：我觉得他们读得都不太好，重音上只处理好了最后一句，前面读得不怎么样。

师：依你说，应该怎么处理？

生7：我觉得这几个词要读好——何时、多少、又、不堪、应、只是、几多。这些词特别能表现词人的内心世界，另外，节奏要舒缓一些，有些词语读时要拖长。

师：那你来读一下，好不好？

（生7十分投入地读。）

师：他是用心来读的，读得很缓慢、很抒情，把往事之叹、亡国之恨、离家之痛、思家之苦都读出来了。下面，让我们齐读一遍，读时，每句的后三个字由男生重复读，最后一句"恰似一江春水向东流"中的"向东流"三字重复读四遍，声音呈递减状态。（教师出示幻灯片）

虞美人
李 煜

春花秋月何时了？何时了？

往事知多少。知多少。

小楼昨夜又东风，又东风，

故国不堪回首月明中。月明中。

雕栏玉砌应犹在，应犹在，

只是朱颜改。朱颜改。

问君能有几多愁？几多愁？

恰似一江春水向东流。

向东流。

向东流。

向东流。

向东流。

（学生读得很投入，直诵得整个教室波澜起伏，尤其是最后一句"向东流""向东流""向东流""向东流"，重复四次，声音由大到小，呈递减状态，仿佛那一江春水渐行渐远，读出了李煜的无限愁情。）

步骤三：研读《虞美人》，探究词心

师：刚才同学们通过素读课文、美读课文，感受到了这首词的情感，但对词要有更深层次的理解，还得研读课文，探究词心。请同学们每人自读课文两遍，边读边想，以研究的形式、欣赏的眼光去感悟、去发现《虞美人》一词最打动你的地方，并说说打动你的理由。

（学生边读边写，将自己随时出现的灵感与体验捕捉下来。）

师：请同学们谈谈最能打动你的是什么，为什么打动你。

生8：最打动我的是"问君能有几多愁，恰似一江春水向东流"。

师：这句话为什么会打动你？

生8：因为它写到了一种人类普遍的情感——"愁"。

师：是的，愁是人类普遍的情感，它能够引起不同时代、不同地域的人的共鸣。自古以来，人们就有不少写愁的诗句，同学们能列举一些吗？

生9：李白有"抽刀断水水更流，举杯消愁愁更愁"。

生10：李清照的词充满愁情，"花自飘零水自流，一种相思，两处闲愁""只恐双溪舴艋舟，载不动许多愁"。

生11：现代人也有愁，台湾著名诗人余光中有一首诗歌叫《乡愁》。

（师生情不自禁地齐背起《乡愁》来。）

生8：老师，"问君能有几多愁，恰似一江春水向东流"这句话最打动我，除了因为它写出了人类一种普遍的情感外，还因为它巧用比喻，此句以连绵不断的江水比喻愁之深远，形象地表现了李煜满怀的愁、无穷无尽的愁、"剪不断、理还乱"的愁。

生12：我最喜欢"雕栏玉砌应犹在，只是朱颜改"两句。因为故国的雕栏玉砌还在，可自己容颜已改，宫女们的容颜已改，国家的容颜已改，这让我想起了"物是人非事事休，欲语泪先流"。

师：通过研读，同学们对这首词的理解又进了一层，下面请同学们分角色朗读这首词。（教师出示幻灯片）

（女生单读）**虞美人**

李 煜

（男生单读）春花秋月何时了？

（学生齐读）往事知多少。

小楼昨夜又东风，

故国不堪回首月明中。

雕栏玉砌应犹在，

只是朱颜改。

（女生单读）问君能有几多愁？

（学生齐读）恰似一江春水向东流，

向东流，

向东流，

向东流，

向东流。

（教师放背景音乐，学生分角色朗读，音乐如怨如慕，朗诵如泣如诉，最末一句，"恰似一江春水向东流，向东流，向东流，向东流，向东流"，学生越读越轻，渐至无声，他们通过研读，使诗歌朗诵达到了一个新的境界。）

步骤四：品读《虞美人》，赏析词艺

师：缪塞说，"最美丽的诗歌是最绝望的诗歌，有些不朽的篇章是纯粹的眼泪"。李煜的这首词就是用自己的眼泪写的，那么，李煜在表现自己的愁的时候，到底采用了怎样的手法呢？在讲这个问题之前，我讲一个故事。大家学过李清照的《声声慢》，还能背出这首词吗？

生（齐）：能。

（师生齐背李清照的《声声慢》：寻寻觅觅，冷冷清清，凄凄惨惨戚戚。乍暖还寒时候，最难将息。三杯两盏淡酒，怎敌他、晚来风急？雁过也，正伤心，却是旧时相识。满地黄花堆积，憔悴损，如今有谁堪摘？守着窗儿，独自怎生得黑！梧桐更兼细雨，到黄昏、点点滴滴。这次第，怎一个愁字了得！）

师：据说，法国诗人克洛岱读了李清照的《声声慢》以后，非常感动，于是把李清照的这首词改写成了一首叫《绝望》的诗歌。（教师出示《绝望》的

幻灯片）

绝 望

呼唤！呼唤！

乞求！乞求！

等待！等待！

梦！梦！梦！

哭！哭！哭！

痛苦！痛苦！

我的心充满痛苦！

仍然！仍然！

永远！永远！永远！

心！心！

存在！存在！

死！死！死！死！

（教师要一名学生带着感情读《绝望》，生读，且读得十分有感情，学生们很欣赏，不禁鼓掌。）

师：同学们，李清照的《声声慢》抒发的是一种国破家亡的痛苦与愁情，李煜的《虞美人》抒发的也是一种国破家亡的痛苦与愁情。两首词在抒发愁苦不堪的痛苦之情方面，可谓有异曲同工之妙。我在想，如果克洛岱读到了李煜的《虞美人》并进行改写，也会是上面这首《绝望》。我甚至认为，克洛岱的《绝望》好像是为李煜量身定做的。他似乎写出了李煜的遭遇：李煜被俘了，被囚禁在一座小楼，他呼唤自由而不得，他等待复国，然而这像梦一样破碎，他哭泣，他痛不欲生，他希望回到南唐，最后绝望地死去。

同样是抒发愁情，但三首词在抒发感情的时候，采用了不同的抒情手法。请同学们说说，《绝望》采用了什么抒情手法。

生13：直抒胸臆。

师：对，那么《声声慢》和《虞美人》呢？

生13：间接抒情。

师：再具体一点。

生13：借景抒情。

师：对了，李清照和李煜是借景抒情。那么，现在我们重点来分析李煜的《虞美人》这首词。李煜是借的什么景呢？请同学们找一找李煜词中的景物意象。

（学生边读边找词中意象，教师在下面巡视。）

师：下面请一个同学把自己找到的意象说给大家听一听。你说说看。

生14：春花、秋月、东风、明月、雕栏、玉砌、朱颜、一江春水。

师：找对了没有？

生15：找对了，但漏了一个"小楼"。

师：以上这些意象都是一些十分美好的事物，赏心悦目，但为什么在李煜的眼里却变得可悲了呢？春花秋月何时了？"春花秋月"是美好的事物，作者为何希望它早点结束？

生16：这与作者的心情有关，"感时花溅泪，恨别鸟惊心"嘛！

师：确实如此，赏景与心情有关。同样是猿猴的叫声，白居易笔下是"其间旦暮闻何物？杜鹃啼血猿哀鸣"，而李白却是"朝辞白帝彩云间，千里江陵一日还。两岸猿声啼不住，轻舟已过万重山"。心情不同，一个是被贬，一个是被赦，所闻的猿猴的叫声就不同了。李煜此时是阶下囚，自然无心赏景。

生17："春花秋月"的确是美好的事物，然而随着词人身份地位的改变——李煜降宋后被封为违命侯，过着囚徒般的生活，他对人生已经绝望，所以见了春花秋月的无尽无休反而觉得厌烦，徒增无限伤悲。因此，他觉得这美好的事物结束才好。

师：同学们分析得真精彩，由此看来，这首词不仅是借景抒情，而且是以乐景抒悲情。下面请同学们小声读这首词，尤其要体会一下加点词的情感。（教师出示幻灯片）

> 春花秋月何时了？
> 往事知多少。
> 小楼昨夜又东风，
> 故国不堪回首月明中。
> 雕栏玉砌应犹在，
> 只是朱颜改。

问君能有几多愁？

恰似一江春水向东流。

（学生在下面小声读，教师巡视。）

师：下面，我们再请一位同学读一下这首词。

（生18举手读词，对词的节奏和感情把握得十分到位，赢得听课师生一片掌声。）

师：到此为止，我们对这首词进行了素读、美读、研读、品读，但鉴赏诗歌的最高境界是吟唱。

步骤五：唱读《虞美人》，捕捉词韵

师（出示幻灯片，并指着幻灯片说）：《毛诗序》言，"诗者，志之所之也。在心为志，发言为诗。情动于中而形于言，言之不足故嗟叹之，嗟叹之不足故永歌之，永歌之不足，不知手之舞之，足之蹈之也"。诗词源于歌，词是可以和乐歌唱的，尤其是李煜的词。他通晓音律，作为皇帝，他创作的词，更是会谱成曲子，让宫女们演唱。可惜的是，远古神音早已失传。好在今人摩其古韵，把李煜的不少词再次谱成了曲加以传唱，多少弥补了这一缺憾。其中，邓丽君唱的《虞美人》，忧伤的情调与李煜词《虞美人》凄切的情境十分吻合，我不善于唱歌，但我却喜欢唱邓丽君演唱的《虞美人》，让我们唱读课文、捕捉词韵，让我们随着邓丽君的歌曲走进李煜的心吧。

（教师播放《虞美人》歌曲。教室里寂然无声，随着音乐渐渐地展开，教师用男中音吟唱《虞美人》，学生情不自禁地跟着吟唱，师生如醉如痴、手舞足蹈，歌声回肠荡气，作者一字一泪，读者一字一泪，歌者一字一泪，师生一字一泪，《虞美人》鉴赏达到高潮。）

师（总结）：这节课，我们采用五个朗读步骤——步骤一，素读《虞美人》，咬准词音；步骤二，美读《虞美人》，体味词情；步骤三，研读《虞美人》，探究词心；步骤四，品读《虞美人》，赏析词艺；步骤五，唱读《虞美人》，捕捉词韵——来学习品味了李煜的《虞美人》。这五个步骤，由一、二的感性开始，到三、四的理性，再到五的感性，但这是一种更高层级的感性。通过反复诵读，领会了词人之愁——故国之思、失国之悲、亡国之痛。把握了诗歌借景抒情、以乐景抒悲情的艺术手法。下面布置作业。（教师出示幻灯片）

仿照《虞美人》中的"愁"的表达，根据这种化虚为实的手法，运用修辞手法，围绕"幸福"，化抽象为具体，写一句话。

今天，我们学到这里。谢谢同学们！

（该课例获深圳市优质视频课一等奖。）

二、《木兰诗》悬念教学实录

上课时间：2013年6月20日上午第3节

上课地点：广西桂林市

上课对象：来自桂林市各校初一学生45人

听课教师：桂林市初中教师约350人

（一）激趣导入

师：十分高兴来到有着山水甲天下之美誉的桂林上课，一走进报告厅，看到同学们一张张可爱的笑脸，老师很高兴，不过……

（生脸上充满好奇）

师（充满怀疑的语气）：老师不知道同学们对自己有没有信心？

生（齐声洪亮地）：有。

师（怀疑的语气）：那么，一会儿课堂上敢回答问题吗？

生：敢。

师：好，今天我要跟同学们上一节课。在上课之前，我先请同学们看一幅画（教师出示幻灯片）。

引自教育部组织编写的人教版语文教材七年级下册第42页

师（教师指着幻灯片）：请同学们仔细观察画面，并用对这幅画的内容进行描述或解说。可以先相互讨论，并说给同桌听，给大家3分钟时间思考。

（悬念一设置，就激起学生的学习兴趣。学生认真观察画面内容，并纷纷说给同座位的同学听，3分钟后，教师让学生回答问题。）

师：刚才，我见同学们对图画观察得十分仔细，并纷纷说给同桌听了。下面，我请同学站起来发言，用自己的语言对这幅画进行描述或解说，说给大家听听。

（学生纷纷举手发言。）

生1：这是一位即将上战场的将军。

师：你为什么断定他是将军？

生1：因为他一身戎装，身边有一匹战马，普通士兵不可能骑马。

师：嗯，言之成理。

生2：这是一位少年英雄。

师：你为何认为他是少年英雄呢？

生2：因为他面部光泽，没有皱纹，显得年轻英俊。同时手拿弓箭，善于骑射。

师：你观察得很细致啊！很好！

生3：这是一个能征善战的指挥官。

师：你为何断定他是一个指挥官，而且能征善战？

生3：他的面部表情像正在沉思，有指挥官的气质，还有一双大脚，穿着军靴，战马在旁，即将出征，可见能征善战。

师：你说得很好，观察仔细，甚至说出了画面的动态感。几位同学都观察细致，有理有据，或说将军，或说少年英雄，或说指挥官，总之，画面上的那个人，是一个中华好儿郎。然而，大家知道这幅画出自哪里吗？请同学们翻开书，第42页，这幅画是教材上《木兰诗》一文的配画。既然是木兰诗的配画，肯定与诗歌内容有关。下面，请同学们初读《木兰诗》，并用《木兰诗》中的句子，再度说明或描述这幅画的内容，看课文中哪句诗最适合配这幅画。

（学生要做出这个题目，必须仔细研读《木兰诗》，琢磨诗歌中每一句话的内容，这就避免了由教师一句一句串讲、学生被动听课的传统教学模式。这一悬念设置果然激起学生研读诗歌的兴趣，达到让学生深入文本阅读诗歌、熟悉诗歌内容、理解诗歌句子、初步把握木兰形象的目的。学生认真阅读诗歌，不时相互讨论，几分钟后，教师让学生回答问题。）

师：刚才，同学们边看画边读诗，十分认真仔细，下面，我叫同学说说，看诗中那句话，最适合表现这幅画的内容。谁先来说说？

生4：我觉得用"万里赴戎机，关山度若飞"这两句诗来描绘这幅画最合适。

师：为什么？你能说出道理吗？

生4：不远万里，奔赴战场。像飞一样跨过一道道的关，越过一座座的山。说明行军速度很快，这就需要一匹战马。画中有一匹战马，马蹄高扬，充满动感，而且画中尤其突显木兰那一双大脚，显然这是一双能够翻山越岭的脚。

师：是的，这两句话的确可以概括这幅画的内容。还有同学要说吗？

生5：老师，我选的是"朔气传金柝，寒光照铁衣"这两句诗。

师：是吗？说说你的理由。

生5：图片上，木兰双脚裹着靴子，只有在北方的寒气之中，才会这样穿着；身上穿着铠甲，呈银白色，这是寒冷的月光照耀下的景色，这与"朔气传金柝，寒光照铁衣"的艰苦战争环境相吻合。

师：观察很仔细，想象很丰富，有道理啊。哪位同学还有新发现？

生6：我选的是"愿为市鞍马，从此替爷征"。

师："愿为市鞍马"，"市"是什么意思？

生6："买"的意思，这里是名词作动词用。

师："市"，名词作动词，我们以前学过吗？

生6：学过，昨日入城市，归来泪满手巾。这里的市，也是名词作动词，是做买卖的意思。

师：好，能够活学活用，注重迁移，不错。那你为什么用这两句诗来诠释这幅画呢？

生6：我认为，画面的内容是木兰的想象。画中的木兰，眯缝着眼睛，那是她正在沉思，"愿为市鞍马"，她想象着自己购买了一匹战马，穿上一身戎装，"从此替爷征"，代自己的父亲征战。

师：观察角度不错，你看，她观察到了木兰的一双眼睛。然后，说木兰在沉思，并且说出了沉思的内容，有道理。还有用不同的句子来概括画面的吗？

生7：我用的是"愿驰千里足，送儿还故乡"这两句诗来概括。

师：你用的是诗歌第五段中的内容，说说你的理由。

生7：千里足，就是千里马，画面中有一匹马，这匹马有奋蹄欲飞之状，说明是千里马，千里马旁边就是木兰，她要骑马回故乡了。

师：说得很有道理。但这里，我有个疑问，木兰明明是女的，你看，诗歌中称呼木兰，无论是他称还是自称，用的或是"女"字或是"我"字，"不闻机杼声，惟闻女叹息""问女何所思，问女何所忆。女亦无所思，女亦无所忆"。全诗中，唯独这个地方称"儿"，我觉得应该统一为好，这里改成"愿驰千里足，送女还故乡"，行不行？

（生沉思，并在下面讨论，有的说可以，有的说不行。）

生7：不行。

师：为何不行？

生7：第一，这时的木兰在朝堂上，以战功者的身份接受赏赐，还没脱下戎装，还是女扮男装，因而还是儿郎。

师：嗯，如果说"送女还故乡"，就暴露了身份，是不是？

生7：是的。第二个理由是，这里称"儿"字，更能体现木兰刚强坚毅的一面，使木兰的性格更丰富。

师：分析得很好，很符合情理。那么改成"愿骑千里足，送儿还故乡"，行不行？

生7：也不行，"驰"字，指跑得快，写出了木兰归心似箭的心理。

（以上这一悬念设置，就基本上把木兰性格中英雄气概的一面分析出来了。这些内容，都不是老师告诉学生的，而是采用悬念教学法诱导学生自己探究出来的。那么，要全面把握木兰形象，尤其是女儿的一面，怎么办呢？接着，我采用填写表格法设置悬念，引诱学生再度研读诗歌，全面立体地把握木兰形象。）

师：刚才同学们用《木兰诗》中的句子描绘画意，都言之成理。但我有一个感觉，选用的诗句好像主要出自第四、第五段，主要概括的是作为一个战士的木兰。这些诗句中出现的意象，主要是鞍马、千里足、关山、铁衣等，坚强、勇敢、善战，木兰给我们的印象好像是个男的，但木兰是一个女孩啊，诗歌中的木兰形象好像更丰富啊！下面，请同学们再仔细研读课文，并填好下面

的表格。（教师出示幻灯片）

花木兰档案

姓名	木兰	
性别		
年龄		
婚姻状况		
家庭成员		
排行		
特长		
人生理想		
人生履历		
性格特征		

（学生要填出这个表格，就要再度研读诗歌，理解诗歌句意。学生面对这个悬念设置，表现出浓厚的兴趣，感悟、推理、想象、分析、综合，纷纷尽情读、动脑思、张口说，然后动笔写，根据诗歌内容填写表格。4分钟后，教师让学生说出表格中的内容。）

师：我看同学们把"花木兰档案"都填好了。下面，我们来叫一位同学说一说他填写的档案内容，好不好？

（生纷纷举手。）

师：好，你说说看。

生8：性别这一栏，我填写的是女。

师：从哪些诗句可看出木兰是女的？

生8：从第一段就可以推断木兰是女的。"唧唧复唧唧，木兰当户织。不闻机杼声，惟闻女叹息。"木兰当户织，说的是木兰对着门织布，木兰织布，表明木兰是女的。

师：为什么织布，就是女的。

生8：因为古代是男耕女织，男的耕田，女的织布。

师：有道理，那么，木兰的年龄呢？

生8：替父从军时，应该是十六岁左右，当兵回来，应该是二十六岁左右。

师：有什么依据？

生8：诗中有"将军百战死，壮士十年归"，可见木兰征战十年，十六岁加十年，不是二十六岁左右吗？

师：你把这两句诗歌翻译给大家听听？

生8：将军身经百战，壮烈牺牲了，壮士苦战十年，最终胜利归来。

生9：我觉得这句话不能这么理解，如果将军都死了，谁还敢当将军呢？

（学生哄堂大笑）

师：呵呵，那说说你的理解。

生9：我的理解是"经过多年征战，将军和士兵有的死了，有的回来了"。

师：你为什么这样翻译？

生9：这是"互文"，理解的时候，句中的两个主语要合在一起作主语。

师：不错，的确是互文，文中还有一些类似的句子，你能找出来吗？

生9："东市买骏马，西市买鞍鞯，南市买辔头，北市买长鞭"四句。

师：对了，说说你的理解。

生9：这几句意思是木兰跑遍了几个集市，购齐了出征所需之物，而不是在某一个集市上只买某一样东西。这样写是为了渲染战事的紧张，并不是真的从东市上买好了骏马又跑到西市上去买鞍鞯，再跑到南市买辔头，又跑到北市买长鞭。

师：你理解得非常到位！作者连用四个排比句式，本意就是渲染战事的紧张。好，刚才同学说木兰是从军十年，木兰归家时的年龄是二十六岁。还有没有不同意见？

生10：我觉得木兰归家时应该是28岁。

师：你有什么理由？

生10：因为后文有"同行十二年，不知木兰是女郎"。可见，木兰从军不是十年，而是十二年。这样算来，就是28岁。

师：同学们，你们说，他们谁说的有道理？

生11：28岁有道理。前面的"将军百战死，壮士十年归"，是为了对仗工整，不是实指，而是虚指。而"同行十二年，不知木兰是女郎"则是实数。

师：对了，文中牵扯到好多处数字，如军书十二卷、策勋十二转，这里也是虚指，并非实数。通过一番论证，我们弄清了木兰归家时的年龄是28岁，下面再看看木兰的婚姻状况如何。

生8：未婚。

师：为什么填未婚？

生8：首先，木兰离家出征时是一人，"旦辞爷娘去，暮宿黄河边，不闻爷娘唤女声"，可见，木兰未婚。征战十二年未婚，"同行十二年，不知木兰是女郎"，可见，征战十二年期间，木兰未暴露女儿身份，何来结婚？

师：分析很详细，且有条理。木兰的确未婚。那么，木兰的家庭成员有哪些？

生8：有父亲、母亲，有一个姐姐和一个弟弟。

师：有什么证据？

生8："爷娘闻女来，出郭相扶将"，说明有父母；"阿姊闻妹来，当户理红妆"，说明有姐姐；"小弟闻姊来，磨刀霍霍向猪羊"，说明有弟弟。

师：好，找对了。可见木兰在家排行第几？

生8：排行第二。

师：好，说得很好，请坐下，后面的表格内容，让别人也来说一说。

（学生纷纷举手，师指着一生）你来说说，木兰有什么特长呢？

生12：一是织布。"唧唧复唧唧，木兰当户织。"

师：唧唧，是什么意思？

生12：拟声词，是织布机的声音，一个"复"字，说明木兰织布很勤快。

师：除了织布外，还有何特长？

生12：骑马。

师：从诗中哪儿可以看出？

生12："旦辞爷娘去，暮宿黄河边""旦辞黄河去，暮至黑山头"，写木兰踏上征途，马不停蹄，日行夜宿，可见木兰骑马功夫了得，行军速度也快。

师：嗯，有道理。还有吗？

生12：行军打仗，"万里赴戎机，关山度若飞"，不远万里，奔赴战场，像男人一样快捷迅猛。

师：那木兰的人生理想是什么呢？

生12：打仗立功封侯。

师：有什么依据？

生12："归来见天子，天子坐明堂。策勋十二转，赏赐百千强"，这是说木兰打仗立功了，终于得以见到天子，得到最高奖励。

师：策勋，是什么意思？

生12：就是记功。木兰终于实现了自己的人生理想。

生13：我觉得有些不对？

师：为何不对？

生13：木兰打仗立功固然是事实，但想封侯却是不对的。

师：说说你的理由。

生13：因为后面，当天子要她当尚书郎的时候，木兰拒绝了。"愿驰千里足，送儿还故乡"，她的理想应该是回归女儿身，过和平安宁的生活。

生14：我也认为木兰从军不是为了去做官，而是因为她父亲年迈，从这里我觉得木兰倒是非常孝顺！

师：我也同意刚才两位同学的看法，木兰打仗立功了，这是事实，但她的人生理想不是封侯做官，而是过和平安宁的平民生活。好，下面我们再请一位同学来说说表格后面的内容。先说说木兰的人生履历。你来。

生15：16岁以前在家织布。16～28岁，替父从军，打仗立功。28岁，回家织布。

师：概括得不错，下面请同学们再说一说木兰的形象特点，并给出理由。每个同学说一条，不准重复。

（学生争先恐后地举手发言。）

生16：木兰很勤劳。"唧唧复唧唧，木兰当户织"，一个"复"字表明木兰织布不是短时间的，而是长年累月都在做！可见其勤劳。

生17：木兰很孝顺。天子征兵，在"阿爷无大儿，木兰无长兄"的情况下，替父从军。

生18：木兰很坚强。"万里赴戎机，关山度若飞。朔气传金柝，寒光照铁衣。"飞越一道道关口，跨越一座座高山，在边塞军营的艰苦战斗生活中，没有退缩，最终"壮士十年归"。

生19：木兰很勇敢。"将军百战死，壮士十年归。""双兔傍地走，安能辨我是雄雌？"在保家卫国的战斗中，和男人一样行军作战。

师：我们平时有"行走"这个词，"双兔傍地走"的"走"，可不可以换成"行"字。

生19：不行，这里的"走"，是古今异义字，相当于现在的跑。

师：对的，我们现在还有个成语叫"走马观花"，就保留了这个意思。说明行军速度快，木兰也与男士兵一样，高强度地运动作战。

生20：木兰很机警。"同行十二年，不知木兰是女郎。"要做到这一点多难啊，这需要高度警惕！

生21：木兰情感很细腻。

生22：木兰调皮率真。

生23：木兰不贪图荣华富贵，她不在乎官位和赏赐，而是回故乡，过普通人的生活。

生24：我觉得木兰是个很爱美的女孩子，从"当窗理云鬓，对镜贴花黄"中看得出来。

师：同学们说得真好啊！我们通过图文对照法和表格填空法，师生互动，全面立体地把握了木兰形象。木兰是一个女孩，既有少女的心思细腻、勤劳善良、温柔孝顺，又有男性的能征善战、坚强勇敢。以上，我们进行了教学的第一步。（教师出示幻灯片）

（二）赏读文本，从文学角度探究木兰形象之美

接着我们进行教学的第二步。（教师出示幻灯片）

（三）研读文本，从文章角度探究诗歌结构之美

（诗歌是什么结构，我不能直接告诉学生，于是，我通过温故知新法，设置悬念，启发诱导学生自己去探究诗歌结构之美。）

师：同学们真棒！通过赏读，我们把握了木兰的形象，弄清了木兰替父从军的故事。下面，我们来探究诗歌结构之美。同学们看过《三国演义》《水浒传》《西游记》和《红楼梦》吗?

（有的说全看过，有的说只看过其中的某一部或两部，有的说没读过原著，但看过电视剧。）

师：这四部小说在塑造人物形象的时候，有一个特点，就是喜欢用人物经常使用的道具来衬托人物形象，使人物的形象特点更为鲜明。例如，诸葛亮经常使用的标志性道具是什么?

生25：一把鹅毛扇。

师：是的，一把扇子。我们对诸葛亮印象最深的一点是什么?

生25：足智多谋。

师：对的，在《三国演义》中，诸葛亮是智慧的象征。他手中拿一把羽扇，就更显得足智多谋了。关羽是一员武艺高强的武将，他经常使用的工具是什么呢?

生26：一把刀，青龙偃月刀。

师：对，配上这把刀，就更能衬托他的武艺高强。李逵，是一员猛将，他经常使用的工具是——

生27：斧头。

师：对，李逵使用的是一对板斧，他总是想着杀到东京，夺了皇帝鸟位。李逵配上这对板斧，就显得更猛了。孙悟空神通广大，使用的工具是——

生28：金箍棒，配上金箍棒，就更神通广大了。

师：林黛玉多愁善感，经常使用的工具又是什么呢?

生：手帕。

师：是呀，配上手帕，就更多愁善感了。这首诗，也用了小说塑造人物形象的手法。其为塑造木兰形象，也使用了一些道具使木兰形象更为丰富多彩。现在请同学们找找看，诗歌中使用了哪些道具来衬托木兰形象。

（这个悬念设计使学生产生了极大的兴趣，学生再度阅读诗歌，寻找诗中为木兰配置的道具，并在书上写写画画，还不时与同桌讨论商量，3分钟后，教师让学生回答问题，学生举手踊跃回答。）

生29：第一段中，有织布机，第二、三段中有骏马，第四段中有铁衣，第五段中有千里足，第六段中云鬓、花黄、镜子，第七段中有兔子。

师：这些道具对于衬托表现木兰的性格有什么作用呢？

生29：这些道具，既有与家庭生活有关的、与女性有关的，也有与战争有关的、与男性有关的。这些道具既可以表现木兰女性性格的一面，也可以展现木兰男性性格的一面。

师：道具更好、更形象地表现了木兰的儿女情怀，也展示了木兰的英雄气概。而且诗歌开头表现了木兰的儿女情怀，结尾又回到儿女情怀。这是木兰儿女情怀的回归。同学们分析得非常好。我们再研究诗歌对木兰的称呼。（出示幻灯片）请同学们找找看，诗歌对木兰有怎样的称呼？

（这个悬念设计吸引学生带着极大的兴趣再度阅读文本，关注诗歌中对木兰的称呼情况。不一会儿，学生举手回答问题。）

生30：第一段，称木兰为"木兰"或"女"。第二段，没变化，还是称木兰为"木兰"或"女"。第三段，称"女"。第四段是"将军""壮士"。

师：嗯，开始男性化了。第五段呢？

生30：称"儿"，还是男性化，第六段称"女""妹""姊""女郎"。

师：嗯，又女性化了。第七段呢？

生30：称"我""雌"。

师：找得不错，由此可以看出，诗歌中，对木兰的称呼随着诗歌情节的展开而变化。请你再思考思考，从人称的这种变化可以看出什么问题来。

（生30摇头。）

师：请大家都想想这个问题，想到以后跟大家分享。

（学生在下面窃窃私语，相互讨论，不一会儿，一个学生举起手来，表达自己的观点。）

生31：我认为，人称的变化表明，木兰是先以女儿的身份开始，女扮男装，走向战场，在战争中立功的。

师（点头）：然后呢？

生31：然后回到家乡，又恢复了女儿身份，与家人团聚。

师：分析得非常好，这样看来，全诗在叙事结构上，有一种回环的美。（教师出示幻灯片）

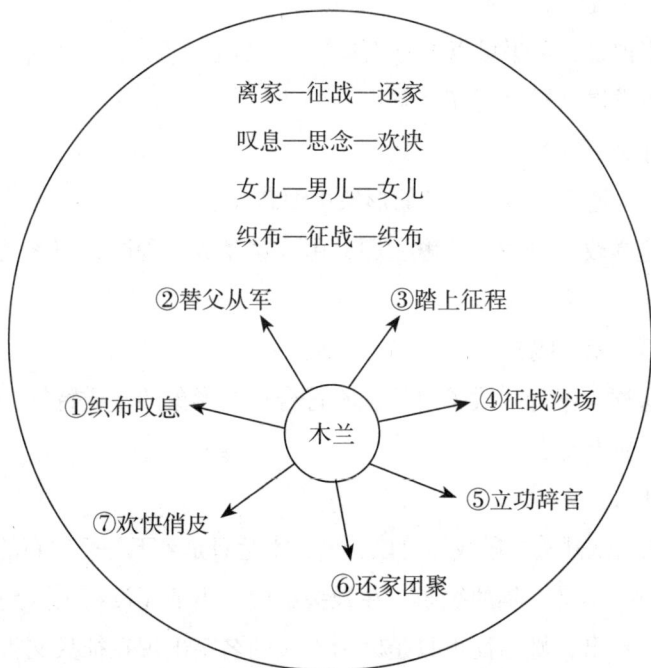

离家—征战—还家

叹息—思念—欢快

女儿—男儿—女儿

织布—征战—织布

②替父从军　③踏上征程

①织布叹息　　木兰　　④征战沙场

⑦欢快俏皮　　　⑤立功辞官

⑥还家团聚

木兰的经历

师：以上，我们通过研读文本，从文章角度探究了诗歌的结构之美。第三步，我们从文化的角度来探究诗歌的文化意蕴。（教师出示幻灯片）

（四）品读文本，从文化角度探究诗歌的孝德之美

（我总不能直接告诉学生吧，又得设置悬念，引导学生探究。我采用比较法设置课堂悬念。）

师：同学们，这是一首脍炙人口的诗歌，中华人民共和国成立以后，教材几度变更，但这首诗歌始终都在教科书中。20世纪60年代，我的哥哥姐姐读书时就学习过这首诗；70年代，我读初中时，老师也教过我们这首诗；80年代，我大学毕业参加工作教书时，我给学生也讲这首诗；我儿子上初中时，也学习过这首诗；21世纪，教材改了，但我今天又教你们这首诗。这首诗歌，我教过不知多少次。每次教这首诗学生都会提出许多问题。有一回，一个学生跟我说，诗歌第二段中，"愿为市鞍马，从此替爷征"要改一下，改成"愿为市鞍马，从此为国征"，你们说，能不能这样改？这样改，好不好？

（采用对照法设置悬念，引起学生兴趣，学生展开讨论。不一会儿，有学生回答问题。)

师：谁来说说，可不可以这样改？

生32：我觉得这样改更好。

师：为什么更好？

生32：因为这样一改，木兰的形象更加高大了。

生33：这样改，升华了诗歌主题，由爱家变成了爱国，使木兰有了爱国主义精神。

师：有不同意见吗？

生34：这样改不行。改了以后，不符合木兰形象的本质特征，使木兰形象变得不真实，显得苍白。

师：为什么？

生34：因为从开头一段我们可以看出，木兰只是乡下一个织布的女孩，"唧唧复唧唧"，一年又一年的织布，在她头脑中，出征还没有上升到国家高度。从第二段可以看出，她出征也只是因为老父的名字出现在征兵文告中，"阿爷无大儿，木兰无长兄"，因此木兰出征是迫不得已的，她的出征，只是从孝道出发。

师：因此，不能改成"替国征"，而"替爷征"更合理，对不对？

生34：正是此意。

生35：我也觉得此处不能改成"从此替国征"，改了，不符合诗歌情节发展的逻辑。

师：是吗？说详细一点。

生35：如果这样改了，那么，当天子要木兰做官时，木兰就不会说"愿驰千里足，送儿还故乡"了，也就不会有木兰回家后那种发自内心的喜悦了。

师：是啊！"开我东阁门，坐我西阁床，脱我战时袍，著我旧时裳。当窗理云鬓，对镜帖花黄。"诗中用一连串的铺陈，将木兰回到家中后尽显女儿之态的喜悦之情表现得淋漓尽致！

生35：我以为，木兰从军是很无奈的被迫的选择，远赴战场，更多的是"爱父"的表现。

师：是的，我也同意你的观点。诗歌写的是替父从军的故事，突出的是木兰的孝道。木兰尽孝，但不尽忠，至少主观上，没有尽忠的想法。天子要她做尚书郎，她不做。我查阅了一些文献资料。木兰，实有其人，资料显示，花木兰是古代时河南省虞城县人。女扮男装，代父从军，屡立战功。（教师出示幻灯片）"凯归，帝封官嘉奖，木兰不受，欲纳宫中，以死拒之。唐初，追封为孝烈将军。"

我们从古人给她的封号也可看出，不是封她为忠孝将军，而是封她为孝烈将军。孝，对父母的孝道，针对她的女儿性情而来；烈，针对她性格中刚性的一面和英雄气概而来。但孝在前，是主要的。从这里也可以看出，《木兰诗》赞扬的是中华民族一种传统美德——孝道。《木兰诗》共有7个自然段，每一段的段意，仔细想来，主要是指向孝道。（教师出示幻灯片）

1. 织布叹息——为父担忧（孝）

2. 替父从军——为父分忧（孝）

3. 踏上征途——思念父母（孝）

4. 征战沙场——活着归来（孝）

5. 立功辞官——归心似箭（孝）

6. 还家团聚——天伦之乐（孝）

7. 轻松俏皮——织布生活（孝）

好了，以上我们是从文化的角度来读《木兰诗》，可以看出《木兰诗》赞扬的是一种孝德。第四步，美读文本，从语言角度探究诗歌韵律之美。（教师出示幻灯片）

（五）美读文本，从语言角度探究诗歌韵律之美

（韵律之美，我也不能直接告诉学生，于是，我采用文字重排法设置悬念。）

师：对于《木兰诗》，书上是这样排列的。（幻灯片展示如下）

唧唧复唧唧，木兰当户织。不闻机杼声，惟闻女叹息。

问女何所思，问女何所忆。女亦无所思，女亦无所忆。昨夜见军帖，可汗大点兵，军书十二卷，卷卷有爷名。阿爷无大儿，木兰无长兄，愿为市鞍马，从此替爷征。

东市买骏马，西市买鞍鞯，南市买辔头，北市买长鞭。旦辞爷娘去，暮宿黄河边，不闻爷娘唤女声，但闻黄河流水鸣溅溅。旦辞黄河去，暮至黑山头，不闻爷娘唤女声，但闻燕山胡骑鸣啾啾。

师：然而，我觉得这样排不像诗歌。著名学者闻一多先生说，我们的文字是象形的，我们中国人鉴赏文艺的时间至少有一半的印象是要靠眼睛来传达的。文学本是占时间又占空间的一种艺术。

因此，闻一多提出诗歌要有"三美"（教师出示幻灯片）：音乐美、绘画美、建筑美。

音乐美：有平仄押韵，朗朗上口。

绘画美：要有画面感，形象生动。

建筑美：有节的匀称，有立体感。

现在，我把《木兰诗》这样排版（幻灯片展示）：

唧唧复唧唧，

木兰当户织。

不闻机杼声，

惟闻女叹息。

问女何所思，

问女何所忆。

女亦无所思，

女亦无所忆。

昨夜见军帖，

可汗大点兵，

军书十二卷，

卷卷有爷名。

阿爷无大儿，

木兰无长兄，

愿为市鞍马，

从此替爷征。

东市买骏马，

西市买鞍鞯，

南市买辔头，

北市买长鞭。

旦辞爷娘去，

暮宿黄河边，

不闻爷娘唤女声，

但闻黄河流水鸣溅溅。

旦辞黄河去，

暮至黑山头，

不闻爷娘唤女声，

但闻燕山胡骑鸣啾啾。

师（指着幻灯片）：这样排更像诗歌了。这样排，诗歌句子有什么特点？有一种建筑美，立体感强，总体来说，句子也整齐，绝大部分句子都是5个字。以前面三段为例，如诗歌一、二段，句子十分整齐，都是5个字一句。而到了第三段，却有5个字一句的、7个字一句的，还有9个字一句的。因此，我把第三段改了（出示幻灯片）：

东市买骏马，

西市买鞍鞯，

南市买辔头，

北市买长鞭。

旦辞爷娘去，

暮宿黄河边，

不闻唤女声，

但闻黄河鸣。

旦辞黄河去，

暮至黑山头，

不闻唤女声，

但闻胡骑鸣。

师（指着幻灯片）：改成像一、二段那样整齐的句子，是原文好，还是我改得好？

（针对教师提问，学生低声讨论，不一会儿，有学生举手回答问题。）

生36：原文好，老师一改，少了一些意境，同时也少了抒情味。

生37：是的，木兰毕竟是女孩，这样一改，少了女性的细腻与牵挂。

师：是的，木兰毕竟是女孩，行军途中，她一直有对家人的牵挂。她走一路，牵挂一路。旦辞爷娘去，暮宿黄河边，不闻爷娘唤女声，但闻黄河流水鸣溅溅。旦辞黄河去，暮至黑山头，不闻爷娘唤女声，但闻燕山胡骑鸣啾啾。她不是一个男性英雄，不是仅有那种"葡萄美酒夜光杯，欲饮琵琶马上催。醉卧沙场君莫笑，古来征战几人回"（王翰《凉州词》）的男性英雄的视死如归的豪迈，不是仅有那种"青海长云暗雪山，孤城遥望玉门关。黄沙百战穿金甲，不破楼兰终不还"（王昌龄《从军行》）的男性英雄的义无反顾的决绝，她豪迈中有女性的细腻与柔情，她是有所牵挂的，她牵挂父母，她期望有朝一日从战场归来，"愿驰千里足，送儿还故乡"，恢复女儿装，侍奉父母，回家织耕。因此，此处句式的加长，两处"不闻爷娘唤女声"，使得诗歌节奏变得舒缓，有血有肉地表现了木兰的"女儿情"，活生生地刻画出了一个少年英雄女郎的形象。在这里，诗歌句式的变化随木兰内心情感的变化而变化。我们再看这一节（教师出示幻灯片）：

> 爷娘闻女来，
>
> 出郭相扶将；
>
> 阿姊闻妹来，
>
> 当户理红妆；
>
> 小弟闻姊来，
>
> 磨刀霍霍向猪羊。

师（指着幻灯片）：这一节，句式也根据人物年龄、身份特征的不同而有变化。写爷娘、阿姊这几句，句式整齐，五个字的短句写出了爷娘、阿姊的喜悦。但写小弟的就不同了，不仅写出了喜悦，还写出了小弟的顽皮淘气。如果把"霍霍"去掉，就没这个味道了。整首诗从句式的表达上很能体现情感，当然，这种情感，我们还要通过理解诗歌内容慢慢体会，读出这种节奏，读出这种味道和情感。下面，我们就来好好品读这首诗歌。先请同学们在下面放声朗读。

（学生响应教师召唤，自由投入，声情并茂地朗读课文。）

师：刚才大家读得非常投入，有的同学甚至加入了一些动作，很好。古诗文读通读懂是基础，读出情感才是一种境界。下面请同学们交流一下自己的阅读感受，可以选一段或某一句来谈这种感受，好不好？

生（齐）：好！

师：那就开始吧。

生38："万里赴戎机"这一段应读出一种豪迈气概。

师：为什么？

生38：因为这部分写的是木兰征战沙场的情景。

师：好，你读给大家听听。

（生38读：万里赴戎机，关山度若飞。朔气传金柝，寒光照铁衣。将军百战死，壮士十年归。）

师：他读得怎样？

生39：确实是气壮山河。

师：嗯，我也有同感，还有哪一位要说说自己的朗读心得？

生40："且辞爷娘去"，这一节要读得低沉舒缓一些。

师：为什么要这样处理？

生40：因为这部分是写木兰离开父母去从军的途中，她一定很思念自己的亲人，我觉得应该读出思念的味道。

师：那你读给我们听听，让我们找一找思念的感觉。

（生40读：且辞爷娘去，暮宿黄河边，不闻爷娘唤女声，但闻黄河流水鸣溅溅。旦辞黄河去，暮至黑山头，不闻爷娘唤女声，但闻燕山胡骑鸣啾啾。声情并茂，尤其在读"鸣溅溅"和"鸣啾啾"的时候，十分缓慢，给人一种回荡的感觉，生40的朗诵赢得了热烈的掌声。）

师：他的朗读真棒。让人如身临其境，如闻其声，如见其人。好，最后再给同学们一个机会。谁抓住最后的机会来说说自己的朗读感受？

（众多学生举手，其中一名女生站起来发言。）

生41：读"开我东阁门，坐我西阁床"这几句，节奏要稍快一点，要读出一种喜悦感。

师：请说说理由。

生41：因为此时的木兰脱下了厚重的铠甲，换上了自己喜欢的女儿装，而且对着镜子进行一番精心的打扮。那么她在换装打扮的过程中心情能不喜悦激动吗？

师：兴奋、高兴地急于把自己的女儿身、漂亮的一面展现出来。请你把这种喜悦读出来。

（生41读：开我东阁门，坐我西阁床，脱我战时袍，著我旧时裳。当窗理云鬓，对镜帖花黄。）

师：刚才同学们谈了自己的阅读感受，并根据自己的体会进行了朗读。朗读是一种能力，也是一种境界，同学们在朗读的过程中，注重了语速、语调，采用了移情法，加进去了动作、神态，活生生地再现了木兰的喜怒哀乐，悲欢离合。下面让我们带着对木兰这个人物的理解和倾注的情感，有感情地朗读全诗。我们这样来读这首诗歌。（教师出示幻灯片）

（齐读）唧唧复唧唧，木兰当户织。

不闻机杼声，惟闻女叹息。

（男单）问女何所思，问女何所忆？

（女单）女亦无所思，女亦无所忆。

昨夜见军帖，可汗大点兵，

军书十二卷，卷卷有爷名。

（齐读）军书十二卷，卷卷有爷名。

军书十二卷，卷卷有爷名。

（女单）阿爷无大儿，木兰无长兄，

愿为市鞍马，从此替爷征。

（齐读）东市买骏马，西市买鞍鞯，

南市买辔头，北市买长鞭。

（女单）旦辞爷娘去，暮宿黄河边，

不闻爷娘唤女声，

（齐读）唤，唤女声，唤女声，唤女声，

但闻黄河流水鸣溅溅。鸣溅溅。鸣溅溅。

（女单）旦辞黄河去，暮至黑山头，

不闻爷娘唤女声，

（齐读）唤，唤女声，唤女声，唤女声，

但闻燕山胡骑鸣啾啾。鸣啾啾。鸣啾啾。

（齐读）万里赴戎机，关山度若飞。

朔气传金柝，寒光照铁衣。

（男单）将军百战死，壮士十年归。

归来见天子，天子坐明堂。

策勋十二转，赏赐百千强。

可汗问所欲，木兰不用尚书郎；

（女单）愿驰千里足，送儿还故乡。

（齐读）愿驰千里足，送儿还故乡。

愿驰千里足，送儿还故乡。

愿驰千里足，送儿还故乡。

（男单）爷娘闻女来，出郭相扶将；

（女单）阿姊闻妹来，当户理红妆；

（男单）小弟闻姊来，磨刀霍霍向猪羊。

（齐读）耶！磨刀霍霍向猪羊。

磨刀霍霍向猪羊。

磨刀霍霍向猪羊。

（女单）开我东阁门，坐我西阁床，

脱我战时袍，著我旧时裳，

当窗理云鬓，对镜帖花黄。

（齐读）出门看火伴，火伴皆惊忙：

同行十二年，呀！不知木兰是女郎。

（女单）雄兔脚扑朔，雌兔眼迷离；

双兔傍地走，安能辨我是雄雌？

（齐读）安能辨我是雄雌？

安能辨我是雄雌？

安能辨我是雄雌？

师：同学们读得真好。周振甫在《论诵读》中说，"读诗注意停顿、读出轻重缓急，恰好能和文中的情与事起伏相应，足以帮助对文章的理解，了解作者写作时的情绪"。的确如此，我们通过朗读，感受到了木兰的英雄气和女儿情。

好，这节课，我们通过四个步骤探究了木兰的形象之美，诗歌的结构之美,诗歌的孝德之美,诗歌的韵律之美。快要下课了,同学们还有什么问题需要提出来吗?

生42:老师,您这节课上得十分精彩,尤其是引导我们探究了木兰形象之美,木兰的形象的确丰富多彩,十分有魅力。不过,我在读课文的时候,有一个问题想不通,诗中说"同行十二年,不知木兰是女郎",我想这不真实!行军打仗肯定要洗脚,而中国古代妇女裹脚,这不就暴露了吗?

(一石激起千层浪,学生为此展开辩论。)

生43:木兰为了掩饰自己的女儿身份,应该不会当众洗脚。

(话音一落,提问的女生马上反驳。)

生42:就算木兰为了掩饰自己的女儿身份不当众洗脚甚至不洗脚,但诗中说"万里赴戎机,关山度若飞","赴""飞",速度极快,一双小脚,三寸金莲,走起路来都摇摇晃晃,能适应这样的行军速度吗?

生43:诗中的木兰不用走路,"东市买骏马,西市买鞍鞯,南市买辔头,北市买长鞭",她是骑马行军打仗的啊。

(话音未落,女生大声反驳。)

生42:十二年时间,木兰不可能一直骑马,诗歌最后说"双兔傍地走,安能辨我是雄雌?""傍地走",就是下马走,"走",在古代可是"跑"的意思啊!

(学生一阵争论而不得其解,几十双眼睛全注视着我,他们期待着我的解答。说实在话,这个问题可难不倒我。因为我在备课时,也考虑过这个问题,要给学生解答这个问题,可以说是胸有成竹,但我转念一想,何不在这个问题上给学生示弱,促使学生自己去探究这个问题呢?)

师:同学们,你们真厉害,我在读这首诗歌时,也没有这样深入,你们这个问题提得真有水平。但我也无法解答你们提出的问题,下课后,咱们师生都去查查资料,来个比赛,看谁能最先弄清这个问题。查到资料后,你们可以发邮件给我,好吗?

(学生一听说我也"无法"解答这个问题,可乐了。)

师:这节课,我们就讲到这里。同学们再见!

(这堂课,我的心思主要是花在学生身上。我只是紧紧抓住学生"好奇"的心理特点,制造一个又一个的悬念,千方百计让学生在课堂上阅读、讨论、质疑、答疑，使学生产生浓厚的兴趣，自觉地加入学习中。）

三、《青玉案·元夕》悬念教学实录

上课时间：2015年4月23日上午第3节

上课地点：教学楼四楼多功能室

上课班级：高二（17）班

师：听说你们班是一个很优秀的班级，今天，能够来到你们班上课，我十分高兴。今天这节课，我相信同学们一定会勇敢地表现自己。好，下面我们开始正式上课。

同学们，在我们看来，书生文人都是手无缚鸡之力的人。然而，在宋朝，有一个这样的人，他上马可以杀敌，有万夫不当之勇的英雄气；他下马可以写词，词风豪迈，可以与著名词人苏轼并驾齐驱。同学们，你们猜猜他是谁呢？（教师设问，并在此稍稍停顿，引起悬念，学生在下面窃窃私语）现代大文豪郭沫若对他的评价是（教师出示幻灯片）：铁板铜琶继东坡高唱大江东去，美芹悲黍冀南宋莫随鸿雁南飞。他才高、性烈、脾气大。大将军兼大文豪，三千年难得一见。他以文为词，以气入词，领袖一代，雄视百家。大家知道，他是谁吗？（采用隐藏法、提问法设置悬念，引起学生兴趣）

生1：该不是陆游吧？

生2：应该是辛弃疾。

师：是的，他就是宋代伟大的爱国词人辛弃疾。辛弃疾的词，总的来说我比较喜欢。但他有一首词，我读高中的时候尤其喜欢。（教师出示一张读高中时的照片）这是读高中时的我。因为辛弃疾这首词，尤其是其中的几句话，打动了少年的这颗心。今天，我要与同学们一道分享这首在我高中时代打动我的辛弃疾的词，它就是辛弃疾的《青玉案·元夕》。（教师出示幻灯片）

（一）初读《青玉案·元夕》，探究词的思想内涵

师：首先，请同学们自由朗诵一下这首词，并请同学们猜猜，词中哪句话打动了读高中时的我，打动了一位少年的心？这句诗，为什么会打动我？为什么会引起我心灵的强烈共鸣？

（用一连串问题设置悬念，更激起学生学习这首词的兴趣。学生在下面兴致盎然地自由朗读，教师巡视。）

师：同学们读得声情并茂，下面请同座位的同学相互读给对方听一下。并互相评价。

（学生互相读，并且窃窃私语，评价对方。）

师：下面请一位同学按照自己的理解带着感情朗读一下这首词。谁来读？大家可以推荐一下。（学生推荐刘宇泽）刘宇泽，好，你来读一下。大家认真听，然后评价一下他读得怎样。

（刘宇泽站起来读，读完后，学生热烈鼓掌。）

师：看哪位同学评价一下刘宇泽同学读得怎样。

生3：读得挺好，节奏把握很准确，感情上非常丰富细腻。（生大笑）

师：还有吗？

生3：就评价这么多。

师：啊，就评价这么多，这已经是千古绝唱了。（生大笑）评价非常准确。尤其是读到这个地方"笑语盈盈暗香去"，"暗——香——去——"，声音拖得很长，而且音量由强到弱，给人一种那人渐行渐远的直观感受，的确读得挺好。辛弃疾的词，整体是豪放的，但这首词却是婉约的，婉约词读的时候节奏要慢一点。（教师手舞足蹈）"东风夜放花——千——树——"，就是要读出这样的节奏。下面请同学们带着感情有节奏地齐读这首词。

（学生齐读，十分投入。）

师：读得很好，下面请同学们猜一下，高中时，我在读这首词的时候，是哪句话最打动我这颗少年的心？

（学生十分好奇，纷纷猜测。）

生4：我想，应该是"众里寻他千百度，蓦然回首，那人却在灯火阑珊处"。

师：我们真的是"心有灵犀一点通"，是的，就是这句打动了我。它不仅打动了我，还打动了我的同学。我的同学也喜欢这句诗。我读高中时，有三个特别好的朋友，我们四个人经常在一起，被称为"四人帮"。（出示照片，学生"哇"的一片赞叹声）哪个是我？（生：前面左边坐着的那个）我长得怎样？（生齐声答：帅）我们是好朋友，但是，读到这首词时，总是意见不同，各人有各人的理解，有时争得面红耳赤。其中有一个同学，几乎天天念"众里寻他千百度，蓦然回首，那人却在灯火阑珊处"。你们猜猜看，他为什么天天念"众里寻他千百度，蓦然回首，那人却在灯火阑珊处"呢？

（学生兴致盎然，说出了自己的看法。）

生5：也许他当时在恋爱，在追求一个女孩子吧！

师：你猜得十分正确。他当时迷上了一个女孩。因此，那时他跟我说，这个他，应该是"她"，"她"就是那人，那人是个女孩。"他"，在古代，既可以指女的，也可以指男的。那么，他，也就是那人，在这首词中，到底是男的还是女的，请同学们讨论一下。

（此处再设悬念，引起学生的探究兴趣，学生分组讨论3分钟，感悟"那人"。学生根据所学的知识和把握的作品内容，自由探究，发表见解。）

生6：这是一个女孩，诗中抒情主人公"我"要寻找一个意中人。

生7：我觉得"他"应该是个女子，而且是个很美的、让作者怦然心动的女子。不然作者为什么会去"寻他千百度"呢？

师：有没有道理？我觉得有。那么诗人会在什么时候去寻找她呢？

生8：晚上。

师：从哪里可以看出来？

生8：元夕，也就是元宵节。

师：晚上怎么看得见人呢？

生8：有灯？

师：从哪儿看出来？

生8：东风夜放花千树。

师：很好，那词中没有直接出现"灯"字，作者采用了什么手法来描写灯呢？

生8：比喻的写法。

师：嗯，比成什么？

生8：比成花和树。花千树，形容灯火之多，如千树花开。

师：这位同学读书很细心。是的，元宵节的晚上，确实有许多灯。元宵节也叫元夕、元夜，又称上元节，因为这是新年第一个月圆夜。因历代这一节日都有观灯习俗，故又称灯节。这是我们中国的一种传统文化，一直流传至今。有灯，看人就清楚了。从词中看，元宵节的晚上，除了"灯"这种光源之外，还有其他光源吗？

生9：还有烟花。

师：哪里写了烟花？

生9："更吹落、星如雨"。

师：那作者是怎样描写烟花的呢？

生9：也是采用了比喻手法。"更吹落、星如雨"，把烟花比成星星和雨。

师：嗯，元宵节的晚上的确会有灯光和烟花。

生10：作者笔下还有月光。

师：哦，哪里提到月光？

生10：玉壶光转，月光银白，如冰清玉壶，十五的月亮圆又亮。

师：很好，同学们找得很仔细。到此，我终于弄明白了，元宵节的晚上，抒情主人公借助灯火、烟花、月亮寻找女孩子，由于光源充足，他看人看得十分清楚，清楚到看到了一些细节，蛾儿雪柳黄金缕。"蛾儿雪柳黄金缕"这些是什么东西啊？

生11：都是女性头上戴的名贵装饰品。

师：那么我又有一个迷惑了，元宵节逛灯会，应该男人女人都会有，请同学们找找，在诗人苦苦追寻的目光中，有没有男人进入他的视线呢？

（这个奇怪的悬念设计引起了学生极大的好奇心，学生果然认真研读起文本，不时与同伴交流。）

生12：有。

师：你从哪儿看出的？

生12：宝马雕车香满路，驾车的应该是男性。

师：我不是说，元宵节晚上赏灯没有男性，肯定有；而是说，有没有男人进入诗人苦苦追寻的视线？

生13：好像没有。

师：是啊！奇怪啊！为什么诗人在有灯、有烟花、有月亮的晚上，偏偏只看见女人？诗人写元宵节，可是调动了全部的感官，去立体地感受元宵节的热闹氛围。请问同学们，诗人眼睛看到了什么？

生：东风夜放花千树，更吹落、星如雨。

师：诗人鼻子闻到了什么？

生：宝马雕车香满路。

师：诗人耳朵听到了什么？

生：凤箫声动。

师：总之，诗人笔下的元宵节是车多、人多、灯多，焰火美、音乐美、花灯美、服饰美、情态美。作者调动视觉、听觉、嗅觉多种感觉器官，极尽渲染烘托铺排，写出了元宵节的热闹非常、盛况空前。诗人的各个感官应该都是非常灵敏的。那么为什么诗人只见到女人，而没有男人呢？谁能解答这个问题？

（学生陷入深深的沉思之中。）

2015年4月23日，何泗忠老师运用悬念教学法激情演绎《青玉案·元夕》

生12：这是抒情主人公的注意力所致。因为抒情主人公要追寻一个意中人——女子，所以他把注意力放在了女子身上，看到的是"蛾儿雪柳黄金缕"，这里用了借代手法，代指女性。然而，这些女性都不是作者所看中的。"众里寻他千百度，蓦然回首，那人却在灯火阑珊处。"在"灯火阑珊处"的"那人"，不用说是一个青春妙龄的少女。

师：那么请问，与这个妙龄少女的相见，是一种纯粹的偶然相遇、不期而遇，还是两人早早定下的一场约会呢？请同学们讨论讨论。

（学生响应教师召唤，热烈讨论，约5分钟后有学生发言。）

生13：也许是一种不期而遇、意外发现。

师：你的意思是说，诗中主人公在元宵节晚上逛花灯，他在人群中不断地寻找，不断地发现，不断地希望，又不断地失望，似乎已经快要绝望之时，谁料蓦然回首，一个他十分喜爱的女子出现在了他的眼前。

生13：是的，这是意外发现，于是心中窃喜，一见钟情。

师：这样看来，这是一首艳遇诗了。诗中主人公可能是一个青春萌动的少年。

生14：我认为，是两人早早定下的一场约会。女主人公早就来了，她藏在暗处，那个青年男子呢，急切地在人群中寻找她，女孩子也许早就发现他了，但她却不急着与他相见。

师：哦，女孩子为什么要这样做？

生14：因为她想先考验一下他的耐心，先看看他着急的样子，然后悄然无声地跟在他后头，等到他快要崩溃的时候才给他一份意外的惊喜。

师：你的解读挺有意思的。元宵节，可以说是中国的情人节，古人有不少写元宵节男女约会的诗歌。最著名的是宋代欧阳修的《生查子》：去年元夜时，花市灯如昼。月上柳梢头，人约黄昏后。按照你的解读，这就是一首爱情诗了。诗中主人公是一位对感情专一执着的人。这位同学的解读与国学大师王国维对这首词的解读可谓是心有灵犀啊。王国维在《人间词话》中谈到这首词时说（教师出示幻灯片）——

经过等待、寻找、焦灼、失望之后再突然发现自己的意中人原来就在身后，那种从天而降的惊喜谁也想象得出来，这是一种知音的契合之感。

（学生为该生与大师见解相同而鼓掌。）

师：然而，一千个读者就有一千个哈姆雷特，同样，不同的人，读这首诗有不同的感受，就是同一个人，在不同的时期，随着生活阅历的不同，对这首诗也有不同的理解。譬如，我那个同学、那个极力主张"他"，即"那人"是个女孩的同学，上次同学聚会，我们又聊起了这首诗，这回，他认为这个"他"，不一定是女孩了，他认为这首诗不是爱情诗，而是一首爱国诗，诗中主人公对达官贵人不顾国家安危、一味纵情声色、寻欢作乐的行为义愤填膺。他说，这首诗与宋代林升的《题临安邸》有异曲同工之妙。

生15：老师，林升的《题临安邸》是一首什么样的诗呢？

师：（板书：山外青山楼外楼，西湖歌舞几时休。暖风熏得游人醉，直把杭州当汴州）请同学们讨论讨论，辛弃疾的《青玉案·元夕》与林升的《题临安邸》思想内涵真的有相通之处吗？

（学生响应教师召唤，展开热烈讨论，5分钟后有学生回答问题。）

生16：我认为，《题临安邸》与《青玉案·元夕》有异曲同工之妙。

师：它们相同在哪儿，能说具体点吗？

生16：《题临安邸》是写统治者一味纵情声色，"西湖歌舞几时休"；不图北伐，只图偷安宴乐于西湖，竟把杭州当成了汴州。

师：那《青玉案·元夕》中也有这样的内容吗？

生16：《青玉案·元夕》这首词作于宋淳熙元年（1174年）或二年（1175年）。当时，强敌压境，国难当头，朝廷只顾偷安，歌舞升平，坐宝马，乘雕车，到处一派脂粉气，没有血性男儿，人们也都"笑语盈盈"，有谁在为风雨飘摇中的国家忧虑？这与《题临安邸》中的人们何其相似。

师：这样看来，这是一首忧国忧民的爱国诗，也说得过去。《青玉案·元夕》是一首魅力无穷的词，它可以有多种解读，对"那人"的不同理解，可以读出这首词不同的含义。你可以把它读成一首艳遇诗，诗中主人公是一个登徒子，好美色；你可以把它读成一首爱情诗，诗中主人公是一位对爱情专一执着的人；你可以把它读成一首爱国诗，诗中主人公对达官显贵纵情声色、寻欢作乐的无耻行为义愤填膺。目前，主要是这几种解读。下面，我来谈谈我对这首词的理解。我认为，这是一首讽喻诗，讽喻对象直指最高统治者，词中表达了对国家前途命运的担忧。词中的"那人"不是女人，也不是一般的男人，而是皇帝。作者在元宵节的晚上，他看到了一派繁华，一派歌舞升平、国泰民安的景象，车多、人多、灯多，焰火美、音乐美、花灯美、服饰美、情态美。这样繁华的地方，在当时的环境下只能是都城临安，如此繁荣，如此柔弱的人们，由谁来保护？在家天下的封建社会，当然应该是皇帝。于是，他众里寻他千百度，蓦然回首，那人却在灯火阑珊处。"那人"就是皇帝，"灯火阑珊处"，是指皇宫。皇帝在皇宫，灯火阑珊象征宋朝廷的衰微，皇帝无力承担起保护大宋子民的责任。南宋朝廷上下是一个典型的"羊"性朝廷，到处充满脂粉气、女儿气，缺乏像辛弃疾这样充满金戈铁马、气吞万里如虎的"狼性"将领。作者通过这首诗表现了对南宋前途和命运的担忧。

刚才，我们从多层面、多角度探究了这首词丰富的思想内涵，对这首词有了深度的理解。下面，我们在理解的基础上，再来读一下这首词。请同学们好好把握这首词的感情基调。（教师出示幻灯片）

(二)创读《青玉案·元夕》,把握词的感情基调

师:汉语中有许多表达丰富情感的叹词,如"啊""唉""耶"等,让我们揣摩辛弃疾这首词的情感变化轨迹,将以上三个词放在词中合适的位置。

(面对这个创意设计,学生兴致盎然,纷纷动笔在词中加上这三个词语。教师在下面巡视,约4分钟后,教师让学生读加上三个词语后的《青玉案·元夕》。)

师:下面,我们请同学读一下自己加了"啊""唉""耶"的这首词,看他们在哪个地方加了这些词,加的位置恰不恰当,能不能正确体现词人的情感变化轨迹。

生19(声情并茂地朗读起来):东风夜放花千树,更吹落、星如雨。啊!宝马雕车香满路。凤箫声动,玉壶光转,一夜鱼龙舞。蛾儿雪柳黄金缕,笑语盈盈暗香去。唉!众里寻他千百度,蓦然回首,耶!那人却在灯火阑珊处。

师:她加得怎么样,行不行啊?你评评看。

生20:我觉得加得恰到好处,把握住了词人感情变化的轨迹。看到"宝马雕车香满路",于是词人发出了"啊"这样惊叹的声音。他在茫茫人海中不断地寻找,不断地希望,又不断地失望,于是发出"唉"的声音,正要绝望之时,却有意外发现,"那人却在灯火阑珊处"。于是"耶"的一声,发出惊叹!

生21:我觉得这样加更好。"东风夜放,啊!花千树,更吹落、星如雨"。他在元宵节看到如花盛开的灯火,于是情不自禁地发出"啊"的感叹,"唉"加到"蛾儿雪柳黄金缕,唉!笑语盈盈暗香去"这个地方好,他在不断寻找自己的知音,然而,皆不是自己理想中人,令他失望,于是发出"唉"这样无奈的叹息,正当"失望"之时,突然发现自己的意中人原来就在身后,那种从天而降的惊喜谁也想象得出来,于是"耶!那人却在灯火阑珊处"。

师:这位同学跟我加的一样,真可谓英雄所见略同啊!(教师出示加了"啊"等词语的《青玉案·元夕》幻灯片)

东风夜放,啊!花千树,更吹落、星如雨。宝马雕车香满路。凤箫声动,玉壶光转,一夜鱼龙舞。蛾儿雪柳黄金缕,唉!笑语盈盈暗香去。众里寻他千百度,蓦然回首,耶!那人却在灯火阑珊处。

师(指着幻灯片):下面,我们带着感情齐读一遍艺术化处理了的《青玉案·元夕》。

（学生齐读，教师在学生读时配上动作，手舞足蹈，学生更是读得兴致盎然。）

师：刚才，我们通过加"啊"等词语，更好地把握住了这首词的感情基调和丰富内涵，同学们，像这样脍炙人口的诗句我们应该背诵出来。高考不是经常考背诵吗？下面我们来背读一下《青玉案·元夕》。

（三）背读《青玉案·元夕》，领悟词的语言妙用

师：下面请同学们试着背诵这首词，看谁背得快，我要寻找背诵大王。

（学生摇头晃脑地背诵。）

师：谁先背出谁先举手。

（不一会儿有学生举手，该生背诵得十分流利，师生为他鼓掌。）

师：真厉害呀，下面请同学们齐背一遍。

（学生齐背诵。）

师：同学们，一首词不仅要能背诵出，而且，现在的高考要求默写古诗词，下面，我出了一个高考题目。（教师出示幻灯片）

补写出下列句子的空缺部分：

1. _____，_____、星如雨。

2. 凤箫声动，_____，_____。

3. 众里寻他千百度，_____，_____。

师（指着幻灯片）：下面请同学们默写一下，我也来默写一下。

（学生在下面默写，教师在黑板上默写。教师故意将"东风夜放花千树"的"放"字默写成"吹"字，将"玉壶光转"的"转"字默写成"照"字，将"那人却在灯火阑珊处"的"灯火阑珊"写成"宝马雕车"。）

师：同学们，你们默写完了吗？我也默写完了。下面，请同学们对我评分，我得多少分？

（生有的说不及格，有的说只得3分。）

师：你为什么说我不及格。

生22：老师有三处默写错了。"东风夜放花千树"的"放"字默写成"吹"字。

师：哦，这个地方写错了。东风夜吹花千树，"吹"字原文是"放"字，那么是我的"吹"字好，还是原文的"放"字好呢？

生22："放"字好，既写出了东风吹的特点，又写出了花开的形态，向外展开，形容灯火之多，如千树花开。

师：哦，对词的意境理解得不错。那么，我第二处错在哪儿呢？

生22："玉壶光转"，写成了"玉壶光照"。

师：是"转"字好还是"照"字好？

生22（边解释，边辅之以手势）："转"好，"转"不仅有"照"的意思，还写出了灯光的旋转，描绘出了灯月交辉的迷幻感。（学生鼓掌）

师：理解真精彩啊。那我第三处错在哪里呢？

（学生抢着指出，错在"那人却在宝马雕车处"。）

师：把"灯火阑珊"改成"宝马雕车"好不好？

生23（自动站起来）：不好，如是"宝马雕车"处，说明"那人"——这个女子，与那些人一样俗气。原词的"那人"是不同凡俗、自甘寂寞、孤高淡泊的，现在的"那人"是追求时髦、庸俗不堪的。

师：对了，诗人苦苦追寻的应该是一位超凡脱俗的、与众不同的美妙女子。正如《诗经》所说：蒹葭苍苍，白露为霜。所谓伊人，在水一方。溯洄从之，道阻且长。溯游从之，宛在水中央。

生24：诗歌的情感也变了，原来是意外的惊喜，这回是深深的失望。

师：对了，同学们对词的意境把握得很准。以上，我们通过背读，感受了词的语言的妙用，进一步感悟了词的形象美、意境美。下面，我们美读《青玉案·元夕》，品味词的独特意境。（教师出示幻灯片）

（四）美读《青玉案·元夕》，品味词的独特意境

师（出示美读幻灯片）：

青玉案·元夕

辛弃疾

（领读）东风夜放花千树，

（齐读）啊！花千树！花千树！花千树！

（领读）更吹落、星如雨。

（齐读）星如雨！星如雨！星如雨！

（领读）宝马雕车香满路。

（齐读）香满路！香满路！香满路！

（领读）凤箫声动，玉壶光转，一夜鱼龙舞。

（齐读）鱼龙舞！鱼龙舞！鱼龙舞！

（领读）蛾儿雪柳黄金缕，笑语盈盈暗香去。

（齐读）唉！暗香去！暗香去！暗香去！

（领读）众里寻他千百度，蓦然回首，

（齐读）耶！那人却在灯火阑珊处。

阑珊处！阑珊处！阑珊处！

师（指着幻灯片）：下面请一名同学领读，看哪名同学领读？

（生推荐刘宇泽来读。）

师：好，刘宇泽，站起来。

（其他同学齐读，教师辅之以手势，学生读得声情并茂，通过朗读，进一步领略了诗歌意境。）

师：这节课通过四个步骤探究了词的思想内涵，把握了词的感情基调，领略了词的语言妙用，品味了词的独特意境。

同学们，这是一首内涵十分丰富的词。每读《青玉案·元夕》，总有新感觉。有人读出它是一首艳遇诗，诗中主人公是一个青春萌动的少年；有人读出它是一首爱情诗，诗中主人公是一位对爱情专一执着的男子；有人读出它是一首爱国诗，诗中主人公对达官显贵纵情声色、寻欢作乐的无耻行为义愤填膺；有人读出它是一首讽喻诗，讽喻对象直指最高统治者，诗中主人公是一位为国家前途命运担忧的爱国者；其实还有人读出它是一首哲理诗，表达了人生的一种境界，或者一种哲理，这种境界或哲理是人生中超越时间空间的理解，任何时间、任何地点都是正确的。这节课讲到这里，下面布置作业（教师出示幻灯片）：

《青玉案·元夕》最后三句可谓是千古名句，正所谓"一千个读者就有一千个哈姆雷特"。每个人的生活阅历不同，对它的理解也都不一样。王国维先生在《人间词话》中曾这样认为：古今之成大事业、大学问者必经过三种境界：昨夜西风凋碧树，独上高楼，望尽天涯路；衣带渐宽终不悔，为伊消得人憔悴；众里寻他千百度，蓦然回首，那人却在灯火阑珊处。大人物成就大事业

要经历这样三种境界，那么我们普通人呢，要想取得成功是否也要经过这三种
境界？请大家结合自己的人生写一篇600字的文章谈谈感受。

四、《锦瑟》悬念教学实录

上课时间：2016年4月15日

上课地点：四楼考务室

上课班级：高一（19）班

听课教师：校内外共80多位教师。其中，广东省阳江市两阳中学40名语文
教师专程来深圳市第二高级中学听深圳市名师工作室主持人、语文特级教师何
泗忠老师的语文课。何老师为校内外师生献上了李商隐的朦胧诗《锦瑟》。

2016年4月15日，何泗忠老师（前排左7）与前来听课的广东省阳江
市两阳中学部分教师合影

师：今天，阳江市两阳中学40多名老师专程来我校听课，而且点名要听我
的课，我相信同学们一定能够展示我们深圳市第二高级中学学生的风采，让我
们以热烈的掌声欢迎校内外老师莅临课堂指导！（学生热烈鼓掌）

师：上课之前，我们先来听一首歌。（教师出示李商隐《无题》诗幻灯片）

无 题

相见时难别亦难，东风无力百花残。

春蚕到死丝方尽，蜡炬成灰泪始干。

晓镜但愁云鬓改，夜吟应觉月光寒。

蓬山此去无多路，青鸟殷勤为探看。

（教师接着播放《别亦难》一曲，同时用浑厚的男中音演唱，边演唱边打节拍，要学生一起唱，营造了一种凄美忧伤的课堂氛围，师生迅速进入课堂教学情境。）

师：这首歌好不好听啊？

生：好听！

师：是我唱得好，还是这首词写得好？

（生有说老师唱得好的，有说歌词写得好的；有说老师唱得好，歌词也写得好的。）

师：刚才我唱的这首歌，听起来凄美忧伤，一往情深，歌词就是我们看到的《无题》，这首诗是谁写的呢？

生（齐）：李商隐。

师：对了，作者是李商隐。（教师出示幻灯片）

李商隐（约813—约858年）晚唐诗人。字义山，号玉生。

师：对于唐朝诗人，大家认为最著名的是谁？

生（齐）：李白。

师：是的，大家会认为是李白或是杜甫吧。但是同学们，人们对于李商隐的评价其实也是挺高的啊！（教师出示幻灯并读幻灯片上的内容）

清朝吴乔："于李、杜后，能别开生路，自成一家者，唯李义山一人。"

师：李义山，就是李商隐。（再出示如下幻灯片，并读幻灯片内容）

李商隐不能说是最伟大的诗人，但我们可以说李商隐是对后世最有影响的唐代诗人，因为爱好李商隐的人比爱好李、杜、白诗的人更多。

师（指着幻灯片）：这可不是我说的哟，这是当代著名诗人、学者施蛰存说的。

师（拿出一本《唐诗三百首》）：在清代孙洙编选的这本《唐诗三百首》中，收入李商隐的诗作32首，数量仅次于杜甫（38首），居第二位，而王维入选29首、李白入选27首。这个唐诗选本在中国家喻户晓，由此也可以看出李商隐在普通民众中的巨大影响。

（教师通过烘托渲染法制造悬念，强化了李商隐在学生心目中的印象，大大激发了学生学习李商隐诗歌的兴趣。）

师：今天，我们就一起来学习李商隐的《锦瑟》。（教师出示李商隐《锦瑟》诗幻灯片）

锦瑟

李商隐

锦瑟无端五十弦，

一弦一柱思华年。

庄生晓梦迷蝴蝶，

望帝春心托杜鹃。

沧海月明珠有泪，

蓝田日暖玉生烟。

此情可待成追忆，

只是当时已惘然。

师：当一个诗人发表了一首诗以后，可能会引来众多粉丝与点评。深圳有一座塘朗山，有一位诗人，登了塘朗山后，写了一首诗歌——《周末登塘朗山》。（教师出示幻灯片并要学生齐读此诗）

周末登塘朗山

塘朗一长啸

清风万里春

拔山气盖世

豪气满乾坤

师：诗歌一发表，引来众多点赞，你们知道，这首诗歌的作者是谁吗？

（此处设置悬念，学生纷纷猜测，说出不少当代诗人的名字。）

师：这位诗人就是——何泗忠。（学生听说是老师自己，欢快地笑起来，听课师生纷纷鼓掌）他把诗歌放在朋友圈，结果许多人对其点赞，还有评论。（教师出示如下幻灯片）

中国移动 📶 🔋 10:57

← 朋友圈 📷

何泗忠
周末登塘朗山

塘朗一长啸
清风万里春
拔山气盖世
豪气满乾坤

18天前 删除

♡ 刘铁(海南), 吴从惠文敏 / 从惠, 冷小红, 宝中赵月琳, 张改河, 黄江红, 高志, 首燕子, 崛起学校陈勇, 谢宝章, 郑颖梅, 李爱林, 黄济民, 刘灿雷, 岑, 小向, 罕罕, 游周倩, 张美华, 黄校, 七高小陈, 何开泉

何泗忠: 周末登塘朗山

塘朗一长啸
清风万里春
拔山气盖世
豪气满乾坤

写快了,"拔"应为"拔"

刘铁(海南): 湘之气魄也!

木易: 👍👍

文亚杰: 这么好的景致怎么一人独赏?

何泗忠回复文亚杰: 文兄若来, 我陪你攀登。

何泗忠回复刘铁(海南): 谢谢夸奖

刘尚源: 何特雄风更胜当年!

首燕子: 风景不错

冰子: 诗人漫步 👍

princess陈丽: 第一张和第三张照片感觉是一体的, 布局好巧妙啊 👍

何泗忠回复刘尚源: 男人登山, 就是要有这样雄风啊!

何泗忠回复princess陈丽: 谢谢你的发现。

何泗忠回复冰子:

首燕子: 风景不错

冰子: 诗人漫步 👍

princess陈丽: 第一张和第三张照片感觉是一体的, 布局好巧妙啊 👍

何泗忠回复刘尚源: 男人登山, 就是要有这样雄风啊!

何泗忠回复princess陈丽: 谢谢你的发现。

何泗忠回复冰子:
一路春风一路景
一路登山一路诗

陈静: 何特老骥伏枥

何泗忠回复陈静: 还未气喘吁吁。

陈静回复何泗忠: 您是正值壮年

何泗忠回复陈静: 哈哈😊

龚志民: 何特生活优雅, 归于自然。

何泗忠回复龚志民: 知我者, 龚先生也。

龚志民: 生活美是众美之大成。

森林无边: 何特~恰同学少年

何泗忠回复森林无边: 王特的夸奖让我更年轻
😊😊😊

李克英: 你只会爬山, 哪能拔山😄😄😄

何泗忠: 总回复:
一首登山诗

龚志民: 何特生活优雅, 归于自然。

何泗忠回复龚志民: 知我者, 龚先生也。

龚志民: 生活美是众美之大成。

森林无边: 何特~恰同学少年

何泗忠回复森林无边: 王特的夸奖让我更年轻
😊😊😊

李克英: 你只会爬山, 哪能拔山😄😄😄

何泗忠: 总回复:
一首登山诗
众多点赞声
感谢各位朋友的点赞与评论
登山则情满于山
观海则意溢于海
昨天, 阳光明媚, 春色正好。
一路石阶一路绿
一路春花一路痴
一路游人一路笑
一路高歌一路诗
你们的点赞使我感动
你们的点赞是最美的春天

陈霞: 回复比原诗还要激情澎湃 👍

何泗忠回复陈霞: 谢谢鼓励!

众人的点赞和评论

（将生活引入教学，学生见到此幻灯片，兴致盎然，听课教师发出会心的微笑。）

师：你看，我还不是一个什么著名诗人吧，也赢得这么多点赞。同学们，李商隐发表诗歌，那就有好多粉丝啊！而且粉丝都是重量级的。他的《锦瑟》，更是赢得千百年来众多粉丝的点赞。（教师出示幻灯片）

若令举一首诗为中国诗之代表，可举义山《锦瑟》。若不了解此诗，即不了解中国诗。

——笔记《顾随诗词讲记》，中国人民大学出版社2006年版，第195页。

师（指着以上幻灯片）：这是著名学者叶嘉莹对李商隐《锦瑟》的评价。（教师出示幻灯片）

这是一个陷阱。这是一种诱惑。这是锦瑟的魅力。这是中华诗词的奇迹。这也是一种遐想，一种精神的梦游。

——著名作家王蒙

师（指着以上幻灯片）：这是著名作家王蒙对李商隐《锦瑟》的评价。今天，我们就来学习这首赢得众多点赞的诗歌。诗歌，是语言运用的最高艺术，下面我们采用朗读的方式，来学习这首诗歌。著名教育家夏丏尊说过——（教师出示幻灯片）

读，原是很重要的，从前的人读书，大多不习文法，不重解释，只知在读上用死工夫。他们朝夕诵读，读到后来，文字也自然通顺了，文义也自然了解了。

师：可见朗读对于读书是多么的重要。因此，我们今天采用以读为主的方式来学习这首诗歌。

（一）初读《锦瑟》，直观感受诗歌情调

师：古人读诗会摇头晃脑地读，下面，请同学们初读《锦瑟》，读出诗歌的原初感受，然后我会叫同学说说这种感受。

（学生响应教师召唤，在下面摇头晃脑地读起来，感情饱满，抑扬顿挫。）

师：刚才同学们十分投入地读了这首诗歌，下面请同学们读给同座位同学听一下，并互相评价。

（学生按照教师要求，兴致勃勃地读给同座位同学听，并认真评价，有的学生禁不住为对方鼓掌，教师走近学生，不时与他们交流。）

师：同学们自由读了这首诗，又读给同座位同学听了，好，下面我们请同学来说一说，这首诗给你的原初感受是什么。

（生纷纷举手，热烈响应教师召唤，有的学生把手举得高高的，生怕教师不能发现他而丧失表达的机会。）

师：好，你先说。

生1：有对时光流逝的怅惘。

师：我们知道李商隐写这首诗的时候应经是50多岁，有对华年的追思之感。

生2：写得很美，"庄生晓梦迷蝴蝶"，虽然是虚渺的，但依然很美丽。

生3：我觉得这是一首悲伤忧愁的诗。

师：哦，悲伤、忧愁。这是你最直观的感受。她这个感觉怎样？

生4：比较准确。但我觉得有些悲而不怨、哀而不伤。

师：感觉很准确。好，那请你按你的直观感受把这首诗歌读一下，好不好？

（生4读，读完，学生热烈鼓掌。）

师：她读得怎样？哪个同学评价一下？

生5：她读得温柔委婉，节奏比较舒缓。

生6：她把握住了诗歌的感情基调，读出了一种怅然若失的忧伤。

师：评价很中肯。她的确是读出了自己的原初感受。下面，我们叫一位男同学读一下，因为李商隐是男的哦！你来读。

（生7站起来读。）

师：大家注意观察一下，看他读时，开口度是大还是小，还是适中，也就是说嘴巴是张得大还是小，还是适中，好，你开始读吧！

（生7抑扬顿挫地读起来，感情十分投入，读完后，学生热烈鼓掌。）

师：他读得如何？

生8：别看他是位男同学，感情却十分温柔细腻，将我们带入了那种凄美忧伤的情境。

师：你的评价很准确，也很诗意。你注意观察没有？他读的时候，开口度是大还是小，还是适中？

生8：有时大，有时小，有时适中。

（生笑。）

师：从整体来看，张嘴是大还是小还是适中？

生8：整体来看，我觉得他开口度不大不小，比较适中。

师：你观察还是比较仔细。是的，他读这首诗时，嘴巴张得不大不小，确实是比较适中，这也是诗歌本身的韵脚决定的。诗人写诗，尤其是古代诗人写诗是讲究声韵的。李商隐这首诗，韵脚开口度都比较适中。（教师出示幻灯片）

弦xián、年nián、鹃juān、烟yān、然rán

师（指着幻灯片）：读这些韵脚时，嘴巴适度张开，即开口度比较适中，所以，李商隐写诗不是随意的，这种开口度适中的字眼就适合表达一种比较温婉哀伤的情感。开口度大的，适合表现一种豪情，一种兴奋的情感。（教师出示孟郊《登科后》幻灯片并让学生齐读）

> 昔日龌龊不足夸（kuā），
>
> 今朝放荡思无涯（yá）。
>
> 春风得意马蹄疾，
>
> 一日看尽长安花（huā）。

师（指着《登科后》幻灯片）：这首诗歌的韵脚，开口度是大还是小，还是适中？

生（齐）：开口度大。

师：对了，开口度大，我们根本不需要了解诗歌意思，只一读，就知道诗人的情感。那么，诗人的情感是什么？

生9：狂喜，有些得意扬扬，心花怒放。

师：感觉完全正确。这首诗是谁写的呢？是唐朝诗人孟郊。这首诗歌的标题是《登科后》，即诗人科举考中后，一种情感的流露。金榜题名，扬眉吐气，扬扬得意，欣喜若狂，自由自在，这一情感从诗歌韵脚夸（kuā）、涯（yá）、花（huā）的读音就可以体会到，这些字开口度都比较大。因此，著名学者朱光潜先生在《诗论》中说："情感最直接的表现是声音节奏，而文字的意义反在其次。文字意义所不能表现的情调常常可以用声音节奏表现出来。李商隐正是用这样的韵脚，将自己的悲情人生加以审美化，情调才悲而不淫、哀而不伤，所以韵脚字眼读音轻重程度居中，发声时开口合口程度居中。不是说随便选个字就放进诗歌中的，这里是有"来头"的。以上，我们通过初读诗歌，直觉感受了诗歌情调。"诗言志"是我国古代文论家对诗的本质特征的认识。"诗言志"即"诗是抒发人的思想感情的，是人的心灵世界的呈现"。下面我们再读诗歌，探究诗歌的思想内容。

（二）再读《锦瑟》，探究诗歌的思想内容

师：人教版这个诗歌单元挺有意思的，你们发现没有，就是每篇课文中，给每个诗人配了一幅画像。你们看，在《蜀道难》这篇课文中，教材就给李白配了一幅画像。（教师出示李白画像幻灯片）

李白画像

师（指着李白画像）：你们仔细观察一下李白的画像，说说李白的外貌气质如何。

生10：眉毛上扬，呈倒八字，很舒展。

师：嗯，观察仔细，很秀气。说得好。

生12：山羊胡须，很飘逸。

师：看起来有仙气。以上同学观察仔细，概括准确，这就是浪漫主义诗人的气质。我们再来看，在杜甫《登高》诗中也配有一幅杜甫画像。（教师出示杜甫画像幻灯片）

杜甫画像

师（指着杜甫画像）：你们再观察一下杜甫的外貌气质如何。

生13：眉毛紧锁，若有所思。

师：估计在忧国忧民。

生14：两眼深邃，饱含忧郁。

师：亏你看出来了。

生15：胡须错乱，饱经沧桑。

师：估计经历了安史之乱。杜甫确实是愁眉苦脸、一副悲天悯人的样子。同学们对两位诗人的外貌气质概括得很准确。李白是浪漫的，他面对蜀道，可以大喊一声："噫吁嚱，危乎高哉！"哎呀呀，这蜀道好高好高呀！这一呼喊，充满浪漫精神。杜甫是喊不出来的。杜甫是现实的，他只能是"万里悲秋常作客，百年多病独登台"。然而，古代没有照相机，文人的许多画像是根据他们的作品风格揣摩出来的。同样，教材在李商隐的《锦瑟》中配了李商隐的一幅画像。（教师出示李商隐画像幻灯片）

李商隐画像

师（指着李商隐画像）：有人说，这幅画像就是根据《锦瑟》一诗画出来的。下面，请同学们仔细揣摩李商隐画像，并用《锦瑟》中的诗句来描摹李商隐画像的神韵，好不好？想好后，同桌之间可以先讨论。

（教师采用图文对照法设置悬念，学生一下子被吸引住了。学生带着好奇心，认真钻研诗句，揣摩图画，不一会儿，各小组就兴致勃勃地商讨交流起来。听课教师为这样奇怪的教学设计而惊叹不已。约3分钟后教师叫学生回答问题。）

师：刚才同学们讨论很热烈，想必心中有了答案，下面，我叫同学来说一说，你是用《锦瑟》诗中的什么诗句来描摹李商隐画像的神韵的？

（学生纷纷响应教师召唤，举手回答教师提出的问题。）

生16：我觉得可以用"此情可待成追忆，只是当时已惘然"这两句诗。

师：你为什么用这两句诗来描摹李商隐画像的神韵？

生16（边说边演示）：画像中的李商隐身躯微微弯曲，背着手，侧着身。

师：被你这么一说，我感觉李商隐的双脚似乎要转动了。

生16：是的，这一转过来，就给人一种回首一看的感觉，这回首，好像是在追忆什么。这副神态，不正可以用"此情可待成追忆"来描摹概括吗？

师：言之有理，那"只是当时已惘然"从画像的哪儿可以看出呢？

生16：看李商隐回眸的眼神，他并不是像杨贵妃那样回眸一笑，而是眼神中有些迷惘，有些怅然若失的感觉。

师：所以对应了诗中的哪个地方？

生16：只是当时已惘然。惘然，就是怅然若失的样子。

师：你用这两句诗概括李商隐画像的神韵，有道理哟！不错。看看，还有不同说法吗？

生17：我反复揣摩，觉得用"锦瑟无端五十弦，一弦一柱思华年"来描摹概括李商隐画像神态更妥帖。

师：为什么要用这两句，你能说出道理吗？

生17："五十弦"，可以寓意李商隐已年过半百。

师：那画像中哪里体现了这一点呢？

生13：画像中的李商隐背部有些弯曲，可见年纪不小了。

师：人生七十古来稀，是不是，唔，从画像中隐约可以看出，李商隐好像经历了人世沧桑。李商隐写这首诗时，多大年纪啦？

生（齐）：46岁。

师：所以《锦瑟》是李商隐诗歌最后的辉煌。"五十弦"寓意年过半百，不错。那"锦瑟无端五十弦"中的"无端"是什么意思？

生17：无缘无故，没来由。

师：那"无端"二字反映了诗人内心的一种什么情绪？

生17：有点对光阴逝去的无可奈何的味道。

师：这与李商隐画像有什么联系吗？

生17：画像中的李商隐也好像在不断地摇头。

师：被你这么一说，看起来还真显出一副无可奈何的样子。那"一弦一柱思华年"与画像又有何内在联系呢？

生17："一弦一柱思华年"，"思"就是若有所思的样子。画像中李商隐回头一望，一副若有所思的样子，那是对华年，即年轻时美好事物的回忆。

师：哦，李商隐回首一望，呵，我快50了，是不是？回首一望，若有所思。你说得有道理。同学们，被他这么一说，我感觉用第一、二句诗来概括描摹李商隐画像就比较恰当了。看看，还有不同意见吗？

生18：我觉得第三、四句其实也可以。

师：为什么第三、四句也可以呢？

生18："庄生晓梦迷蝴蝶"，可以说是李商隐对美好事物的沉迷，对过去的怀念。

师："庄生梦蝶"，你知道用了什么写作手法吗？

生18：用了典故。庄周梦蝴蝶，蝴蝶梦庄周，有一种迷离、执着和向往。

师：那画中有体现庄周梦蝴蝶，蝴蝶梦庄周的意境吗？

生18：李商隐曾经像庄周梦蝴蝶一样，沉迷在对美好事物的追寻之中，那回眸的眼神，看上去也有些迷离、执着和向往。

师：说得很有道理，那"望帝春心托杜鹃"一句在画中有体现吗？

生18："托"，是有所期待、有所希望、有所托付的意思。画像中的李商隐伸长脖子，仿佛在期待什么、希望什么。

师："春心"在中国传统诗歌中所代表的，是一种浪漫而热烈的感情的萌动。"望帝春心托杜鹃"，这也是一种至死不休的执着，是一种如痴如狂的热情和希望。这位同学揣摩得很细腻。经她这么一说，我又觉得她有道理哟！看还有不同说法吗？

生19：我觉得用"沧海月明珠有泪，蓝田日暖玉生烟"概括更好。

师：你又有新看法，能说出理由吗？

生19：这两句中的"珠"和"玉"用了比喻。像李商隐这么好的人才，本是珍贵的明珠和美玉，却不被朝廷重用，怎能不流泪？

师：与这幅画有什么关系？

生19：看李商隐画像神态，有如怨如慕、如泣如诉的感觉。回头一望，眼神中蕴藏着苦闷与无奈之情，仿佛潸然泪下。

师：同学们，你们仔细看画，那眼中还真的有泪的样子。经他这么一说，我又感觉这两句能描摹李商隐画像的神韵。

生20：老师，我看诗歌中的每一句话，都好像能描摹李商隐画像的神韵，看什么，像什么。

师：是的，仔细观察，确实有道理，诗中的每句话都是对这幅画像的生动诠释。刚才，同学们的解读就证明了这一点。好，我们通过诗文配画像这个活动，就基本上把这首诗歌的字面意思弄清楚了。

（图文对照教学环节，因为创设的情境给了学生极大的自主创造空间，同时又有细化的要求作为导向，所以学生的学习既主动热烈又井然有序。）

师：那么，根据诗歌，再参照李商隐的神态，这首诗歌到底是写什么内容的，抒发了什么情感，从诗中读出了一个怎样的李商隐呢？

（学生积极响应教师召唤，纷纷说出自己的见解。）

生21：讲实话，这首诗歌，其实我没怎么看懂。

师：没怎么看懂，这就对了。没怎么看懂，说明你还是看懂了一些。说说你看懂的部分。

生21：我认为当时诗人比较迷惘，并且把这种情感用典故表达出来。

师：诗人对往事的迷惘和沧桑，这往事也可能是具体的某种往事。到底是指什么往事呢？这就引起读者许多猜想。正如鲁迅先生所说，一部《红楼梦》，"因读者眼光不同而有种种：经学家看见《易》，道学家看见淫，才子看见缠绵……"作家王蒙认为，像《锦瑟》这类诗"没有定解也就是可以有多种解"。他认为："情种从《锦瑟》中痛感情爱，诗家从《锦瑟》中深得诗心，不平者从《锦瑟》中共鸣牢骚，久旅不归者吟《锦瑟》而思乡垂泪。"所以，刚才同学说没怎么看懂，不光是你没怎么看懂，一些大家也说看不懂。例如，梁启超在《饮冰室合集》里说："义山的《锦瑟》说的什么意思我理会不着，我就觉得它美，读起来愉悦。须知美是多样化的，神秘的。"所以，刚才这位同学跟梁启超水平差不多。

（生笑。）

师：正所谓一千个读者就有一千个哈姆雷特。当然，要较好地理解这首诗歌，其实这里面还是有一把钥匙的，就是"庄生晓梦迷蝴蝶"这一句。庄生这里是指谁？

生（齐）：李商隐。

师：对了，这里作者把自己比作庄生，即庄周，用了"庄周梦蝴蝶"的典故。俗话说，日有所思夜有所梦，让李商隐魂牵梦绕的到底是什么东西？也就是所梦的蝴蝶到底象征什么？下面，请同学们闭上眼睛，趴在桌上，也做一个梦，给同学们1分半钟做梦时间，然后说说李商隐梦中的蝴蝶到底象征什么。

（教师采用情境法设置课堂悬念，这个奇怪的悬念设置顿时引起学生莫大的兴趣，学生们一个个趴在桌上，做着他们各自的蝴蝶梦。）

师：刚才，同学们都像李商隐一样，做了个蝴蝶梦，下面请同学们说说，刚才你在梦中产生了什么奇想，李商隐诗中的蝴蝶到底象征什么？

生22：我认为蝴蝶象征仕途，李商隐希望自己在仕途上像蝴蝶一样飞黄腾达。

师：是的，李商隐是一个十分有才华的人，他也曾努力过，但没有人帮助他，"望帝春心托杜鹃"，以悲剧结局，始终没有得到重用。

生23：我觉得蝴蝶象征自由，李商隐希望自己像蝴蝶一样自由翱翔，自由自在。

师：有道理，李商隐渴望自由，但他当时陷入牛李党争，无所适从。

生23：老师，什么是牛李党争？李商隐是如何陷入牛李党争的？

师：牛李党争是唐朝后期朝廷大臣之间的斗争，是以牛增儒为代表的牛党和李德裕为代表的李党之间的斗争，这场斗争持续40年之久。而这40年正是李商隐欲有所作为的时候，他一生在牛李两党的夹缝中求生存，但是最终受到两党的排挤，无所作为，就简单说这些吧。还有谁要说？

生24：我认为，蝴蝶象征青春年华，蝴蝶是美丽的，青春也是美丽的，但青春像蝴蝶一样，来无踪，去无影。

师：的确，蝴蝶是最美丽的昆虫，以其身美、形美、色美被人们誉为"会飞的花朵"，"庄生晓梦迷蝴蝶"，李商隐感叹时光易逝，不禁沉浸在对青春的美好的感伤的回忆之中。

生25：蝴蝶象征一位美丽的姑娘。"庄生晓梦迷蝴蝶"，是说李商隐对一位美丽的姑娘一生执着。

师：说得有道理，有些专家也是这样认为的。唐诗研究专家叶嘉莹先生认为，"庄周晓梦"句是说作者热恋上了一个女孩。"望帝春心"句说恋情的夭折与爱心的不死。据钟来茵先生考证，义山23岁于河南玉阳山东峰学道。而玉阳山西峰的灵都观里有一位姓宋的女道士，她本是侍奉公主的宫女，后随公主入道。宋姑娘年轻、聪明、美丽，因两峰之间的来往，很快就与义山双双坠入情网。后来，他们的爱情结果怎么样呢？

（这里教师采用故事法设置悬念，引起学生无尽的想象，学生在下面小声议论。）

师：他们恋情曝光后，男的被逐下山，女的被遣返回宫。但真诚的相恋，往往终生难忘。义山晚年在长安还与宋氏相逢……于是写下这首诗。其实，一些伟大的诗歌，会有一种召唤结构，不同的人，可以读出不同的意义。一首《锦瑟》诗，一道千古谜。历来无人能解，所以众说纷纭，莫衷一是。伟大的作品，往往给人以多种解读。这就是伟大诗歌的永恒魅力，不需要有很多的定解。《锦瑟》这首诗，其实还有其他的说法，如"人生说"。（教师出示幻灯片）

首联：看见锦瑟陷入回忆。

颔联："庄周晓梦"句说人生如梦（美），"望帝春心"句说人生如寄（短）。

颈联："沧海月明"句说人生如泪（悲），"蓝田日暖"句说人生如烟（幻）。

尾联：自始至终令人惘然若失。

师（指着幻灯片）：一首《锦瑟》诗，一道千古谜。著名学者季羡林先生说：义山诗辞藻华丽，声韵铿锵。有时不知所言何意，但读来仍觉韵味飘逸，意象生动，……诗不一定要求懂。诗的辞藻美和韵律美直接诉诸人的灵魂。以上，我们探究了诗歌的思想内容。下面，我们来探究诗人的情感世界。

（三）三读《锦瑟》，深入诗人的情感世界

师：现代文学史上曾流传这样一段佳话，北京大学的一位著名学者教授，一天在讲解《锦瑟》这首诗时，从开始到结束，一直在饱含感情地朗诵，整整一堂课，读得教授老泪纵横。读到最后教室里仅剩下寥寥几个学生，也已泣不成声。他们是李商隐的知音，估计他们读着读着，就走进了李商隐的情感世界。下面，我们也来走进李商隐的情感世界。首先，请同学们根据自己的理解对诗歌进行创造性朗读设计。

（学生热烈响应教师召唤，拿起课本轻轻地读起来，边读边在书上写写画画，纷纷设计自己的个性化朗读。）

师：刚才，我在下面看到了不少成功的、富于创造性的朗读设计，下面，我们请同学来展示一下，谁先来？

生26（深情地朗读自己设计的《锦瑟》）：

锦瑟无端五十弦，

一弦一柱，一弦一柱啊思华年。

　　庄生晓梦迷蝴蝶，啊！迷蝴蝶，

　　望帝春心，望帝春心——托杜鹃。

　　沧海月明珠有泪，

　　蓝田日暖玉生烟，玉生烟。

　　此情，此情可待成追忆，

　　只是，只是，当时已惘然。

　　（生26读着读着，泪流满面。她的朗读，感动了听课的全体师生，教室出奇的静，一会儿，全场爆发出热烈掌声。）

　　师：她的朗读为什么如此感人，她在设计时，进行了怎样的艺术化处理？

　　生27：加了叹词，同时用了停顿和反复来强化情感。

　　师：评价很准确，感受很深。刚才是一位女同学的创意朗读设计，看哪位男同学来一个？

　　生28（满怀感情地朗读）：

　　　　锦瑟无端

　　　　无端五十弦，

　　　　一弦一柱思华年。

　　　　　　　思华年。

　　　　庄生晓梦迷蝴蝶，

　　　　　　　迷蝴蝶，

　　　　望帝春心托杜鹃。

　　　　　　　托杜鹃。

　　　　沧海月明珠有泪，

　　　　　　　珠有泪，

　　　　蓝田日暖玉生烟。

　　　　　　　玉生烟。

　　　　此情可待——可待成追忆，

　　　　只是当时——当时已惘然。

　　（学生读得如怨如慕、如泣如诉，赢得听课师生的热烈掌声。）

　　师：朗读是一种再创造，他的设计又不同，哪个同学来说说他的设计特点？

　　生29：首先，他对一些重点字词进行反复强调，而且，这种强调比较整齐，具有一种对称美；其次，用了停顿，使诗歌有了一种抑扬顿挫的节奏美。这样处理很好地再现了李商隐的情感世界。

师：朗读精彩，评价同样精彩。十分欣赏《锦瑟》的梁启超是广东人，我们学过《记梁任公先生的一次演讲》，梁启超演讲用的是广东话，想必梁启超用广东话朗读《锦瑟》别有情趣，下面，我们也来叫一个同学用广东话朗读《锦瑟》，好不好？谁来读？

（由于深圳学生许多是广东人，这个创意设计正合学生趣味，学生纷纷举手，一男生自动站起来用广东话朗读自己的《锦瑟》创意设计，学生热烈鼓掌。）

师：他用广东话朗读别有风味。好，像《锦瑟》这样脍炙人口的诗歌高考是要背诵的。

（四）四读《锦瑟》，理解背诵名言名句

师：高考全国卷中，背诵也是理解性背诵，我出了一道高考题目，当然现在还没考。（教师出示幻灯片）

1.《锦瑟》中以锦瑟起兴，引起对华年往事的追忆的句子是"＿＿＿＿"。

2.《锦瑟》中表达"华年往事"如梦般凄迷、如杜鹃啼春般伤感的诗句是"＿＿＿＿"。

3.古代文人擅长借典故寄托情思，李商隐《锦瑟》中借鲛人泣珠和良玉生烟的典故抒写世间风情，迷离恍惚，可望而不可即的两句是"＿＿＿＿"。

师（指着幻灯片）：下面，我们一起来默写一下这些句子。你们在下面默写，我在白板上默写，看我能得多少分，你们可不要偷看我的默写哟。

（听课师生为教师的风趣幽默情不自禁地笑起来。）

（教师在白板上默写，故意将一些字写错，用故意错误法设置悬念，以引起学生注意。）

师（指着白板上默写的内容）：下面请同学们批改一下我默写的诗句，看我得了多少分。

生30：老师得了零分。

师：你为什么说我得零分。

生30：因为老师每句话里都有错别字。

师：说具体一点。

生30：老师将"锦瑟无端五十弦"的"弦"字默写成"炫"，将"一弦一柱思华年"的"弦"和"华"默写成"炫"和"花"，将"庄生晓梦迷蝴蝶"的"蝶"字默写成"碟"字，将"望帝春心托杜鹃"的"鹃"字默写成"娟"字，将"沧海月明珠有泪"的"沧"字默写成"苍"字，将"蓝田日暖玉生烟"的"蓝"字默写成"篮"字。

师：哦，我默写为什么会犯这样的错误？

生30：也许是因为这些字读音相近，字形也相近。

师：对了，我们汉字有大量的形声字，要弄清这些形近字和音近字的意义，最好弄清形旁，"弦""炫"，一个是"弓"，一个是"火"，前者与乐器有关，后者则是炫耀之意。

生30："蝶""碟"，一个是"虫"，一个是"石"，前者与昆虫有关，后者与光碟有关。

师：因此，同学们在默写的时候，要关注这些细微差别，才不会犯错。好了，对于《锦瑟》这首诗歌，有人把它改成像屈原楚辞的格式（教师出示幻灯片并手舞足蹈地读起来）：

锦瑟无端兮五十弦

一弦一柱兮思华年

庄生晓梦兮迷蝴蝶

望帝春心兮托杜鹃

沧海月明兮珠有泪

蓝田日暖兮玉生烟

此情可待兮成追忆

只是当时兮已惘然

师（指着幻灯片）：这样改好不好？

生31：不好，加上"兮"字显得太舒缓而悠闲，不适合表达淡淡忧伤的情感。

师：还有人把《锦瑟》改成五言诗。（教师出示幻灯片并读起来）

锦瑟五十弦

弦柱思华年

庄生迷蝴蝶

望帝托杜鹃

沧海月明珠

蓝田玉生烟

此情成追忆

当时已惘然

师（指着幻灯片）：这样改好不好呢？

生32：也不好，少了许多意象，缺少一种迷离感和梦幻感。

师：对了，所以，李商隐的诗歌是不能删改的，它是内容与形式的完美结合，可以说是一字值千金。下面请同学们再带着感情把李商隐这首诗歌齐读一遍。

（学生齐读，声情并茂，将诗歌鉴赏推向高潮。）

师：好，这节课讲到这里，同学们再见！

（这节课将教学内容陌生化处理，变陈旧为新颖，变枯燥为生动，变被动为主动。同时，又贴近学生的现实生活，将教学生活化。可以说，新课标的达成、良好教学效果的实现，总是与教师的创意密切相关的。事实证明，巧导才会有巧学。诗歌教学除了应重视朗读、品味、分析外，还应培养学生感悟、体验、想象、探究、创造、应用等能力，让学生既能读出个人的感受和理解，入情入境，又能提高创造与应用能力。这节课之所以能达成如此美妙的教学效果，最重要的是运用了悬念教学法。悬念教学法让学生感到其乐无穷。）

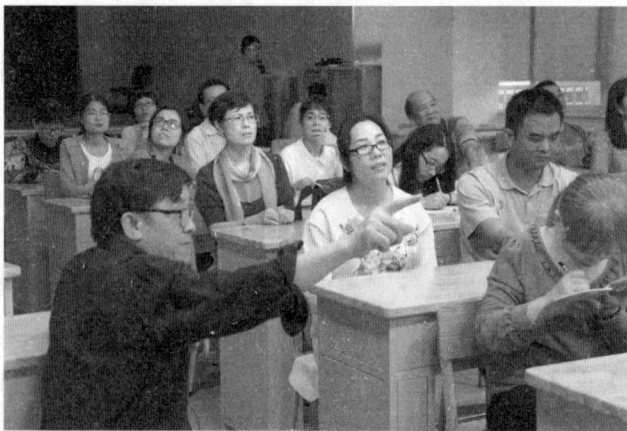

2016年4月15日，听完《锦瑟》一课后，两阳中学教师与
何泗忠老师热烈讨论悬念教学法

五、《登幽州台歌》悬念教学实录

上课时间：2018年3月29日

上课地点：广东佛山太平中学

上课班级：初一（16）班

听课教师：来自佛山市西樵镇各校教师共约120名

2018年3月29日，何泗忠老师应邀赴佛山太平中学推广语文悬念教学法，并采用语文悬念教学法上《登幽州台歌》观摩课

师：同学们，今天，我非常高兴能够来到佛山与同学们一起交流学习。今天，我想与同学们一起来学一首唐代诗人陈子昂写的诗歌——《登幽州台歌》，我认为，古诗文教学，从内容上来说，应该讲"一体四面"，即文言、文章、文学、文化。这节课，我将采用语文悬念教学法，从四个角度与同学们一道去把握这首诗歌。（教师出示幻灯片）

语文悬念教学法

（一）初读课文，从文章角度探究诗歌丰富内涵

（二）再读课文，从文学角度鉴赏诗歌意境形象

（三）三读课文，从语言角度品味诗歌节奏韵律

（四）四读课文，从文化角度挖掘诗歌登高情结

师：下面，我们先进入第一个环节。（教师出示幻灯片）

（一）初读课文，从文章角度探究诗歌丰富内涵

师：先请同学们在下面自由朗读诗歌，读准字音。一会儿，我会叫学生个别朗读。

（学生兴致勃勃地在下面自由朗读，2分钟后，纷纷举手要求朗读。）

师：看来同学们都非常积极，谁来读？好，你读，大家认真听，看字音读准了没有。

（一生站起来读：前不见古人，后不见来者。念天地之悠悠，独怆然而涕下。）

师：他读得怎样？发音正确吗？

生1：声音洪亮。

生2：口齿流利，但发音有错误。

师：哦，什么地方读音有错？

生2：一个是怆然的怆，他读成了cāng，应读chuàng。

师：嗯，听得仔细。还有一处呢？

生2：他把"涕（tì）下"念成了"涕（dì）下"。

师：是的，秀才念字可不能读半边啊！好，刚才同学们自由读了、又单独读了这首诗。下面，请同学们带着感情读，读时，可以配一些动作进行表演。同学们，我带来了手帕（教师挥手示意手帕），在读这首诗歌的时候，有一个地方可以用到手帕，下面，请同学们仔细揣摩这首诗歌，看哪个地方能用上手帕。2分钟后，我会叫同学上台表演的。

（此处以道具法设置课堂悬念，激发起学生强烈的学习兴趣，听课教师也为这个精彩的教学设计击节叫好。）

师：下面，我请一个同学读，并且叫两个同学上台表演（有两位男同学自愿上台），你们两人一人一块手帕，请同学们一起来评判，看哪个同学使用手帕准确到位。（当学生读到"独怆然而涕下"一句时，同学甲拿着手帕往鼻子上抹，同学乙则拿着手帕往眼睛上擦拭。听课师生笑得前仰后合。）

师：下面请同学们评判一下，他们中哪个手帕使用得准确到位。

生1：甲同学往鼻子上抹是对的。

师：为什么？

生1：因为"涕"，是"鼻涕"的意思。

生2：不对，乙同学往眼睛上抹才是对的。

师：哦，你说往眼睛上抹是对的，为什么？

生2：因为"涕"，是古今异义字，现在是"鼻涕"，鼻子里流出来的水，但在古代则是眼睛里流出来的水，是"眼泪"的意思。

师：对了，"涕下"，就是"流泪"，眼泪掉下来的意思。杜甫有诗"戎马关山北，凭轩涕泗流"，也是指泪流满面。如果是鼻子里流出来的水，诗人站在幽州台上，鼻涕流个不停，那多不雅观啊。好，现在同学们确认了，这个"涕下"，是"流泪"的意思。但我们平时流泪，经常有两种情况：一种是高兴得流泪，一种是悲伤得流泪，你们认为，陈子昂是属于高兴得流泪还是悲伤得流泪呢？

生3：悲伤得流泪。

师：你能从诗歌中找到依据吗？

生3：怆然而涕下，"怆然"，就是悲伤。

师：正确，"怆然"，就是悲伤的样子。你看，"怆"，这边是心字旁，与心情有关，如凄惨、忧伤，这边都有心字旁。那么，我再问问同学们，诗人登上幽州台，为什么会怆然、会悲伤、会流泪呢？陈子昂怆然、悲伤、流泪的原因是什么？下面请同学们仔细研读诗歌前三句，探究诗人悲伤流泪的具体原因。同座位的同学可以讨论，2分钟后，我会叫同学说原因，同学们知道多少说多少。（教师采用问题诱导法与倒叙追问法设置课堂悬念，学生跃跃欲试，纷纷讨论，2分钟后，学生作答。）

生4：我认为陈子昂是因为寂寞孤独而流泪。

师：何以见得？请说出理由。

生4：诗人登上幽州台，往前看，看不见古人，向后看，见不到来人，前后都没人，这不是很孤独寂寞吗？

师：当然，你说出了这两句诗歌的字面意思。那么，我问同学们，这里的"古人"指谁？"来者"指谁呢？同学们能猜出一些来吗？前后左右的同学可以相互讨论。

（学生响应教师召唤，展开热烈讨论，并提出了自己的看法。）

生5：古人，应该是指陈子昂时代以前的人、历史上的人；来者，应该是未来的人。

师：芸芸众生，历史上的人很多，未来的人也很多，当下的人也很多，为什么陈子昂会感叹说"前不见古人，后不见来者"呢？

生5：人生难得一知己，这些人，可能是陈子昂心目中的知己、知音。

师（明确）：你说得有一定道理，要弄清"古人""来者"的具体含义，这就要知人论事了，陈子昂这里登的是幽州台。（教师出示幻灯片）

幽州：古十二州之一，现今北京市。幽州台：战国燕国时期燕昭王所建的黄金台，因燕昭王将黄金置于其上而得名。燕昭王修建黄金台用于招纳贤才，很快就招到了郭隗、乐毅等贤能之人，国家迅速强大。

师：那么陈子昂是在什么情况之下登上幽州台的呢？我们再来看看陈子昂是个什么人和这首诗歌的写作背景。（教师出示幻灯片）

陈子昂，唐代诗人，是一个很有政治头脑和军事眼光的人，武则天当政时，契丹南侵，武则天派建安王武攸宜出兵抗敌，任陈子昂为参军。陈子昂提出的正确主张武攸宜都不予理睬，结果兵败，但武攸宜不思悔改，反而把失败的责任推到陈子昂身上。陈子昂内心无比痛苦，于是他独自一人来到附近的幽州台上，写下了这首诗。

师："前不见古人"一句五个字，"古人"应包括了燕昭王在内的许多古代贤王，前代的贤王见不着，后代的贤君等不到，空有治国安民的理想，终一生不得实现，这该是多么令人忧伤的事情啊！前不见古人，后不见来者，没有人赏识，没有知音，作者是多么孤独寂寞啊！前不见古人，后不见来者，在艺术上，这两句是从时间的角度表现主人公的孤独。不错，我们共同解读到了陈子昂流泪的一个原因，因寂寞孤独而流泪。还有流泪的原因吗？

生6：我认为陈子昂是因为生不逢时，怀才不遇而流泪。

师：请结合诗句谈谈你的理由。

生6："前不见古人，后不见来者"，这里的"见"，解释成"遇见"更恰当。

师：好家伙，与怀才不遇挂上钩了，继续说。

生6：我生在这个时代，遇不到古代燕昭王这样的贤君，生命有限，也遇不见像燕昭王这样贤明的来者。

师：陈子昂空有一身抱负，生不逢时，报国无门啊！因此作者悲愤得流泪，分析得很好。我们找到了作者流泪的第二个原因，因生不逢时、怀才不遇而流泪。还有原因吗？

生7：作者为宇宙无穷而人生渺小而流泪。

师：又是一个新发现，而且有哲理高度，从哪里看出来的？

生7：正如老师所说，第一、二句是从时间的维度来说宇宙的无穷，那么，第三句，则是从空间上来表现宇宙的无穷。

师：哪个词体现了空间的无穷？

生7：悠悠。悠悠，就是渺远的样子。诗人寂寞地站在幽州台上，感慨天地悠悠，而人生却是这样渺小短暂。

师：天地宽广，宇宙无穷，在广阔无垠的背景中，诗人登上幽州台，为生命短促而流泪。这与苏轼的名句"哀吾生之须臾，羡长江之无穷"有异曲同工之妙。同学们，我们通过师生互动探究出了陈子昂流泪的多种原因。我们再读课文，从文学角度鉴赏诗歌意境形象。（教师出示幻灯片）

（二）再读课文，从文学角度鉴赏诗歌意境形象

师：我来自深圳市第二高级中学。我们学校注重营造文化氛围，打造文化校园。我们学校开辟了一个文化长廊，文化长廊中有不少名人画像。请同学们猜猜看，这是谁的画像？（教师出示幻灯片，根据画像特点，生猜，有学生说是李白，有学生说是陶渊明。）

师：当然是李白，凭什么把李白画成这种神态？古代又没有照相机，那是根据这首诗歌画的。（教师出示诗歌：李白一斗诗百篇，长安市上酒家眠。天子呼来不上船，自称臣是酒中仙。）李白爱喝酒嘛！李白不是有一首诗歌吗？花间一壶酒，独酌无相亲。举杯邀明月，对影成三人。在我们学校文化长廊里，也有一幅陈子昂的画像，是我们学校的学生画的。现在，我也要同学们画画陈子昂。然而，陈子昂这个人，我们也没见过，古代也没有照相机、手机什么的给他们拍照留下照片，那么，我们凭什么来给陈子昂画像呢？有一句话，叫文如其人，现在请同学们根据陈子昂的这首《登幽州台歌》来为陈子昂设计画像，看陈子昂会是一个什么样的形象。请同学们拿出纸笔，来给陈子昂画一幅画像，并从外貌、动作、神态等方面来进行设计。

（教师在这里借用绘画艺术设置悬念，引起学生极大兴趣，同学们纷纷拿出纸笔，边研读诗歌，边给陈子昂画像。教师在学生中巡视，5分钟后，教师拿

183

出学生作品进行评论，看谁画得最像，然后出示艺术家作品。）

师：接下来，我们再进一步把握陈子昂形象，请同学们在陈子昂前面加定语，来丰富陈子昂的形象。例如，对李白，我可以这样加定语（教师出示幻灯片），一个飘飘欲仙的李白，一个才华横溢的李白，一个充满傲骨的李白，一个充满豪气的李白，等等。那么，请同学们根据《登幽州台歌》这首诗，给陈子昂加定语，看谁加得多，加得越多越好，当然不能无中生有，要在诗歌中找到依据。

（在这里，教师采用空白艺术，即填空法设置悬念，再次激发学生兴趣，学生再度研读诗歌，在下面加定语，5分钟后，学生纷纷举手回答问题。）

生8：我看到了一个孤独寂寞的陈子昂。诗人看不见前古贤人，古人也没来得及看见诗人；诗人看不见未来英杰，未来英杰同样看不见诗人。

师：说得好！挺有诗意的。谁还来说？

生9：我看见了一个怀才不遇的陈子昂。像燕昭王那样前代的贤君既不复可见，后来的贤明之主也来不及见到，他真是生不逢时。

师：真是可悲可叹的陈子昂呀！下一个。

生10：我看见了一个深沉思索的陈子昂。当我读这首诗的时候，眼前仿佛总有一位诗人的形象，他像一座石雕孤零零地矗立在幽州台上。那气概，那神情，有点像屈原，又有点像杜甫。他在那儿沉思，眼睛正凝视着无尽的远方。

师：哇，你的形象思维了得，将陈子昂的形象栩栩如生地展现在了我们的面前。

生11：我看见了一个仰望长天、俯视大地、潸然泪下的陈子昂。

师：真是一个顶天立地的陈子昂啊！

生12：我看见一个有着积极的人生追求，渴望实现自身理想而不得的陈子昂。

师：是的，诗人具有政治见识和政治才能，他直言敢谏，但屡受打击，理想破灭，孤寂郁闷。

生13：我看见了一个忧国忧民的陈子昂。当陈子昂登上幽州台的时候，举目四顾，古往今来多少历史兴亡的惨痛，一齐涌上心头。

师：同学们讲得真好。以上我们通过师生互动，从文学的角度鉴赏了诗歌的形象，看到了一个丰富饱满的陈子昂形象。下面，我们从语言的角度品味诗

歌的节奏韵律。（教师出示幻灯片）

（三）三读课文，从语言角度品味诗歌节奏韵律

师：在我的印象中，诗歌句式要整齐。你看，我们教材中选的五首古代诗歌，后面四首句式十分整齐，要么每句话都五个字，要么每句话都七个字，如《望岳》与《登飞来峰》。（教师出示幻灯片）

望 岳

杜 甫

岱宗夫如何？

齐鲁青未了。

造化钟神秀，

阴阳割昏晓。

荡胸生层云，

决眦入归鸟。

会当凌绝顶，

一览众山小。

登飞来峰

王安石

飞来山上千寻塔，

闻说鸡鸣见日升。

不畏浮云遮望眼，

自缘身在最高层。

师（指着幻灯片）：我们带着感情一起来齐读一遍《望岳》和《登飞来峰》。

（生兴致勃勃地齐读这两首诗歌。）

师：同学们，你们仔细看，这两首诗歌，句式整齐，《望岳》八句话，每句五个字，《登飞来峰》是四句话，每句七个字。但《登幽州台歌》句子却不整齐。（教师出示幻灯片）

登幽州台歌

陈子昂

前不见古人，

后不见来者。

念天地之悠悠，

独怆然而涕下。

师（指着幻灯片）：你们看，《登幽州台歌》前面两句五个字，后面两句六个字，我觉得这样不好。我这样改，去掉后面两句中的虚词"之"和"而"，句式就整齐了。（教师出示幻灯片）

登幽州台歌

陈子昂

前不见古人，

后不见来者。

念天地悠悠，

独怆然涕下。

师（指着幻灯片）：同学们，请你们在下面讨论一下，看到底是我改得好，还是陈子昂的原诗好。要说出理由。

（生响应教师召唤，在下面展开讨论，不一会儿，有学生举手回答问题。）

生14：老师改得好。

师：为什么改得好？

生14：改后句式整齐，这才更像诗歌，而且读起来朗朗上口。

生15：我觉得原诗好。

师：为什么说原诗好？

生15：因为原诗句式参差错落，节奏富于变化，更有利于表达诗人复杂的感情。

师：是的，我也认为原诗好，前两句音节比较急促，表达了诗人生不逢时的不平之气；后两节各增加了一个虚词，多了一个停顿，音节就比较舒缓流畅，而且强化了"悠悠"和"涕下"，更好地突出了一位胸怀大志而又不逢其

时、独立悲叹的动人的诗人形象，更好地表达了一种孤独悲愤、起伏强烈的慨叹之情。虚词不虚啊！（教师出示幻灯片）

陈子昂是唐诗革新的前驱者，主张诗歌要用恰当的形式去表现合适的内容。他倡导改变六朝到初唐的形式主义作风，一反初唐艳丽纤弱的诗风，而开盛唐朴素雄健的诗风，把诗歌引向朴实而具有真实生命的道路。《登幽州台歌》全诗直抒胸臆，气势磅礴，意境阔大，格调雄深，具有震撼人心的艺术魅力。

师：下面，请同学们摇头晃脑地朗读这首诗歌，要读出节奏，读出情感。（教师出示朗读幻灯片，学生摇头齐读）

师：好，以上我们从文章角度探究了诗歌的丰富内涵，从文学角度鉴赏了诗歌的意境形象，从语言角度品味了诗歌的节奏韵律，最后，我们从文化角度挖掘诗歌登高情结。（教师出示幻灯片）

（四）四读课文，从文化角度挖掘诗歌的登高情结

师：这个单元有五首古诗，我发现前面三首在内容上有一个共同的特点，尤其是《登幽州台歌》与《登飞来峰》。这个共同的特点，不看诗歌正文，只看诗歌标题就可以看出来，这个共同特点是什么？请同学们讨论一下。

（教师在这里运用诗歌标题设置课堂悬念，学生顿时产生兴趣，探究起来。）

生16：两首诗歌的标题都有一个"登"字。

师："对了，"登"是一个动作，是走路，我们用"登"来组词好不好？

生17：登山。

生18：登楼。

生19：登高。

生20：登峰造极。

生21：登堂入室。

师：刚才同学们所组的这些词有一个共同点，就是往高处走。《登幽州台歌》与《登飞来峰》，就是登高，登上了高处。《望岳》是杜甫写的，岳，是指泰山，杜甫写这首诗歌的时候，登上了泰山没有？

生（齐）：没有。

师：为什么没有？

生：因为是"望岳"。

师：是的，但他想登上泰山之巅，"会当凌绝顶，一览众山小"，"会"就是有朝一日。可见，陈子昂、王安石、杜甫，都有登高情结。其实，古代有许多诗人有登高情结，我们还学过一些什么登高的诗歌吗？

生：《登鹳雀楼》。

师：对了，我们来背一下。

（生齐背诵：白日依山尽，黄河入海流。欲穷千里目，更上一层楼。）

师：我们还学过王维的《九月九日忆山东兄弟》吧，独在异乡为异客，每逢佳节倍思亲。遥知兄弟登高处，遍插茱萸少一人。那么，中国古代文人为什么会有这种登高情结呢？登高具有深厚的文化渊源，是一种精神境界，是一种看待世界的视角。文人在现实生活中常常遭到贬斥，不得志，他们追求自由的理想境界，只有在登高望远的时刻才可以使自己饱受束缚的心灵得到暂时的释放，使自身获得片刻的自由。我心飞扬，不能与鸟同飞，也要站到离天更近的地方，去品味飞翔的快感。以上三首诗歌，都是诗人在失意、遭遇挫折时写的。《登幽州台歌》是陈子昂在怀才不遇、报国无门的时候写的，抒发的是作者孤独、寂寞、悲愤的情感。《望岳》是杜甫在唐玄宗开元二十三年（735年）到洛阳应进士，结果落第而归时写的。然而从这首诗来看，诗人没有灰心丧气，我们读诗，尤其要注意诗歌最后两句，这往往是画龙点睛之处。会当凌绝顶，一览众山小。有朝一日，我一定要登上泰山的顶部，傲视群雄，表现了作者的决心和追求，有超越万物之志向。《登飞来峰》的作者王安石是一个政治家、改革家，但由于触犯了权贵的利益，他的改革遇到重重阻力，但他不畏浮云遮望眼，反映了诗人为实现自己的政治抱负而勇往直前、无所畏惧的精神。

儒家思想倡导"达则兼济天下，穷则独善其身"，他们则是无论穷达，都要兼济天下。他们悲天悯人，他们精神崇高。

好，到此为止，这节课我们运用语文悬念教学法，从文章角度探究了诗歌的丰富内涵，从文学角度鉴赏了诗歌的意境形象，从语言角度品味了诗歌的节奏韵律，从文化角度挖掘了诗歌的登高情结。最后，请同学们全部站起来，昂起头，双目注视前方，美读一下这首诗歌。

好，这节课我们讲到这里。谢谢同学们！

六、《离骚》悬念教学实录

第一课时

师：上课之前，我们先来欣赏三副对联，这三副对联歌咏的是同一个人，他是中国古代一位著名的诗人，请同学们根据对联的意思想一想，看这些对联歌咏的到底是谁。（教师出示幻灯片）

第一副：何处招魂，香草还生三户地；当年呵壁，湘流应识九歌心。

第二副：天问千声悲故国，江咽万语吊斯人。

第三副：沉思高举洁白清忠，泪罗江上万古悲风。

生：屈原。

师：大家认为是屈原，你能根据这些对联说出理由吗？

生1：泪罗江上万古悲风。泪罗江，屈原最后是在泪罗江投江自沉的。

师：有道理。还有什么信息透露是写屈原的？

生1：沉思高举洁白清忠，屈原就是一个洁白清忠的人。

师：屈原当然是洁白清忠的人，但历史上洁白清忠的人可多啦。

生1：天问千声悲故国，悲故国，屈原爱国，为楚国的灭亡而悲伤。

师：当然可以，但李煜也悲故国啊，"故国不堪回首月明中"。

生2：第一副对联中，有"九歌"，第二副对联中有"天问"，《九歌》《天问》都是屈原的作品。

师：嗯，正确，你还知道得不少嘛。现在，我们通过同学们所说的几个信息，可以锁定这些对联是歌咏屈原的。关于屈原，我们还有一个传统节日与他有关，是什么节日？

生（齐）：端午节。

师：对的，可见，屈原在人们心目中的崇高地位。今天，我们要来学习屈原的一首诗歌《离骚》，在学习之前，我们先走近屈原，初步了解屈原。（教师出示屈原简介并读幻灯片上的内容）

屈原，我国历史上第一个伟大的爱国诗人，名平，字原，战国末期楚国人，杰出的政治家。"楚辞"的创立者和代表作者。他出身于楚国贵族，学识渊博，善外交辞令。在政治上他推崇"美政"，后来遭到群小的诬陷和楚怀王的疏远及顷襄王的放逐。顷襄王二十一年（前278年），秦将白起攻破郢都，屈原悲愤难挨，遂自沉汨罗江，以身殉了自己的政治理想。

屈原的代表作有《离骚》《天问》《九歌》等。屈原的出现，不仅标志着中国诗歌进入了一个由集体歌唱到个人独创的新时代，而且他所开创的新诗体——楚辞突破了《诗经》的表现形式，极大地丰富了诗歌的表现力，为中国古代的诗歌创作开辟了一片新天地。后人也因此将《楚辞》与《诗经》并称为"风骚"。"风""骚"是中国诗歌史上现实主义和浪漫主义两大优良传统的源头。"风骚"也因此成为文学的代名词。同时，以屈原为代表的楚辞还影响了汉赋的形成。

1953年，屈原被列为世界四大文化名人之一。另三位是波兰哥白尼、英国莎士比亚、意大利但丁，屈原受到全世界人民的隆重纪念。

（上课起始阶段，教师采用问题诱导法和烘托渲染法设置课堂悬念，使学生对屈原产生了无限敬仰之情，激发了学生学习屈原《离骚》的兴趣。）

师：今天，我们就来讲他的代表作《离骚》。我打算分六个步骤来讲授这首诗歌。（教师出示幻灯片）

初读《离骚》，咬准字音。

再读《离骚》，疏通句意。

三读《离骚》，品味情感。

四读《离骚》，把握形象。

五读《离骚》，探究手法。

六读《离骚》，背诵名句。

师（指着幻灯片）：下面，我们开始教学第一步。（教师出示幻灯片）

（一）初读《离骚》，咬准字音

1. 听录音，标注字音

师：《离骚》很难读，因此，我们首先听读，听名家朗读，同学们认真听，里面一些难读的字音，我都标出来了。（教师幻灯片展示难读字音）

余虽好（hào）修姱（kuā）以羁（jī/jì）兮

謇（jiǎn）朝谇（suì）而夕替

既替余以蕙纕（xiāng）兮

又申之以揽茝（chǎi）……众女嫉（jí）余之蛾眉兮

谣诼（zhuó）谓余以善淫……偭（miǎn）规矩而改错……

忳（tún）郁邑余侘傺（chà chì）兮……

宁溘（kè）死以流亡兮……鸷（zhì）鸟之不群兮……

忍尤而攘诟（gòu）……步余马于兰皋（gāo）兮……

制芰（jì）荷以为衣兮……高余冠之岌岌（jí）兮

师（指着幻灯片上难读的字音）：你们在听读时，要把这些字音标在课文上，这位朗读者读得挺好的。

（教师播放录音，学生认真听，边听边把难读的字音标在课文上。）

师：大家刚才都听得很认真，而且把难读的字音都标注在课文上了。下面请同学们自由朗读，读熟以后，你就摇头晃脑地读给同桌听一听。

（学生热烈响应教师召唤，先大声自由朗读，继而摇头晃脑地读给同桌听，通过这个教学环节，学生基本熟悉了课文。）

2. 读课文，语言连贯

师：下面我们叫一个同学到讲台上来读，按照他的理解来读，看哪个同学自告奋勇？

（生1上台读，学生热烈鼓掌。）

师：同学们，他读得怎样？

生2：读得还比较流畅，但节奏好像快了些，应适当缓慢一点。

师：的确如此，但不管怎么说，我们对课文还是比较熟悉了。下面，我们开始第二步。（教师出示幻灯片）

（二）再读《离骚》，疏通句意

师：教材上有一个题目，有感情地朗读课文，疏通句意。因此，我们再读《离骚》，疏通句意。同学们，我这里带来几样道具，两块手帕、两顶高高的帽子、两支画眉笔、两把宝剑。下面，我们来个表演朗诵，边读边配以动作。你们在朗读疏通句意的过程中，这些道具可以用到。也就是说，你们在表演朗诵时读到文中的某一句诗，可能就会用到手帕，某一句可能会用到帽子，某一句可能会用到画眉笔，某一句可能会用到宝剑。下面就请同学们认真研读《离骚》，看课文中那些诗句会用到以上道具。

（在这里，教师采用道具法设置课堂悬念，引导学生自己对着课文去疏通句意，避免了传统的由教师一句一句串讲、学生被动地听的陈旧的教学方法，学生对这个教学创意果然产生了浓厚的兴趣，他们对着注释，认真研读课文，有的同学还不断地用手比画，有的同学与同桌商量讨论，学生的思维被充分地调动起来了。)

师：刚才同学们认真研读了诗歌，我还看到同学在下面不断地比画表演，估计是在思考相应的地方使用什么道具。下面，我们全体同学朗读课文，同时，我们叫两位同学上台来使用我带来的道具进行表演，我带了两套同样的道具，一人一套。哪两个同学上来？

（同学们纷纷举手，并大声呼喊，都希望上来表演，最后，学生2和学生3两位男同学跑步走上了讲台，要求表演。)

师：好，下面就请同学们读，你们两个人认真听，你们现在是屈原，你们觉得在哪句诗歌中使用哪样道具，你们就表演起来，好不好？

（使用道具法设置悬念，使全体同学产生了浓厚的学习兴趣，学生认真读，台上学生则表演。当同学读到第一句"长太息以掩涕兮"时，台上的两位同学都拿起了手帕，但学生2是往鼻子上抹，学生3则往眼睛上抹。当同学读到"众女嫉余之蛾眉兮"时，台上的两位同学都拿起了画眉笔往眉毛上画。当同学读到"伏清白以死直兮"时，学生2拿起宝剑往脖子上一抹做倒地状，学生3没动。当同学读到"进不入以离尤兮，退将复修吾初服"这两句诗时，学生2又复活了，拿起帽子往头上一戴，但学生3还是没动。当同学读到"高余冠之岌岌兮，长余佩之陆离"这两句诗时，学生3戴起了帽子，佩上了宝剑。同学们边看表演，边听朗读，笑得前仰后合。)

师：刚才，同学们认真读了，两位同学也在台上表演了。下面，我们就请同学来评判，看两位同学哪个表演得更准确、更符合诗意。

生4：老师，我先来评判一下。两位同学都表演得惟妙惟肖，但张华（生3化名）同学使用道具表演更符合文本意思。

师：你举例说明，好吗？

生4：好的，就以拿手帕为例，当我们一开始读"长太息以掩涕兮，哀民生之多艰"时，两位同学都拿起了手帕，当然，在这个地方使用手帕都是对的，但吴辉（生2化名）同学是往鼻子上抹，张华同学是往眼睛上抹，我认为是张华同学抹对了。

师：为什么？你能说出道理吗？

生4："长太息以掩涕兮"的"涕"应该是古今异义字，在这里是"眼泪"的意思。整句诗的意思是长长地叹息、掩面哭泣啊，我哀叹老百姓的生活是多么艰难。吴辉往鼻子上抹，是把这个"涕"字理解成现在的"鼻涕"了。

师：对呀，"涕"，现在是鼻子里流出来的水，而在古代是眼睛里流出来的水，在古代，它是眼泪的意思。同学们，你们学过陈子昂的《登幽州台歌》吗？

生（齐）：学过。

（生齐背诵：前不见古人，后不见来者。念天地之悠悠，独怆然而涕下。）

师：这里的"涕下"，也是"流泪"的意思，你如果理解成鼻涕，诗人站在幽州台上，鼻涕直往下流，那诗人的形象多不美呀。（学生大笑）

（教师此处通过手帕这个道具设置悬念，学生自然对"涕"这个古今异义字刻骨铭心，同时，使课堂教学显得十分生动有趣，充分调动了学生的思维。）

生5：老师，我也来评论一下。当我们读到"伏清白以死直兮，固前圣之所厚"时，吴辉同学拿起宝剑往脖子上一抹，不对。

师：为什么不对？

生5：因为屈原是投江自沉的，不是刎颈而死的。

师：对的，估计你还看了司马迁的《史记》，屈原确实不是刎颈自杀的。那对"伏清白以死直兮"，你是怎样理解的呢？

生5：我认为，伏，是潜伏，清白，这里是代指清澈的水。

师：屈原潜到水里而死，是不是？

生5：是的，潜水而死，死得直挺挺。

师：死直，你的理解是死得直挺挺吗？

生5：人死了就会直挺挺。

师：看来，你的理解颇具想象力啊！不过，这里的"伏"是保持的意思。伏清白，是保持清白。死直，这个"死"字怎样翻译呢？你们初中时学过《陈涉世家》，里面有一句话："今亡亦死，举大计亦死，等死，死国可乎？""死国"怎样翻译呀？

生（齐）：为国而死。

师：对了，"死直"这里也是为动用法。你现在知道怎样翻译了吧。

生5：为正直而死。

师：呃，对啦。"伏清白以死直兮"，就是保持清白的节操，为正直而死啊。懂了吗？

生5：老师，我懂了。

师：好，对我们同学的表演还有要评论的吗？

生5：这里"伏清白"的"清白"，应该是指清澈的水。

师：你的理解很到位啊。还有哪位同学评论评论？

生6（迫不及待地）：当我们读到"进不入以离尤兮，退将复修吾初服"这两句诗时，吴辉同学拿起帽子往头上一戴，也不对。我认为，张华同学在我们读到"高余冠之岌岌兮，长余佩之陆离"这两句诗时，戴起帽子、佩上宝剑是对的。

师：那这两句诗的意思是什么？你能翻译一下吗？

生6：戴上我高高的帽子啊，佩上我长长的宝剑。

师：高高的、长长的，在原句中哪有体现呢？

生6："岌岌"就是高高的意思，"陆离"就是长长的意思。

师：正确，其实这个句子还是个特殊句式。同学们想一想，会是个什么特殊句式呢？

（生或沉思或讨论。）

生6：定语后置句，按我们现代汉语的习惯应该是"高余岌岌之冠兮，长余陆离之佩。"

师：你的评论正确，而且对诗句的理解也十分到位。（教师指着戴上高帽、佩上宝剑的张华同学）"高余冠之岌岌兮，长余佩之陆离。"同学们，你们说，他像不像教材上画的那个屈原啊！（教师出示教材中屈原画像的幻灯片）

屈原画像

师：同学们，屈原是一个大帅哥，他不仅内美，而且外美，穿着打扮都很讲究。同学们，这是疏通句意的第一步工作，下面，我们采用另一种方法来进一步疏通句意。屈原这首诗歌属于楚辞，句子有长有短。但我们可以把它改成五言诗，甚至四言诗。譬如将"长太息以掩涕兮，哀民生之多艰"变成五言诗，同学们看看怎么改？

生7：太息以掩涕，民生之多艰。

生8：我的改法是"长太息掩涕，哀民生多艰"。

师：同学们都改得不错，但他们两个的改法，谁的更好？

生9：我认为后面的改法更好。前面的改法，尽管成了五言，但我觉得还是改变了一些意思，要尽量保留诗歌原意。我们该删去的应是"而""兮""之"等虚词。

师：同学们说得真好。我们把《离骚》变成五言或四言，要尽量保留原意，办法主要是删去一些虚词等。可不可以将"长太息掩涕，哀民生多艰"改成四言呢？

生9："太息掩涕，民生多艰。"

生10："太息掩涕，哀民多艰"更好。

师：确实，"太息掩涕，哀民多艰"更好，因为它保留了更多原意。好，下面请大家按照刚才同学所提到的原则和方法将课文《离骚》全部改成五言诗，然后改成四言诗，如果改完了的话，这首诗歌的字面意思就基本上弄懂了。好不好？

（此处教师采用删减字词法设置课堂悬念，学生面对这个挑战，学习兴趣空前高涨，再度认真钻研诗歌，同时拿起笔来删改，将诗歌先改成五言诗，在五言诗的基础上，再改成四言诗。）

师：刚才同学们都在认真删改，下面，我们用投影仪来展示一下同学们的作品。看谁愿意先把自己的作品展示出来。

（学生热烈响应教师召唤。）

生11：我来晒晒我改写的《离骚》第一段，请老师和同学批评指正。（学生用投影仪展示原作及自己的作品）

原作	五言	四言
长太息以掩涕兮，	长太息掩涕，	太息掩涕，
哀民生之多艰。	哀民生多艰。	哀民多艰。
余虽好修姱以鞿羁兮，	好修姱鞿羁，	好修鞿羁，
謇朝谇而夕替。	朝谇而夕替。	朝谇夕替。
既替余以蕙纕兮，	替余以蕙纕，	替余蕙纕，
又申之以揽茝。	申之以揽茝。	申之揽茝。
亦余心之所善兮，	余心之所善，	余心所善，
虽九死其犹未悔。	九死犹未悔。	九死未悔。
怨灵修之浩荡兮，	怨灵修浩荡，	灵修浩荡，
终不察夫民心。	终不察民心。	不察民心。
众女嫉余之蛾眉兮，	众女嫉蛾眉，	女嫉蛾眉，
谣诼谓余以善淫。	谣诼余善淫。	谣诼善淫。
固时俗之工巧兮，	固时俗工巧，	时俗工巧，
偭规矩而改错。	偭规矩改错。	偭矩改错。
背绳墨以追曲兮，	背绳墨追曲，	背绳追曲，
竞周容以为度。	竞周容为度。	周容为度。
忳郁邑余侘傺兮，	忳郁邑侘傺，	郁邑侘傺，
吾独穷困乎此时也。	独穷困此时。	穷困此时。
宁溘死以流亡兮，	宁溘死流亡，	宁死流亡，
余不忍为此态也。	不忍为此态。	不忍此态。
鸷鸟之不群兮，	鸷鸟之不群，	鸷鸟不群，
自前世而固然。	前世而固然。	前世固然。
何方圜之能周兮？	何方圜能周？	方圜能周？
夫孰异道而相安？	孰异道相安？	异道相安？
屈心而抑志兮，	屈心而抑志，	屈心抑志，
忍尤而攘诟。	忍尤而攘诟。	忍尤攘诟。
伏清白以死直兮，	伏清白死直，	伏清白死，
固前圣之所厚。	固前圣所厚。	前圣所厚。

生12：我也来晒晒我改写的，我改的是《离骚》第二段。请老师和同学们

196

批评指正。（学生用投影仪展示原作及自己的作品）

原作	五言	四言
悔相道之不察兮，	悔相道不察，	相道不察，
延伫乎吾将反。	延伫吾将反。	延伫吾反。
回朕车以复路兮，	回朕车复路，	朕车复路，
及行迷之未远。	及行迷未远。	行迷未远。
步余马于兰皋兮，	步余马兰皋，	步马兰皋，
驰椒丘且焉止息。	驰椒丘止息。	驰椒丘止。
进不入以离尤兮，	进不入离尤，	不入离尤，
退将复修吾初服。	复修吾初服。	修吾初服。
制芰荷以为衣兮，	制芰荷为衣，	芰荷为衣，
集芙蓉以为裳。	集芙蓉为裳。	芙蓉为裳。
不吾知其亦已兮，	不吾知亦已，	不吾知已，
苟余情其信芳。	苟余情信芳。	余情信芳。
高余冠之岌岌兮，	高余冠岌岌，	余冠岌岌，
长余佩之陆离。	长余佩陆离。	余佩陆离。
芳与泽其杂糅兮，	芳与泽杂糅，	芳泽杂糅
唯昭质其犹未亏。	唯昭质未亏。	昭质未亏。
忽反顾以游目兮，	忽反顾游目，	反顾游目，
将往观乎四荒。	将往观四荒。	往观四荒。
佩缤纷其繁饰兮，	佩缤纷繁饰，	缤纷繁饰，
芳菲菲其弥章。	芳菲菲弥章。	芳菲弥章。
民生各有所乐兮，	民生各有乐，	民生各乐，
余独好修以为常。	余好修为常。	余修为常。
虽体解吾犹未变兮，	体解吾未变，	体解未变，
岂余心之可惩？	岂余心可惩？	余心可惩？

（两位同学展示完自己的作品后，还有一些学生也展示了自己的作品，学生要做出这个作业，必须认真研读理解每一句诗歌，弄清哪些字词无关紧要，删去后不会影响诗歌意思的表达，哪些是关键字词，绝不能删。教师通过删减字词法设置悬念，极大地调动了学生的学习积极性，使学生深度卷入课堂

教学。）

师：以上，通过道具法和删减字词法设置悬念，我们一道疏通了文意，下面，我们在基本弄懂诗歌句意的基础上，来品味诗歌情感。（教师出示幻灯片）

（三）三读《离骚》，品味情感

前面，我们通过使用道具法和删减字词法设置悬念，疏通了《离骚》句意，下面，我们来进一步走进屈原的情感世界，走进《离骚》的情感世界，让我们通过读的方法来品味《离骚》情感。我们采用下面的读法，《离骚》中，出现频率最多的是哪个词？（生答"兮"）对了，是"兮"字，下面，请同学们分两次读《离骚》，第一次，完整地照原文读，第二次，请同学们在读的时候把"兮"字全部去掉，也就是不读"兮"字，然后比较一下，读有"兮"字的《离骚》和读没"兮"字的《离骚》，给你什么不同的感觉，读的过程中，你可以摇头晃脑，好不好？

（此处教师通过比较朗读法设置课堂悬念，学生感到非常有趣有味好玩，兴致盎然地读起诗歌来，自己读完后，还读给同桌听。）

师：下面请同学们谈谈两种读法的感受，谁先说？

生12：读有"兮"字的《离骚》有味，读没"兮"字的《离骚》没味，读有"兮"字的《离骚》更"骚"，读没"兮"字的《离骚》太平淡。

（生大笑。）

师：嗯，他说出了自己的感受，这个感受好像还挺准的。

生13：读有"兮"字的《离骚》我能摇头，读没"兮"字的《离骚》我没法摇头。

（生大笑。）

生14：读有"兮"字的《离骚》才像《离骚》，读没"兮"字的《离骚》不像《离骚》。

师：我也有你们这种感觉。不错。

生15：读有"兮"字的《离骚》，感情能得到充分的舒展；读无"兮"字的《离骚》，感情无法释放。

师：同学们越说越深入到诗歌情感世界了。"兮"字，没有什么实际意义，但对感情的表达却是很有用的。"兮"字相当于现代汉语中的哪个词？

生（齐）：啊！

师：对了！相当于现代汉语中的"啊"或"呀"字，"啊""呀"字是虚词，但虚词不虚，它对感情的表达是很有作用的。譬如说，我登上长城，赞美长城的雄伟壮观，说"长城多美啊！"与说"长城多美"，哪一句更能表达对长城的赞美之情呢？

生16：显然是有"啊"的一句。

师：因此，正如同学们所说，有"兮"字的《离骚》更有韵味，更像《离骚》。如果《离骚》中没有"兮"字，虽然不影响诗歌意义，但会影响诗歌的形式，也会影响诗歌的情感表达，所以《离骚》中的"兮"具有一定的作用。一是具有加强语气的作用。《离骚》中的"兮"虽然没有实在的意义，但可以加强诗歌的语气。《离骚》中的"兮"大多可以翻译成"啊"，表达作者浓烈的情感。二是具有音乐美，读起来朗朗上口。（教师出示幻灯片，揭示楚辞特点）

楚辞是具有地方色彩的文学样式，是屈原、宋玉等诗人创造出的一种诗歌形式。尤其应注意到诗中所大量使用的虚词"兮"，可视为一种重要的标志。这些诗歌运用楚地的诗歌形式、方言声韵，描写楚地风土人情，具有浓厚的地方色彩。

师：现在，请同学们假设自己是屈原，带着情感摇头晃脑地再读一下《离骚》。

（教师边读"长太息以掩涕兮，哀民生之多艰"边摇头示范，学生见后，也开始兴致盎然地读起《离骚》来，诵读十分投入，读得波澜起伏。）

师：下面我们来请一位同学有感情地朗读一遍《离骚》。

（生17自动站起来，学生热烈鼓掌。）

师：好，下面我们就听他读，认真听，看他感情基调把握得怎样，节奏把握得怎样。

（生17声情并茂地读起来。）

师：他读得怎样？谁来评论一下。

生18：读得很好，在理解诗句含义的基础上读出了感情，把握了《离骚》的感情基调和节奏。

师："兮"字相当于现代汉语中的语气词"啊"，读音要延长一些，这些，他都把握得很好。他确实读得挺棒。读出了诗人在遭受屈辱之后的悔恨和愤懑，读出了诗人在"众女"种种丑态面前所表现出的高昂气节，读出了诗人在崇高理想面前所表现出的一往情深。同学们，这节课，我们通过初读《离骚》咬准字音，再读《离骚》疏通句意，三读《离骚》品味情感三个步骤，弄清了《离骚》的字音，疏通了《离骚》的句意，品味了《离骚》的情感，下节课，我们将从分析《离骚》抒情主人公的形象入手，进一步学习鉴赏《离骚》。这节课讲到这里，谢谢同学们！

第二课时

同学们，上节课，我们通过反复阅读，弄清了《离骚》的字音、句意，品味了《离骚》的情感，这节课，我们从分析诗歌抒情主人公形象入手，进一步学习鉴赏《离骚》。

（四）四读《离骚》，把握形象

师：同学们，《离骚》塑造了一个什么样的抒情主人公形象？也就是一个什么样的屈原？下面，请同学们思考，思考完后，同座位的同学可以交流讨论。

（在学生疏通了文意和把握了诗歌情感基调的基础上，教师在此用问题诱导法设置悬念，引导学生鉴赏诗歌形象，学生再次研读诗歌，同时概括屈原形象特点，同座位同学交流讨论。）

师：刚才看到同学们概括屈原的形象特点，讨论也十分热烈，下面，谁来说说，诗中抒情主人公有什么特点？

生20：屈原忧国忧民。

师：从哪里可以看出他忧国忧民？

生20：长太息以掩涕兮，哀民生之多艰。他为老百姓的艰难而落泪。

师：是的，屈原是一个情系祖国、心系人民的诗人。祖国、人民的苦难就是诗人的苦难，祖国、人民的悲哀就是诗人的悲哀。

生21：屈原坚持正义、刚毅不屈。

师：有依据吗？

生21："亦余心之所善兮，虽九死其犹未悔"，为了理想，即使粉身碎骨也在所不惜。

师：你定位很准确，屈原坚持内心所珍爱的东西，九死一生也绝不改悔！

生22：志趣高洁的屈原。

师：从哪儿看出的？

生18：制芰荷以为衣兮，集芙蓉以为裳。屈原用荷花做衣服，用莲花做裤子。

师：对了，在中国传统文化中，荷花是高洁的象征，出淤泥而不染。同学们，从他的穿着打扮可以看出他是一个品行高洁的人。刚才，我们通过师生互动，基本把握了屈原的形象。（教师出示幻灯片）

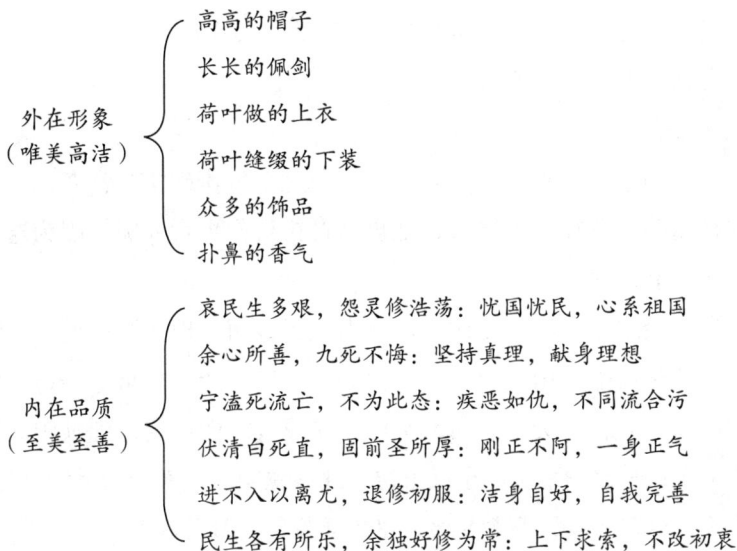

外在形象
（唯美高洁）
- 高高的帽子
- 长长的佩剑
- 荷叶做的上衣
- 荷叶缝缀的下装
- 众多的饰品
- 扑鼻的香气

内在品质
（至美至善）
- 哀民生多艰，怨灵修浩荡：忧国忧民，心系祖国
- 余心所善，九死不悔：坚持真理，献身理想
- 宁溘死流亡，不为此态：疾恶如仇，不同流合污
- 伏清白死直，固前圣所厚：刚正不阿，一身正气
- 进不入以离尤，退修初服：洁身自好，自我完善
- 民生各有所乐，余独好修为常：上下求索，不改初衷

屈原形象结构图

师（指着幻灯片）：首先，他有着唯美高洁的外部形象特征。戴着高高的帽子，佩着长长的宝剑，荷叶做的衣裤，优美芳香；其次，他有至善至美的内在品质，"亦余心之所善兮，虽九死其犹未悔"。可以说，屈原是一个理想崇高的志士、顽强抗争的斗士、品行端洁的高士、眷恋祖国的诗人。

生23：老师，我有些奇怪，屈原为什么将自己打扮得像女人，如"蛾眉"呀，"佩缤纷其繁饰兮，芳菲菲其弥章"呀？

师：你提的问题的确有趣，诗人的确有女性化情结。他有些自恋，他有点像古希腊的美少年，经常在水边照自己。这里就涉及《离骚》写作手法的问题

了。下面，我们开始探究《离骚》的写作手法。（教师出示幻灯片）

（五）五读《离骚》，探究手法

师：刚才同学们提到屈原有女性化倾向，什么蛾眉呀、花呀、草呀的。先请同学们找找看，诗歌中有哪些带花呀草呀的句子。

（学生响应教师召唤，再次研读文本，寻找诗中带花草的句子，几分钟后，学生开始回答问题。）

生24：我找到的是"既替余以蕙纕兮，又申之以揽茞"。

生25："步余马于兰皋兮，驰椒丘且焉止息。"

生26：我找到"制芰荷以为衣兮，集芙蓉以为裳"。

生27：我找到的是"佩缤纷其繁饰兮，芳菲菲其弥章"。

师：还有拈花惹草的句子吗？

（生笑答没有了。）

师：从刚才同学们找到的句子来看，屈原这个打扮确实非常奇怪。为什么采花草，并把这些花草往身上佩戴，把自己打扮得像个女人呢？因为这里的花草和女人有一种象征意义。

以"众女嫉余之蛾眉兮"为例，这里出现了蛾眉，现在不是说美眉吗？都是指女孩呀。这是借喻，用蛾眉来比喻美好的品质。众女是指那些诽谤的人，美人是指屈原。美人长得美，众女嫉妒他，屈原有才能也会遭到嫉妒。屈原创造了香草和美人这个比喻系统。东汉王逸对此有说明。（教师出示幻灯片）

善鸟香草，以配忠贞，恶禽臭物，以比谗佞，灵修美人，以媲于君。

师（指着幻灯片）：本诗运用了这种比喻手法。"香草美人"比喻其高尚的品德。这个香草美人对以后的文人影响甚大，自屈原以来，"香草美人"就已经成为高洁人格的象征。以上，我们从诗歌内容、诗歌写作手法的角度鉴赏了《离骚》，下面，我们进行诗歌鉴赏的最后一步教学。（教师出示幻灯片）

（六）六读《离骚》，背诵名句

同学们，古诗文默写，是高考考查的必考题，广东卷与新课标卷都考。像《离骚》这样的名篇，有许多值得背诵的名言名句。2015年的新课标卷默写第一小题就考了《离骚》。（教师出示幻灯片）

2015年新课标卷：10.补写出下列句子中的空缺部分。（6分）

（1）在《离骚》中，屈原诉说自己曾因佩戴草而遭到贬逐，也曾被加上采摘白芷的罪名，但他坚定地表示："_____。"

师（指着幻灯）：全国卷属于理解型、情境型的背诵。你仅背出《离骚》还不一定能做出来，要理解前面提供的情境——屈原诉说自己曾因佩戴草而遭到贬逐，也曾被加上采摘白芷的罪名——才能做出此题。这里应该填上——

生：亦余心之所善兮，虽九死其尤未悔。

师：好，下面我们针对《离骚》来进行理解性背诵。（教师出示幻灯片）

师：《离骚》一文中以博大的胸怀，对广大劳动人民寄予深深同情的语句是_____。

生（齐）：长太息以掩涕兮，哀民生之多艰。

师：《离骚》中写自己虽崇尚美德、约束自己，却因劝谏遭到贬黜的两句是_____。

生（齐）：余虽好修姱以鞿羁兮，謇朝谇而夕替。

师：诗人直抒胸臆、表白心志，写自己对美好德行的追求、至死不改的句子是_____。

生（齐）：亦余心之所善兮，虽九死其犹未悔。

师：表明作者在黑暗混乱的社会中烦闷失意，走投无路的两句是_____

_____。

生（齐）：忳郁邑余侘傺兮，吾独穷困乎此时也。

师：表明作者宁可死去，也不会和世俗小人一样媚俗取巧的两句是____

_____。

生（齐）：宁溘死以流亡兮，余不忍为此态也。

师：用方圆不相合说明自己和世俗小人不相容的两句是_____。

生（齐）：何方圜之能周兮，夫孰异道而相安？

师：用"蕙"和"茝"象征美好的理想和品德，以此表示自己的政治主张的句子是_____。

生（齐）：既替余以蕙纕兮，又申之以揽茝。

师：用比喻的手法，写出自己才能优秀却遭到嫉妒和造谣中伤的句子是_____。

生（齐）：众女嫉余之蛾眉兮，谣诼谓余以善淫。

师：表明自己愿意为正义的事业而献身的崇高理想的句子是_____

——。

生（齐）：伏清白以死直兮，固前圣之所厚。

（此处采用填空法设置课堂悬念，幻灯片先出示情境，再由同学们背诵，学生兴致很高。）

师（总结）：《离骚》一诗，我们采用悬念教学法，通过"初读《离骚》咬准字音、再读《离骚》疏通句意、三读《离骚》品味情感、四读《离骚》把握形象、五读《离骚》探究手法、六读《离骚》背诵名句"六个步骤进行了全方位的解读。我们掌握了有关屈原和楚辞的文学常识，疏通了文意，鉴赏了诗人行为高尚、品格圣洁、忧国忧民的完美形象，理解了诗歌比喻、象征为主的表现手法及其与作者理想的关系。下面，布置作业。（教师出示幻灯片）

浪漫幻境中的求索既是屈原内心冲突、苦闷的象征，也是他坚贞执着的顽强人格的展现。对国家真挚深沉的爱和对自我高洁人格的坚持，使屈原始终坚守理想，生死以之，最终以死殉志。对于屈原的自沉汨罗江，你有什么看法？

好，这一课，我们就学到这里。谢谢同学们！

七、《春夜宴从弟桃李园序》悬念教学实录

上课时间：2013年12月20日

上课地点：珠海市二中

上课班级：高一（18）班

听课教师：珠海市语文教师约120人

师：珠海这个地方，是我魂牵梦绕的地方。这是我第六次踏进珠海这片神奇的土地，第三次来到珠海二中。我感到非常高兴，尤其是能与珠海二中高一（18）班的同学一起学习，更是高兴。今天，我们就一起来学习一篇古代散文，这篇散文就是唐代大诗人李白的《宴从弟桃李园序》。李白不仅是一位天才诗人，也是一位散文大家，他左手写诗，右手写散文，这篇散文写得十分优美。一谈到学习美文，我就记起了北京大学教授温儒敏先生的一段话。（教师出示如下幻灯片，并让学生齐读这段话）

教学诗词或散文，要注意"涵泳"，要注意朗读，朗读是一种浸润式习得，没有反复的朗读，那情味就出不来，语感就出不来。这是语文教学的最佳境界。

师：同学们读得真好，已经开始进入境界了。大诗人李白笔下的这篇散文，是放在粤教版选修2第四单元中的。这一单元选的都是一些脍炙人口的赋和骈文，如王勃的《滕王阁序》，苏轼的《后赤壁赋》等，这种文体行文似散文，押韵似诗歌，充分体现了汉字的对称美、建筑美和典雅美。因此，学习这样的美文时，既要反复品味作品本身的内涵美，也要关注作品外在形式的节奏美、韵律美等。因此，我们今天从朗读的角度，分四个朗读的层级来学习这篇散文，在朗读中说，在朗读中悟，在朗读中问，在朗读中议，好不好？

生：好！

师：那我们先来试读课文。（教师出示幻灯片）

（一）试读，巧借虚词句式理清句读

师：我们的古书，是没有我们现在看到的句号、叹号、问号、逗号等标点符号的，标点符号是五四运动时引进来的，那么古人读书时，会不会有停顿呢？（指着生1）你说说看，有没有？

生1：我想，应该会有的，不停地读下去，连喘息的机会都没有，人怎么受得了。

师：你这个回答挺有意思，你是从生理的角度揣测出来的，有没有道理？当然有道理。你能不能从我们学过的课文中找出依据，来证明古人读书也会有停顿？

生1：摇头。

生2：我可以找到依据。韩愈在《师说》中说，"句读之不知，惑知不解"，句读，就是停顿。

师：完全正确。但这种停顿，文中不会标明，完全靠读书人根据文章意思自己去揣摩，没有现在意义上的标点符号，我们现在有标点符号的古文，是后人打上去的。现在，我们像古人一样读书，我发下去的这篇文章没有现在的标点，但古人读书，正如我们刚才所讨论的，还是会有停顿的。关于在什么地方停顿，其实抓虚词不失为一个好方法。从某方面来说，"之""乎""者""也"等虚词就相当于古人的标点。下面，请同学们阅读这篇没标点的文章，借助虚词句式理清句读，用"／"这样的符号标出其中的停顿。

（教师下发没有标点的《宴从弟桃李园序》，同时幻灯片出示没有标点的这篇文章。)

　　夫天地者万物之逆旅也光阴者百代之过客也而浮生若梦为欢几何古人秉烛夜游良有以也况阳春召我以烟景大块假我以文章会桃花之芳园序天伦之乐事群季俊秀皆为惠连吾人咏歌独惭康乐幽赏未已高谈转清开琼筵以坐花飞羽觞而醉月不有佳咏何伸雅怀如诗不成罚依金谷酒数

　　(学生面对这个挑战，兴致盎然，他们在下面边读边标，教师在学生间巡视，学生断句花了大约3分钟时间。)

　　师：刚才我在下面看了，同学们基本上给这段话断好了句。下面，请同学们把自己断好了句的文章读给同座位的同学听一听，看断得怎样。古人读书是摇头晃脑的（教师示范，听课师生为教师的幽默风趣发出会心的微笑，课堂气氛显得更为轻松活泼，进一步消除了师生的陌生感）。

　　(学生读，有的摇头晃脑，有的不时讨论。)

　　师：好，下面，我们请一位同学把自己断句的文段读一下。哪个来？（学生纷纷响应老师的召唤，有20多个学生举起手来。)

　　师（指着生3）：好，你来读吧，请同学们认真听，看她给文章断句断得怎样。

　　(生3读。)

　　师：刚才这位同学读出了自己的断句文段，看哪位同学评价一下她句子断得怎样。

　　生4：绝大部分断得正确，有少数地方断得有问题，如"开琼筵以坐花飞羽觞而醉月不有佳咏"之处，她断成了"开琼筵以坐／花飞羽觞而醉／月不有佳咏"，这里正确的断法应该是"开琼筵以坐花／飞羽觞而醉月／不有佳咏"。因断句错误，所以，在读的时候，这些地方也显得不太流畅。

　　师：你听得很仔细啊！那你来读一下你断句的文章怎样？

　　(生4读，而且读得十分流畅。)

　　师：同学们，她断句断得怎样？

　　生：好。

　　师（教师指着幻灯片上没有标点的《宴从弟桃李园序》问生4）：断句是高考文言文考查的一个重要内容，你断得确实准确，请你说一下，你的断句思路或者依据好不好？

生4：首先是根据虚词。文中有不少地方有虚词。尤其是文章前半段，出现了好几个"者""也"。我在这个"者"和"也"的地方，就会画断。

师：那你是在"者"和"也"的前面画还是后面画呢？

生4：我会在它的后面画，因为在古汉语中，"者"和"也"是标明句尾的虚词。

师：回答得很好。古汉语中有不少虚词，其中我们高考考试大纲规定常见的虚词有十八个。（教师出示幻灯片）

而、何、乎、乃、其、且、若、所、为；

焉、也、以、因、于、与、则、者、之。

师（指着幻灯片上的虚词问生4）：以上虚词，哪些一般是句尾虚词呢？

生4：有"乎""焉""也""者""之"，这些词，一般情况下放句尾。"而""何""乃""其""若""因""则"这些虚词，一般情况下放句首。

师：不错，看来这位同学对文言知识有些研究。

生4：这篇文章，前半部分"者""也"较多，因此比较好断。"夫天地者/万物之逆旅也/光阴者/百代之过客也"，这两个句子中的"者""也"不仅是句尾虚词，还是典型的判断句标志。

师：不错，你以虚词作为断句依据，的确是为文言文断句的一个好方法。你给这段话断得这么好，还有什么依据吗？

生4：当然有，这段文言文后半部分没有什么虚词，但还可以从句式上去考虑断句。

师：这篇文章在句式上有什么特点？

生4：我感觉这篇文章句式比较整齐。

师：是的，你仔细看看，这些整齐的句子有什么特点？

生4：其中有不少是对偶句。

师：哦，这是一个很棒的发现，你举例说说看。

生4：如"阳春召我以烟景"对应"大块假我以文章"，这句话是典型的对偶句，句式相同、结构相似。

师："阳春"对"大块"，"召"对"假"，"以烟景"对"以文章"，确实，了解了这个特点就好断句了。

生4：此外，文章还有不少"四字句""六字句"，知道了这个特点，也好断句。老师，我感觉这篇文章有点像诗歌，读起来朗朗上口，我就是根据这些特点把这篇文章断出来的。

师：很不错，她不仅说出了自己的断句依据，还说出了这篇文章的文体特点，她说这篇文章有点像诗歌，的确如此。（教师出示采用诗歌形式重新排列组合的文本，让学生发现文本特点）

夫

天地者

万物之逆旅也

光阴者

百代之过客也

而浮生若梦

为欢几何

古人秉烛夜游

良有以也

况

阳春召我以烟景

大块假我以文章

会桃花之芳园

序天伦之乐事

群季俊秀

皆为惠连

吾人咏歌

独惭康乐

幽赏未已

高谈转清

开琼筵以坐花

飞羽觞而醉月

不有佳咏

何伸雅怀

如诗不成

罚依金谷酒数

师（指着幻灯片）：同学们，前面我说过。这是一篇骈文，什么是骈文？骈文的主要特点刚才这位同学已经发现了，就是讲究词语对偶、句法结构对称，以四六句为主。在声韵上讲究音律和谐，修辞上讲究清词丽句，注重用典，是美文的典型代表。因此，前面这个同学说得好，这虽是一篇骈文性质的散文，但却像一首飘逸俊爽的诗，请同学们把这篇文章像诗歌一样在下面自由朗读一到两遍，如有什么问题可以跟同座位同学商量，或者问老师。

2013年12月20日，何泗忠老师运用悬念教学法在珠海激情
演绎《春夜宴从弟桃李园序》

（学生自由朗读，有的还摇头晃脑，显得十分投入，有的在讨论，约3分钟，有学生向老师提问。）

生5：老师，《宴从弟桃李园序》中"从弟"是什么意思？

师：你这个问题问得好，"从"，指堂房亲属，如堂兄弟称从兄弟，堂伯叔称从伯叔。"从弟"就是堂弟或族弟的意思。当然，这里不一定有血缘关系。因为唐代风气喜联宗，凡同姓即结为兄弟叔侄等，所谓"从弟"未必真有血缘关系。

生6："序"是什么意思？是不是与《送东阳马升序》中的"序"同义？

师：你们谁能回答他的问题？

生7：《送东阳马升序》中的"序"是赠序，表明是赠给别人的文章，这里好像不是。

师：确实，这里的"序"不是《送东阳马升序》中的"序"的意思，那是赠序。序，是古代的一种文体，有书序、赠序、宴集序等，这里属于宴集序。

生7：老师，那什么是宴集序呢？

师：宴集序，就是指古人聚会聚餐时常一同赋诗，诗成后公推一人作序。我们其实是学过这样的序的，同学们能想起来吗？

生7：王羲之的《兰亭集序》，王勃的《滕王阁序》。

师（拍拍生7肩膀）：对了，那么，我问你，读了《宴从弟桃李园序》这篇课文后，你觉得作者是在什么季节、什么时间宴请他的从弟的呢？

生7：春季的夜晚。

师：你从哪儿看出？

生7：文中有一句"况阳春招我以烟景"，"阳春"，就是温暖的春天，"飞羽觞而醉月"，应该是在有月亮的晚上。

师：分析完全正确，所以如果在标题上加一个表季节的词语，就是——

生（齐）：春天。

师：加一个表时间的词语就是——

生（齐）：夜。

师（幻灯片出示完整标题：春夜宴从弟桃李园序，同时教师指着标题）：这是一个没有出现主语的句子，如果要你加一个主语，谁春夜宴从弟桃李园。

生（齐）：应该是李白。

师：好，那么请同学们翻到教材，下面我们议读，借助注释透视李白。（教师出示幻灯片）

（二）议读，借助注释透视李白

师：同学们，我们读了这篇文章，分明看到了一个个性鲜明的李白形象，你读了这篇文章后，觉得李白到底是一个怎样的人？下面请同学们以课文中给你提供的信息为依据，在李白的前面加定语，一个什么样的李白？（教师出示幻灯片）

_____李白

（以填空法设置课堂悬念，学生热烈响应教师召唤，认真阅读课文，并用笔在书上写写画画，有时相互讨论，交换意见。教师也走近学生，有时与学生一起讨论。8分钟后，学生纷纷作答。）

生8：我看到了一个才华横溢的李白。

师：喔，你从哪儿看出了一个才华横溢的李白呢？

生8：李白是唐代大诗人，他写了那么多的好诗歌，所以他是才华横溢的李白。

师：这个我们当然知道，但关键要从文本中得出这个结论。

生8："群季俊秀，皆为惠连；吾人咏歌，独惭康乐"这几句话既有文采，又有一种对仗美，而且用了典故，可见，李白是一个饱读诗书、才华横溢的人。

师：你说这里用了典故，能说具体点吗？

生8："群季"，就是"诸弟"，"皆为惠连"，这里用了典故，惠连，就是南朝宋文学家谢惠连，此人才华横溢；"独惭康乐"，这里又用了典故，"康乐"，就是谢灵运，他是南朝宋著名诗人。

师："独惭康乐"，是说自己吟诗、作诗比不上谢灵运，那这个地方李白谦不谦虚啊？

生（齐）：谦虚。

生8：但我认为有些不太谦虚？

师：为什么？

生8：谢灵运的名气比谢惠连要大得多。他把他的弟弟们比成谢惠连，而把自己与名气很大的谢灵运相比，可见，李白在这里很自信，认为自己有才。

师：因此，在你看来，说他谦虚也可以，说他不谦虚也可以。

生8：是的，他把自己比成谢灵运嘛！谢灵运也非常自信，"才高八斗"的故事就与他有关。

师：哦，你能说说"才高八斗"的故事吗？

生8：才高八斗，谢灵运本来是夸赞曹植的。说天下才共一石，曹植就得了八斗，谢灵运认为自己得了一斗，从古至今其他人共得一斗。在这里，谢灵运表面谦虚，其实还是夸他自己。

师：你的意思是说，在这里，李白表面是在夸他的族弟们，其实是在夸自己像南朝大文学家谢灵运一样才华横溢？好，你这个定性很不错，才华横溢的李白。（教师板书：才华横溢）请坐！

生8：我还想说。

师：呵，好啊，你说吧！

生8：狂放不羁的李白。

师：你从哪里看出来的？

生8:"开琼筵以坐花,飞羽觞而醉月",李白在花中摆宴席,在月下饮酒,可见他飘逸潇洒、狂放不羁。

师:这个信息抓得很准,这里的确体现了李白的飘逸潇洒、狂放不羁。好,她已经说出了李白的两个特质(教师板书:狂放不羁),谁还来说?

(一男生举手,因为听课老师太多,把教室里的过道全部坐满,因此,不能到学生身边,老师开玩笑,说不能到学生身边与学生亲密接触了,逗得听课师生大笑,使课堂教学气氛更为活跃,学生发言更为放松。)

生9:我从文中读出了一个大气磅礴的李白、一个性情中的李白。

师:哇,一个大气磅礴的李白。你从哪儿看出是一个大气磅礴的李白。

生9:"夫天地者,万物之逆旅也;光阴者,百代之过客也",天地是万物的旅舍,时间是百代的过客,文章一开始,就从天地和光阴写起。显得很大气,不拘小节。

师:说得真好,为他鼓掌。

(全体师生热烈鼓掌。)

师:他说李白气势很大,大笔一挥,"夫天地者,万物之逆旅也;光阴者,百代之过客也",在李白眼中,宇宙就是一个旅舍,时间就是过客,显得那么小,那么短暂,所以,李白的胸怀可以装下整个宇宙,显得很大气,所以是大气磅礴的李白。(教师板书:大气磅礴)很好,还有吗?

生9:性情中的李白。

师:性情中的李白,从哪儿可以看出?

生9:既然有酒喝,有友人在一起,能够序天伦之乐,心情很好,就写乐事,不像有些文章,乐事写到哀事,然后写到哀情哀景,慢慢就撑不下去了。

师:这个李白呀,首先是浮生若梦,后面渐渐地就乐起来了,而有些人是先乐,后面就什么?悲起来了,是不是?在这里,李白在游玩中阐释人生,在欢乐中寄寓自信,在诙谐中藏有庄重。很不错,你的理解比我还深啊!两位同学水平都很高。还有没有要发言的?

生10:风趣幽默的李白。

师:风趣幽默的李白,从哪里看出来的?

生10:我是从"不有佳咏,何伸雅怀?如诗不成,罚依金谷酒数"这几句看出李白的风趣幽默的。即席赋诗,不会作诗的要罚酒三杯。

师：金谷酒，在这里也用了典故，晋朝富豪石崇家有金谷园，石崇在园中同宾客饮宴，即席赋诗，不会作诗的要罚酒三杯。呵，风趣幽默，很有情趣。很高雅的啊！他们这些人聚在一起，是不是搞赌博啊？

（学生笑。）

师：是不是打麻将？没有吧！他们是在唱卡拉OK（听课师生大笑），然后就是写诗，是不是啊！喝酒都是很有情趣的。《古文观止》的编者说："末数语，写一觞一咏之乐，与世俗浪游者迥别。"好，鉴于时间关系，我们对李白形象的探究暂且到此。（教师出示幻灯片，归纳李白形象）

二、议读，借助注释透视李白
在李白的前面加定语，一个什么样的李白？

飘逸潇洒的
豪情纵横的
才华横溢的

热爱生命的
热爱生活的
珍视亲情的

七雅七俗：
琴棋书画诗酒花
柴米油盐酱醋茶

归纳李白形象

师（教师指着幻灯片）：多么高雅的李白，琴棋书画诗酒花，他柴米油盐全不管。这个就是李白的肖像，其实，这幅画像与刚才同学们分析的李白的个性特质完全吻合。胡须飘逸有仙气，高高帽子有道气，眉毛上扬有傲气，喜欢饮酒有豪气，酒后写诗有才气。好，以上我们通过师生互动，通过初读断句、议读探究两个环节，基本上弄清了这篇骈文的语言特点和思想内容，同学们的鉴赏水平十分高超，与教材上的阅读提示不谋而合。下面，让我们在理解的基础上开始背读，试着背出来。

（三）背读，根据结构思路背诵课文

师：首先，我们来探究一下这篇文章的写作思路。叶圣陶说，好的文章都是有思路的。那么什么是文章的思路呢？所谓文章的思路，就是围绕一个中心，先写什么，再写什么，最后写什么。下面我们师生一起来探究一下这篇文章的写作思路。先请同学们分组讨论一下这篇文章的思路。

（学生根据教师提示与要求在下面讨论文章思路，教师在学生中巡视，约3分钟后学生开始发言。）

生11：我觉得这篇文章是围绕标题"春夜宴从弟桃李园序"来展开的。首先写宴会的季节是阳春，宴会的时间是晚上，宴会的对象是从弟，然后写了宴会的经过。

师：说得很好嘛，谁还有什么要补充的？

生12：我觉得这篇文章是围绕"宴"字来展开思路的。首先是写为什么要举行这场"宴会"，这是因为时光易逝、人生短暂，所以要学古人一样秉烛夜游；接下来写宴会的过程：天伦之乐、歌咏写诗、喝酒赏花等。

师：刚才两位同学的发言，就基本上把这篇文章的思路揭示出来了。下面，我们来归纳一下这篇文章的写作思路，为同学们背诵这篇文章提供一个依据。（教师出示幻灯片）

夫天地者，万物之逆旅也；光阴者，百代之过客也。（时光易逝）

而浮生若梦，为欢几何？（人生短暂）

古人秉烛夜游，良有以也。（古有先例）

况阳春召我以烟景，大块假我以文章。（春色正好）

（夜宴的原因——为什么夜宴）（良辰美景）

会桃花之芳园，序天伦之乐事。（天伦之乐）

群季俊秀，皆为惠连；吾人咏歌，独惭康乐。（歌咏之乐）

幽赏未已，高谈转清。开琼筵以坐花，飞羽觞而醉月。（赏景之乐）

不有佳咏，何伸雅怀？如诗不成，罚依金谷酒数。（诗酒之乐）

（夜宴的情景——如何夜宴）（赏心乐事）

师（指着幻灯片）：好了，我们师生互动，弄清了文章思路，我们就可以在理解的基础上加以背诵了。下面我们就来挑战一下，当堂背诵这篇文章。

（学生兴致盎然地背诵。）

师：看看，有没有背得出来的，请举手，有没有？（没学生举手）呵，没有。其实，我也不是想让同学们在这节课就一定能背出来，你要我自己在5分钟内背出来，我也做不到。那么，同学们熟读课文以后，我给同学们一个进一步

熟悉课文的机会。（教师出示没有标点符号的《春夜宴从弟桃李园序》）

师（指着幻灯片）：我们来对读一下，男同学读一句，女同学读一句，如果能这样流利地、交替地对接下来，中间不停顿，就说明同学们读得很熟了，距离背诵出来就不远了。下面开始对读。

（面对这样耳目一新的悬念设计，学生兴致来了，男女学生对读，十分流畅。）

师：很不错啊，假如不熟悉，这样一段没有标点的文字能流畅地对读下去吗？不可能。下面我们再来做一个熟悉课文的活动——快读。看哪个同学面对没有标点的原文，读得快而流畅，我会请人计时的。读得越快越好，当然吐字要清晰。

（听课师生为教师的教学点子及幽默风趣发出会心的微笑，学生跃跃欲试，纷纷举手。）

师：呵，真没想到，有那么多同学举手，先来个女同学，好，你来快读。

（生13快读，十分流利，吐字清晰。）

师（问计时学生）：她花了多长时间？

生14：22秒。

（听课师生报以热烈掌声，男同学不服气，一学生主动站起来挑战，听课师生给予热烈掌声鼓励，并瞪大眼睛期待着学生创造新的奇迹。）

（生15快读，十分流畅，吐字清晰，全体听课师生惊奇地望着他。他很快读完，全体师生对该生的精彩表现报以更为热烈的掌声。）

师（兴奋地）：仿佛是外星球来的。请问他花了多长时间？

生14：16秒。

师：哇，真了不起。通过快读，你们还会背不出来吗？你们两个肯定会最先背出来的。同学们啊，这一篇文章是2013年广东新增加的一篇高考背诵篇目，可以说是字字珠玑，句句是名句，我设计了一道高考默写题。（教师出示设计的默写题幻灯片）

补写出下列名句名篇中的空缺部分。（任选3题，多选只按前3题计分）（6分）

　　1.光阴者，百代之过客也。＿＿＿＿＿＿，＿＿＿＿＿＿？

　　2.古人秉烛夜游，良有以也；＿＿＿＿＿＿，＿＿＿＿＿＿。

3._____,_____。群季俊秀,皆为惠连。

4.幽赏未已,高谈转清;_____,_____。

5.不有佳咏,何伸雅怀;_____,_____罚依金谷酒数。

师(指着幻灯片):当然还没考啊!(学生为老师的幽默大笑)下面,我们就来做一下这个高考题,你们默写,我也来默写,看你们能得多少分,我能得多少分啊!

(学生兴致勃勃地在下面默写,教师也在黑板上默写,并采用故错法设置悬念,将"浮生若梦"默写成"人生若梦",将"大块假我以文章"默写成"大块以文章假我",将"序天伦之乐事"默写成"叙天伦之乐事",将"飞羽觞而醉月"默写成"端羽觞而醉月",将"如诗不成"默写成"赋诗不成",以引起听课师生产生悬念。)

师:现在,同学们是阅卷老师,谁来给我评分?

(面对老师的默写,学生感到十分惊讶,议论纷纷。)

生16(鼓起勇气):老师只能得3分。

师:为什么?

生16:老师,您默写的每句话中都有错别字。

(故错法设置悬念,引来了学生的"围攻",下面的学生纷纷指出老师写了错别字,这正是老师所要的效果。)

师:我哪里有错误?

生16:老师,您第一句默写将"浮生若梦"写成"人生若梦"了。

师(故作恍然大悟状):呵,原文是"浮生若梦"啊!那你说说看,是"浮生若梦"好还是"人生若梦"好?

生16:"浮生若梦"好,"浮生若梦"多了一种感情,就好像浮萍漂在水面上一样,给人一种漂泊不定的梦幻感。

师:分析得多好。我承认,这个地方默写错了,应该是"浮生若梦"。她指出了我的一个错误,我改正!

生17:老师,您第二句默写错得更厉害,将原文的"大块假我以文章"默写成"大块以文章假我",把语序搞错了。

师:喔,我语序也搞错了,那原文是什么句式啊?

生17:倒装句。

师：具体是什么倒装句？

生（齐）：状语后置句。

师：对了，状语后置句，（师指着生17）你翻译这句话给大家听听。

生17：大块，就是大自然的意思。大自然又给我们提供了一派锦绣风光。

师：不错，我们同学对文言文句式很熟悉。所以，你们默写时，不要像我一样搞得颠三倒四的，它是一篇骈文嘛，要对偶。是不是？我还有什么错误？

生18：第三句"叙天伦之乐事"的"叙"写错了，应是"序"。

师：这里应该是我写对了，原文写错了。为什么？

生（齐）：是通假字，通"叙"。

师：对了，是通假字啊！古人写错别字，就叫通假字（生笑），我写错了，就叫错别字（生为老师的风趣幽默大笑），但你在默写的时候，一定要按照古人的那种写法，听到了吗？明年高考就可能考这个哟！（生笑）

生19：老师，您第四句中，也安了一个错别字。（听课师生为学生这个"安"字发出笑声，至此，学生也明白了，老师是故意出现错误以引起他们注意这些关键字词的默写。）

师：哪里写错了？

生19：您将"飞羽觞而醉月"默写成了"端羽觞而醉月"。

师："羽觞"是什么东西？

生（齐）：酒杯。

师：哦，酒杯可以飞呀？

生19：这里用了拟人手法。

师：对，你们想象一下，羽觞是个什么东西？书上有注释。

生19：像鸟一样的酒杯。

师（张开两手像鸟一样做飞翔动作）：鸟有没有翅膀啊？翅膀可不可以飞呀？

（听课师生对老师的表演露出会心的微笑。）

生（齐）：可以。

师：哎呀，李白呀真是大家呀，所以用个"飞"字。

生20：老师，而且用"飞"字比用"端"字更能体现李白的个性。

师：是吗？你具体说说看。

生20：假如用"端"字（学生同时做手端酒杯状，显出毕恭毕敬的样子，来到一学生面前），大哥，请您喝酒（听课师生大笑），这样的气氛就太拘束了，而用"飞"字，觥筹交错，就写出了酒杯传递之快与兄弟之间的亲切随和。

师：你分析得真好啊！李白喝酒，尤其在兄弟之间喝酒，他不是端杯，而是"飞"，"岑夫子，丹丘生，将进酒，杯莫停"，的确，用"飞"字写出了李白的豪迈与无拘无束。哎呀，我们的同学鉴赏水平真高啊！

生21：老师，您默写最后一句时将"如诗不成"默写成了"赋诗不成"。

师："如诗不成"，我觉得李白原句不通，"诗"字是名词，赋诗，赋就是写的意思，李白原句不通啊？

生21："诗"，在这里是名词活用作动词，这是古汉语中的词类活用。

师：对了，这是名词活用作动词，古文有没有这种写法啊？你看，到此为止，我们又一起背诵了这篇文章。那么以上，我们对这篇文章由浅入深地进行了试读、议读、背读，把这篇文章的内容形式和重要词句、特殊句式进行了解读。下面，我们来美读一下这篇文章。我们说，鉴赏文章的最高境界就是美读。

（四）美读，感受作品音韵情感之美

师：什么是美读呢？叶圣陶先生在《中学国文学习法》一文中说（教师出示幻灯片）——

所谓美读，就是把作者的情感在读的时候传达出来。这无非如孟子所说的"以意逆志"，设身处地，激昂处还他个激昂，委婉处还他个委婉。美读得其法，不但了解作者说些什么，而且与作者的心灵相感通了，无论兴味方面或受用方面都有莫大的收获。

师：下面，我们就来美读一下这篇文章。（教师出示排成诗行一样的《春夜宴从弟桃李园序》的幻灯片）

夫天地者，

万物之逆旅也。

光阴者，

百代之过客也。

而浮生若梦，

为欢几何？

古人秉烛夜游，

良有以也。

况阳春召我以烟景，

大块假我以文章。

会桃花之芳园，

序天伦之乐事。

群季俊秀，

皆为惠连；

吾人咏歌，

独惭康乐。

幽赏未已，

高谈转清。

开琼筵以坐花，

飞羽觞而醉月。

不有佳咏，

何伸雅怀？

如诗不成，

罚依金谷酒数。

师（指着幻灯片）：看谁来美读一下这篇文章。

（学生推荐谢宇芳来读，教师要这名同学站起来，该生站起来，原来是一位女生，学生热烈鼓掌，该生读，读得声情并茂，读完后，听课师生报以热烈的掌声）

师：原文好，她读得更好，如梦如幻，那真的是诗啊！下面，我们采用另一种方式美读。（教师出示美读幻灯片）

男：夫天地者，

万物之逆旅也。

女：光阴者，

百代之过客也。

齐：过客也，过客也！

　　　　过客也，过客也！

男：而浮生若梦，

　　为欢几何？

女：古人秉烛夜游，

　　良有以也。

齐：况阳春召我以烟景，

　　大块假我以文章。

　　会桃花之芳园，

　　序天伦之乐事。

　　群季俊秀，

　　皆为惠连；

男：吾人咏歌，

　　独惭康乐。

女：幽赏未已，

　　高谈转清。

男：开琼筵以坐花，

　　飞羽觞而醉月。

女：不有佳咏，

　　何伸雅怀？

齐：伸雅怀，伸雅怀！

　　　　伸雅怀，伸雅怀！

男：如诗不成，

　　罚依金谷酒数。

齐：金谷酒，金谷酒！

　　　　金谷酒！金谷酒！耶！

（学生们看到幻灯片，十分惊讶好奇。）

师（指着幻灯片提出美读要求）：请同学们按上面的要求读。同学们在齐读四个"过客也"的时候，声音要由大到小，呈现出一种声音渐行渐远的状态。生命像过客，然后消失。齐读到最后的四个"金谷酒"时，声音要由小到大，呈递增状态，然后大声读"耶"，体现出一种热爱生活的状态。下面我们就开始按这样的要求读，全体同学站起来读。

（全体学生站起来，兴致盎然地读起来。）

师：同学们读得太好了，这节课，我们采用四个朗读步骤——试读，巧借虚词句式理清句读；议读，借助注释透视李白；背读，根据结构思路背诵课文；美读，感受作品音韵情感之美——学习品味了李白的《春夜宴从弟桃李园序》，这次筵席是一场文人墨客的集会，作者成功地展示了一场高雅的精神盛宴！

文章启示我们，切莫因为浮生若梦就消极地追求享乐。这样会使生命之花过早凋谢，哀叹人生苦短会让生命白白地消磨。

人生是宝贵的也是短暂的，犹如昙花一现。然而，如果我们的人生能够像昙花般玉洁、清香，充满活力与豪情，我们又何须惋惜它的短暂呢？

同学们，请大家齐读下面三句话。（教师出示幻灯片）

让我们热爱生命，热爱生活，热爱自然吧！

师：这节课，我就讲到这里。

（教师深情地朗诵，赢得听课师生的热烈掌声。）

八、《秋日登洪府滕王阁饯别序》悬念教学实录

上课时间：2014年2月25日上午第3节

上课地点：深圳市第二高级中学四楼考务室

上课班级：高二（18）班

听课教师：江西宁都中学60多名教师，加上我校教师共80多人。

师：今天，我们学习《秋日登洪府滕王阁饯别序》（以下简称《滕王阁序》）。正巧，在我们学习这篇课文之时，来自"滕王阁"故乡的江西的老师，莅临了我们的课堂，看看，同学们在江西老师面前能不能学好这篇课文。

（学生来兴趣了，纷纷说能，但老师还是故意延宕，没有正式切题。）

师：1987年，我去过闻名天下的——

生（迫不及待地）：滕王阁。

师：错了，1987年，我去过闻名天下的湖南的"岳阳楼"，当时，我觉得岳阳楼很有气势，于是，拍下了这张岳阳楼的照片。（幻灯片出示照片，

听课师生见到照片上的我，饶有兴趣地笑起来了），我长得帅不帅？（生答"帅"，此时，课堂气氛更加轻松活跃）遥想公瑾当年，小乔初嫁了，雄姿英发。（听课师生大笑）岳阳楼雄不雄壮？

生：十分雄壮！

师：1999年，我又去过另一座闻名天下的——

生（迫不及待地）：滕王阁。

师：错了，1999年，我又去过闻名天下的黄鹤楼，一看，黄鹤楼比岳阳楼更高，更有气势。

生（兴趣盎然地）：于是，在黄鹤楼拍下了老师的照片。

师：很遗憾，在黄鹤楼没有留下照片，但我在武汉另一个地方留下了一张照片，那就是辛亥革命武昌起义旧址（出示身穿国民革命军军官服的照片，听课师生看后，笑得前仰后合），这张照片威不威武？

生：威武，十分威武！

师：想当年，金戈铁马，气吞万里如虎呀！2001年，我又去过另一座闻名天下的——

生（迫不及待地）：滕王阁。

师：2001年，我又去过闻名天下的——

（教师故意延宕，学生带着期待心情屏息静听。）

师：2001年，我又去过闻名天下的——滕王阁。

（学生终于听到了"滕王阁"三个字，脸上露出了笑容。上课一开始，教师运用故意延宕法设置悬念，调动学生的学习兴趣，使听课师生饶有兴致。）

师（出示滕王阁照片）：到了滕王阁，我才知道，山外有山，楼外有楼，试问天下名楼何处是？（教师出示幻灯片）

"读"占鳌头滕王阁。

（课堂导入悬念迭出，逸趣横生，激发了学生学习课文的兴趣。）

今天这节课，我们就以读为主，分四个步骤学习《滕王阁序》。（教师出示幻灯片）

（一）挑战极限（背读）

（二）师生互动（赏读）

（三）深入其境（情读）

（四）绘声绘色（美读）

（一）挑战极限（背读）

师：下面开始第一步，挑战极限，背读。俗话说，读书百遍，其义自见。在讲这节课之前，我要同学们利用两个早读的时间把这篇文章背出来，现在能够全文背诵《滕王阁序》的请举手。没有人举手，我举手了啊，我能够全文背诵。

（教师十分流利地背诵完第一自然段。）

师：还要不要我往下背。

生（情绪高涨，大声说）：要！

师：不不，我全背完了，你们背什么？下面，请同学们一起来试着背诵第一自然段。

（教师出示无标点的第一自然段幻灯片）

豫章故郡洪都新府星分翼轸地接衡庐襟三江而带五湖控蛮荆而引瓯越物华天宝龙光射牛斗之墟人杰地灵徐孺下陈蕃之榻雄州雾列俊采星驰台隍枕夷夏之交宾主尽东南之美都督阎公之雅望棨戟遥临宇文新州之懿范襜帷暂驻十旬休假胜友如云千里逢迎高朋满座腾蛟起凤孟学士之词宗紫电青霜王将军之武库家君作宰路出名区童子何知躬逢胜饯。

师（指着幻灯片）：这个自然段啊，没有标点符号。大家闭着眼睛背诵这一段，当不能背诵之时，再睁开眼睛看投影。如果你能把这些无标点的句子流利地读出来，并能断句，就说明你读得很熟悉了，距离背诵就不远了。

（学生闭上眼睛试着背诵，摇头晃脑地，十分投入，有时睁一只眼闭一只眼看看幻灯片。）

师：下面，请同学们对读无标点的第二自然段。（教师出示幻灯片）

时维九月序属三秋潦水尽而寒潭清烟光凝而暮山紫俨骖騑于上路访风景于崇阿临帝子之长洲得天人之旧馆层峦耸翠上出重霄飞阁流丹下临无地鹤汀凫渚穷岛屿之萦回桂殿兰宫即冈峦之体势披绣闼俯雕甍山原旷其盈视川泽纡其骇瞩闾阎扑地钟鸣鼎食之家舸舰迷津青雀黄龙之舳云销雨霁彩彻区明落霞与孤鹜齐飞秋水共长天一色渔舟唱晚响穷彭蠡之滨雁阵惊寒声断衡阳之浦。

师（指着幻灯片）：我们男同学读一句，女同学接着读一句，再男同学接着读一句，这样来一个接力赛，中间不停顿，好不好？

生（充满挑战精神地说）：好！

（男生一句，女生一句对读，十分流畅，这个设计既检查了学生的断句能力，又检查了学生对课文的熟悉程度。）

师：同学们，你们在对读过程中，发现这篇文章朗朗上口，句式一致是不是？其实，《滕王阁序》一文，我们可以把它当成诗歌来读。（教师出示用诗歌形式排列的第二自然段幻灯片）

> 时维九月，
> 序属三秋。
> 潦水尽而寒潭清，
> 烟光凝而暮山紫。
> 俨骖騑于上路，
> 访风景于崇阿；
> 临帝子之长洲，
> 得天人之旧馆。
> 层峦耸翠，
> 上出重霄。
> 飞阁流丹，
> 下临无地。
> 鹤汀凫渚，
> 穷岛屿之萦回。
> 桂殿兰宫，
> 即冈峦之体势。
> 披绣闼，
> 俯雕甍，
> 山原旷其盈视，
> 川泽纡其骇瞩。
> 闾阎扑地，
> 钟鸣鼎食之家；

舸舰迷津，

青雀黄龙之舳。

云销雨霁，

彩彻区明。

落霞与孤鹜齐飞，

秋水共长天一色。

渔舟唱晚，

响穷彭蠡之滨。

雁阵惊寒，

声断衡阳之浦。

师（指着幻灯片）：同学们，我们把文本这样排列，请你们用发现的眼光看看，此文在语言上有什么特点？

生1：多用短句。

生2：语言优美。

生3：句式整齐，多用对偶。

师：同学们的语感很好。是的，这篇序是一种特殊文体，它叫骈文。骈，就是两两相对的对偶句式。（教师出示幻灯片）

骈文，魏晋以后产生的一种文体，又称骈俪文。又因它通篇四、六字句，亦称"四六文"。此文体盛行于唐代。特点：讲求对仗，一般用四字句或六字句。平仄相对，音律和谐。多用典故，讲究藻饰。

师：同学们，以上我们采用断句读、男女对读等方式来试着背诵这篇课文，要挑战极限背诵，还有一种方法，就是快读。下面我们来快读第三自然段。（教师出示没有标点符号的第三自然段幻灯片）

遥襟甫畅逸兴遄飞爽籁发而清风生纤歌凝而白云遏睢园绿竹气凌彭泽之樽邺水朱华光照临川之笔四美具二难并穷睇眄于中天极娱游于暇日天高地迥觉宇宙之无穷兴尽悲来识盈虚之有数望长安于日下目吴会于云间地势极而南溟深天柱高而北辰远关山难越谁悲失路之人萍水相逢尽是他乡之客怀帝阍而不见奉宣室以何年

师：看谁断句准确，吐字清楚，又读得快？

（学生们跃跃欲试，纷纷举手，一位男生首先读，花了1分19秒，一位女生站起来挑战，只花了58秒。）

师：后面，我相信同学们只要稍微花点时间就能把此文背诵出来了。好，关于背读的环节到此为止。

（二）师生互动（赏读）

师：下面，我们师生互动，来进行赏读。《滕王阁序》这篇文章是千古绝唱，它自诞生就传唱不衰。因为这篇文章太有文化内涵了，不是吗？上课之前，我要同学们在这篇文章中找成语，结果，同学们从这篇文章中找出了三十多个成语。（教师出示幻灯片，并指着幻灯片）一篇短短的文章，就出现了三十多个成语，这在我读过的类似如此篇幅的文章中还是第一次见到。这篇文章内涵丰富，还在于给人不同的阅读感受。清代诗人张潮曾说："少年读书，如隙中窥月；中年读书，如庭中望月；老年读书，如台上玩月。"说的是一个人随着年龄、身份、阅历的不同，往往对作品的阅读感受也会不同。越是内涵丰富的作品，越会给人不同的阅读感受。随着时间的推移，年龄及阅历的变化，我读这篇文章的感受就不同。记得高中第一次接触这篇文章时，我最喜欢、最感兴趣的句子是——（教师此时故意停下来，采用语言节奏法设置悬念，引而不发，同学们瞪大眼睛，带着强烈的期待看着老师）同学们，你们猜猜看会是哪一句。

（学生热烈响应教师召唤，纷纷猜测。）

生4：我想老师最喜欢的句子会是"落霞与孤鹜齐飞，秋水共长天一色"。

师：这个句子呀，你为什么会认为我最喜欢这个句子呢？

生4：因为这个句子写景很美，而且景象十分开阔。

师：这个句子我当然喜欢，但当时的我，还不是最喜欢这句。

生5：老当益壮，宁移白首之心；穷且益坚，不坠青云之志。

师：啊？我那个时候就老当益壮了？那时我还年轻呢。（学生大笑）

生6：东隅已逝，桑榆非晚。

师：呵，你认为我那个时候就失去了很多呀！同学们，可能你们都不知道，我读高中时第一次接触这篇文章，最喜欢的句子是（教师边说边在黑板上做如下板书）——

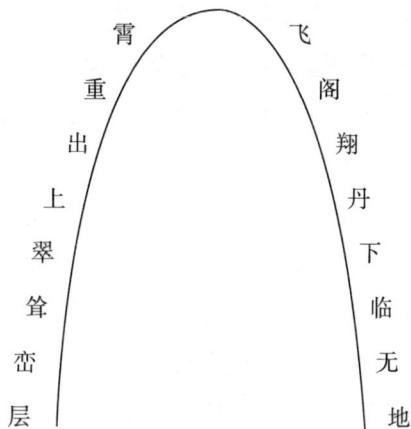

形象生动的板书

（教师利用板书设置课堂悬念，师生看了这个形象生动的板书后，十分惊讶。）

师：我为什么对这个句子感受最深，最喜欢这个句子呢？因为我读高中时，是从一个十分偏僻的小山村考入县城高中读书的。我出生的那个小山村都是一些土砖房，这些土砖房最多只有两层，而我刚来到县城，就见到七层高的房子，这在当时看来是很高的房子，于是，我回到家，跟我农村的小伙伴们说，县城的房子真高。他们说，到底有多高，我说，真高，真的很高。（师生大笑，热烈鼓掌）我不知道像王勃一样去描绘。（教师指着黑板上板书的名句解说道）你看，王勃写滕王阁的高，写得十分形象生动：层层叠叠的楼台高耸入云，直上云霄，阁檐上翘，若飞举之势，往下一看，滕王阁好像没有挨到地面。所以我第一次接触《滕王阁序》这篇文章时，心有所感，就喜欢上了这句话。而且这个句子用了夸张、拟人的手法来描绘建筑物的高大雄伟。同学们，我们以前学过用夸张手法来表现高的句子吗？

生7：危楼高百尺，手可摘星辰。

生8：天台一万八千丈，对此欲倒东南倾。

师：所以，鉴于我当时的生活阅历，那时我对这句话最感兴趣。当然，现在的我再读这篇文章，最感兴趣、最喜欢的就不是这个句子了。你们猜是哪一句呢？

生（齐）：老当益壮，宁移白首之心；穷且益坚，不坠青云之志。

师：你看，你们就看我老了吧。但是，我老当益壮，宁移白首之心；（学生情不自禁地跟随与教师一起说）穷且益坚，不坠青云之志啊！

师：同一篇文章，同一个人在不同的时期读，能读出不同的感受，读出自己最喜欢的句子，那么，不同的人来读同一篇文章，更会有不同的感受。有一句话，一千个读者就有一千个哈姆雷特。我相信，我们班上五十个同学读《滕王阁序》，就会有五十种不同的感受，会读出自己最喜欢的句子。下面，请同学们说说你最喜欢《滕王阁序》中的哪个句子，为什么喜欢这个句子。

（学生兴致盎然，纷纷举手，说出自己最喜欢的句子。）

生9：我喜欢的是"北海虽赊，扶摇可接；东隅已逝，桑榆非晚"这个句子。

师：你为什么最喜欢这句？

生9：因为我觉得它写的是北海虽然遥远，但是可以达到；时光已经过了，但是还有希望，传达出希望在明天的正能量，十分的励志。特别适合我们这个年龄段，适合处于迷茫时期的少年。（听课师生脸上露出会心的微笑，并为他精彩的解读热烈鼓掌）

师：正能量，你比我那时感受深刻呀！

生10：我最喜欢的句子是"潦水尽而寒潭清，烟光凝而暮山紫"。因为这句话写得很美。

师：哈，第一位同学是从人生的角度、从阅历的角度来品读句子，你则从美学的高度来鉴赏句子。

生10：对，因为我觉得它是对景物的描写，描写得很细致，潦水是雨后的积水，是比较近的水，暮山是比较远的景，近景与远景相结合，就有一种层次美。

师：呵，还写出了一种层次美。

生10：然后，通过"潦水尽而寒潭清"的一个"清"字，写出了水的清澈、透明。后面一句"烟光凝而暮山紫"，一个"凝"字，写出了一种冷冷的感觉。

师：这里面还包含有一种色彩美。整个景色，从视觉的角度，从远近的角度，从色彩的角度，立体地写出了这种优美的景色。他有美学的修养啊！

生11：我喜欢的是"舍簪笏于百龄，奉晨昏于万里"这句话。

师：看来你很孝顺啊！

生11：这里说他舍弃官位，然后早晚侍奉父母。特别孝顺，孝，一直是中华民族的传统美德。

师：我们以前学过一篇关于孝的课文，那叫——

生：《陈情表》。

生11：现代社会呢？对孝，就没有古代那么重视了，所以，我觉得，现在更应该提倡孝。

师：你这个感受是很真实的，因为我到她家里家访的时候，她妈妈亲自跟我说她很孝顺。（学生热烈鼓掌）

生12：我喜欢的是"有怀投笔，慕宗悫之长风"这个句子。因为这一句，让我想到李白的"长风破浪会有时，直挂云帆济沧海"，在少年时代，每个人都应该有自己远大的志向，然后以此激励自己成长。

师：她是一个有壮志的人，还有要说的吗？

生13：我喜欢的是"物华天宝，龙光射牛斗之墟，人杰地灵，徐孺下陈蕃之榻"。读这句诗时，有一种五光十色、十分耀眼的感觉。珍品很多，目不暇接，"人杰地灵，徐孺下陈蕃之榻"，感觉自己就像徐孺一样，士气高涨。

师：她不仅把典故的意思说出来了，还联系到了自己的志向，鉴赏得很到位。

生14：我喜欢的是"关山难越，谁悲失路之人；萍水相逢，尽是他乡之客"。

师：为什么喜欢这个句子？

生14：文章写的是那些失意之人，虽然我们现在并不像文中所形容的人那样，但是我们现在不管是一个学生还是将来走向社会，都会遇到许多挫折与不如意的事，但我们会不断奋斗，坚强忍耐，自己的泪和苦楚只有自己清楚。（学生热烈鼓掌）

师：用自己的体验去解读，挺感人的。"萍水相逢，尽是他乡之客"，我们都是萍水相逢，但却不是"他乡之客"啊！（看到同学们跃跃欲试，一个接一个地侃侃而谈，鉴于时间关系，教师只好给学生最后一个发言的机会）下面给最后一个发言机会。

（十多双手高高举起，有的学生生怕教师看不到，还高喊"这里！这里！"，教师只好指定一个发言者。）

生15：我喜欢的是"天高地迥，觉宇宙之无穷；兴尽悲来，识盈虚之有数"，这句话给我以哲理的启发。万事万物的消长兴衰是有定数的，就如"塞翁失马焉知非福"，但命运却掌握在自己的手中。再联系到自己，生活中可能会遇到不愉快的事情，但这只是暂时的，想想整个人生的道路，就会不以物喜，不以已悲。

师：他有范仲淹的情怀啊！我们为以上所有同学的精彩发言鼓掌。

（全体听课师生热烈鼓掌。）

师：好，以上通过师生互动，对文章进行了赏读，结合自己的感悟，鉴赏了文中的名言名句。

（三）深入其境（情读）

师：下面，我们进行第三步，深入其境，情读。（教师出示《滕王阁序》第二自然段幻灯片）

时维九月，序属三秋；潦水尽而寒潭清，烟光凝而暮山紫。俨骖騑于上路，访风景于崇阿。临帝子之长洲，得天人之旧馆。层峦耸翠，上出重霄；飞阁流丹，下临无地。鹤汀凫渚，穷岛屿之萦回；桂殿兰宫，即冈峦之体势。披绣闼，俯雕甍。山原旷其盈视，川泽纡其骇瞩。闾阎扑地，钟鸣鼎食之家；舸舰迷津，青雀黄龙之舳。云销雨霁，彩彻区明。落霞与孤鹜齐飞，秋水共长天一色。渔舟唱晚，响穷彭蠡之滨；雁阵惊寒，声断衡阳之浦。

师（指着幻灯片）：阅读以上这段文字，我们仿佛看到了王勃游览滕王阁、登上滕王阁的情景，仿佛感觉到了王勃游赏滕王阁美景时兴奋不已的心情，仿佛听到了王勃见到滕王阁美景而情不自禁地发出一声"啊"的赞美的感叹。下面，请同学们深入其境地揣摩一下王勃当时的心理活动，根据王勃当时心理活动的轨迹，在第二段中加一个"啊"字，看加在哪个地方最合适？这个任务由第1、2、3、4四组同学完成。

（教师出示《滕王阁序》第三自然段幻灯片。）

遥襟甫畅，逸兴遄飞。爽籁发而清风生，纤歌凝而白云遏。睢园绿竹，气凌彭泽之樽；邺水朱华，光照临川之笔。四美具，二难并。穷睇眄于中天，极娱游于暇日。天高地迥，觉宇宙之无穷；兴尽悲来，识盈虚之有数。望长安于日下，目吴会于云间。地势极而南溟深，天柱高而北辰远。关山难越，谁悲失路之人；萍水相逢，尽是他乡之客。怀帝阍而不见，奉宣室以何年？

师（指着幻灯片）：情感丰富的王勃登上滕王阁，思绪万千。在阅读这一段的时候，我们又感觉到了王勃的另一种心情。请同学们深入其境地根据王勃情感变化的轨迹，在第三自然段中适当的位置加上"唉"字。这个任务由第5、6、7、8四组同学完成。

（此处，受著名特级教师余映潮老师的启发，通过加虚词设置悬念。这个悬念设置充满趣味，学生纷纷响应教师召唤，分组讨论，有的学生边加边读，反复揣摩，教师在下面巡视，约4分钟后，教师让学生发言。）

师：好，同学们基本上按照自己的理解分别在第二和第三自然段适当的位置上加上了"啊"字和"唉"字。下面，我们先叫这边的同学读加了"啊"字的第二自然段。好，你来读。

生16：我加在"临帝子之长洲，得天人之旧馆"这句话的后面。

师：好，那你把加了"啊"字前后的句子读一下，而且读到"啊"字时，要做一个挥手的动作。（教师同时示范动作，听课师生饶有兴趣）

生16（声情并茂地读，同时配以动作，尤其在读到"啊"时，手一挥，逗引得听课师生笑得前仰后合）：时维九月，序属三秋；潦水尽而寒潭清，烟光凝而暮山紫。俨骖騑于上路，访风景于崇阿；临帝子之长洲，得天人之旧馆。啊！层峦耸翠，上出重霄；飞阁翔丹，下临无地。

师：读得非常好，呃，你说说，你为什么要把"啊"字加到这个地方？

生16：因为他前面写的是去滕王阁的路上，"俨骖騑于上路，访风景于崇阿"，然后，来到了滕王阁，抬头一看，滕王阁雄伟壮丽，高耸入云，"层峦耸翠，上出重霄；飞阁翔丹，下临无地"，如此壮美的景象，王勃自然会发出"啊"的声音。

师：解释得不错，加得合情合理。不过，每个人加的位置不一定相同。

生17：我加的地方就不同。

师：你读给大家看看，你加在了哪儿？

生17（读，同时辅以动作）：闾阎扑地，钟鸣鼎食之家；舸舰迷津，青雀黄龙之轴。云销雨霁，彩彻区明。啊！落霞与孤鹜齐飞，秋水共长天一色。

师：你为什么加在这里？

生17：因为前面看到的景色"闾阎""舸舰"都是身边之景，接着，雨过天晴，看到了"落霞""孤鹜""秋水""长天"，构成了十分开阔的景色，王勃突然眼前一亮，自然发出"啊"的感叹。

师：他也解释得很好，同样加得合情合理。还有加在不同地方的吗？

生18：我是加在"披绣闼，俯雕甍"与"山原旷其盈视，川泽纡其骇瞩"之间。（生18接着带着感情地读）

师：你为什么加在这里？说说你的理由。

生18：因为"披绣闼"，是他打开了那扇门，然后放眼一望，就看到了广阔的山原。"骇瞩"，一个"骇"字，自然体现了他无比惊讶的感情，自然会发出"啊"的赞美之声。

师：刚才我们同学都讲得很有道理。当然，我更倾向于在"落霞与孤鹜齐飞，秋水共长天一色"的前面加"啊"，因为在这个句子的前面，景色都不是很明朗，如"舸舰迷津"固然有"塞满"的意思，但也有雾气重重的成分在里面。突然，"云销雨霁，彩彻区明"，雨后天晴，一片明朗，放眼一望，啊，好壮观的景色，"落霞与孤鹜齐飞，秋水共长天一色"。下面，我们来开展创意美读。（教师出示加"啊"的第二自然段幻灯片）

时维九月，序属三秋；潦水尽而寒潭清，烟光凝而暮山紫。俨骖騑于上路，访风景于崇阿；临帝子之长洲，得天人之旧馆。层峦耸翠，上出重霄；飞阁流丹，下临无地。鹤汀凫渚，穷岛屿之萦回；桂殿兰宫，即冈峦之体势。披绣闼，俯雕甍，山原旷其盈视，川泽纡其骇瞩。闾阎扑地，钟鸣鼎食之家；舸舰迷津，青雀黄龙之舳。云销雨霁，彩彻区明。啊！落霞与孤鹜齐飞，秋水共长天一色。渔舟唱晚，响穷彭蠡之滨；雁阵惊寒，声断衡阳之浦。

师（教师指着幻灯片分配任务）："啊"字前面内容，5、6、7、8四组同学读，"啊"字后面内容全体同学读。

（学生按教师要求读，将滕王阁壮观的美景和王勃内心的情感形象地呈现在了听课师生的面前。）

师：通过刚才加"啊"的美读，王勃内心那种丰富复杂的感情，就直观立体地呈现出来了。下面，我们来探究第三自然段，根据王勃内心的情感轨迹，看"唉"应该加在哪儿。

生19：我将"唉"加在了"地势极而南溟深，天柱高而北辰远"的后面，（生带着感情读）地势极而南溟深，天柱高而北辰远，唉！（生边读边配以摇头的动作）关山难越，谁悲失路之人；萍水相逢，尽是他乡之客。

师：为什么加在这里？

生19：前面"望长安于日下，目吴会于云间"，是说自己很难看到皇帝，在人生道路上，遇到许多挫折，自己有许多失意，但没有人关心，于是叹息一声。

师：理解得不错，还有人加在别的地方吗？

生20：我觉得应该加在"天高地迥"前面。（生带着无可奈何的感情读）穷睇眄于中天，极娱游于暇日。唉！天高地迥，觉宇宙之无穷；兴尽悲来，识盈虚之有数。

师：加在这个地方，有什么道理呀？

生20：从表达方式来看，"天高地迥"的前面是写景，那么后面就是作者的抒情议论了，因此，在"天高地迥"这里加"唉"，引出下面的感慨。

师：很不错，你从表达方式的角度来寻找加"唉"的地方，有创意。当然，一千个人就有一千种读法，在我看来，第三段中有一个明显的表感情转折的句子，那就是——

生：兴尽悲来。

师：对了，"兴尽悲来"，"兴"，高兴，"悲"，悲痛，自然就会发出哀叹的声音。因此，"唉"字加在"兴尽悲来，识盈虚之有数"与"望长安于日下，目吴会于云间"之间更好。下面，我们来创读一下第三自然段（教师出示加了"唉"的第三自然段幻灯片）

遥襟甫畅，逸兴遄飞。爽籁发而清风生，纤歌凝而白云遏。睢园绿竹，气凌彭泽之樽；邺水朱华，光照临川之笔。四美具，二难并。穷睇眄于中天，极娱游于暇日。天高地迥，觉宇宙之无穷；兴尽悲来，识盈虚之有数。唉！望长安于日下，目吴会于云间。地势极而南溟深，天柱高而北辰远。关山难越，谁悲失路之人？萍水相逢，尽是他乡之客。怀帝阍而不见，奉宣室以何年？

师（指着幻灯片分配任务）：全部同学读"唉"字前面的内容，读到"唉"字，就只由第1、2、3、4组同学读，其他同学不读了。而且，读"唉"的时候你们都要摇头（教师边摇头边说，引得师生大笑）。

（学生按教师的要求读第三自然段。）

师：同学们，我们通过深入其境地情读，了解了王勃在写《滕王阁序》时的那种丰富复杂的心理活动。

（四）绘声绘色（美读）

师：下面，最后一个步骤，绘声绘色——美读。

怎么美读？同学们，这篇文章是放在我们教材（粤教版）第4单元中的。第4单元的课文有一个共同特点，就是这些文章都是"骈文"，前面讲了，骈文讲求对仗，平仄相对，音律和谐。因此，我们可以把它当成诗歌来读。（教师出示经过了创造性处理的美读文本，学生按教师要求美读）

> （单读）豫章故郡
>
> 洪都新府
>
> 星分翼轸
>
> 地接衡庐
>
> 襟三江而带五湖
>
> 控蛮荆而引瓯越
>
> （齐读）物华天宝
>
> 龙光射牛斗之墟
>
> 人杰地灵
>
> 徐孺下陈蕃之榻
>
> 雄州雾列
>
> 俊采星驰
>
> 台隍枕夷夏之交
>
> 宾主尽东南之美
>
> （单读）都督阎公之雅望
>
> 棨戟遥临
>
> 宇文新州之懿范
>
> 襜帷暂驻
>
> （齐读）十旬休假
>
> 胜友如云
>
> 千里逢迎
>
> 高朋满座
>
> 腾蛟起凤
>
> 孟学士之词宗

紫电青霜

王将军之武库

（单读）家君作宰

路出名区

童子何知

躬逢胜饯

时维九月

序属三秋

（齐读）潦水尽而寒潭清

烟光凝而暮山紫

（单读）俨骖騑于上路

访风景于崇阿

临帝子之长洲

得天人之旧馆

（齐读）层峦耸翠

上出重霄

飞阁流丹

下临无地

（单读）鹤汀凫渚

穷岛屿之萦回

桂殿兰宫

即冈峦之体势

披绣闼

俯雕甍

（齐读）山原旷其盈视

川泽纡其骇瞩

闾阎扑地

钟鸣鼎食之家

舸舰迷津

青雀黄龙之舳

（单读）啊！云销雨霁

彩彻区明

落霞与孤鹜齐飞

（齐读，声音由大到小）齐飞 齐飞 齐飞 齐飞

（单读）秋水共长天一色

（齐读，声音由大到小）一色 一色 一色 一色

（单读）渔舟唱晚

（齐读）响穷彭蠡之滨

（单读）雁阵惊寒

（齐读）声断衡阳之浦

（单读）遥襟甫畅

逸兴遄飞

（齐读）爽籁发而清风生

纤歌凝而白云遏

（单读）睢园绿竹

（齐读）气凌彭泽之樽

（单读）邺水朱华

（齐读）光照临川之笔

（单读）四美具

二难并

穷睇眄于中天

极娱游于暇日

（齐读）天高地迥

觉宇宙之无穷

兴尽悲来

识盈虚之有数

（单读）望长安于日下

目吴会于云间

（齐读）地势极而南溟深

天柱高而北辰远

（单读）关山难越

（齐读）谁悲失路之人

（单读）萍水相逢

（齐读）尽是他乡之客

（单读）嗟！怀帝阍而不见

　　　　奉宣室以何年

（齐读）以何年　以何年　以何年　以何年

（单读）嗟乎

　　　　时运不齐

　　　　命途多舛

　　　　冯唐易老

　　　　李广难封

（齐读）屈贾谊于长沙

　　　　非无圣主

　　　　窜梁鸿于海曲

　　　　岂乏明时

（单读）所赖君子见机

　　　　达人知命

　　　　老当益壮

（齐读）宁移白首之心

（单读）穷且益坚

（齐读）不坠青云之志

（单读）酌贪泉而觉爽

　　　　处涸辙而犹欢

（齐读）北海虽赊

　　　　扶摇可接

　　　　东隅已逝

　　　　桑榆非晚

　　　　孟尝高洁

　　　　空余报国之情

阮籍猖狂

岂效穷途之哭

（单读）勃

三尺微命

一介书生

无路请缨

（齐读）等终军之弱冠

（单读）有怀投笔

慕宗悫之长风

舍簪笏于百龄

奉晨昏于万里

非谢家之宝树

接孟氏之芳邻

（齐读）他日趋庭

叨陪鲤对

今兹捧袂

喜托龙门

（单读）杨意不逢

（齐读）抚凌云而自惜

（单读）钟期相遇

（齐读）奏流水以何惭

呜乎

胜地不常

盛筵难再

兰亭已矣

梓泽丘墟

（单读）临别赠言

幸承恩于伟饯

登高作赋

是所望于群公

（齐读）敢竭鄙怀

　　　　恭疏短引

　　　　一言均赋

　　　　四韵俱成

　　　　请洒潘江

　　　　各倾陆海云尔

（单读）滕王高阁临江渚，

　　　　佩玉鸣鸾罢歌舞。

（齐读）罢歌舞。罢歌舞。罢歌舞。罢歌舞。

（单读）画栋朝飞南浦云，

　　　　珠帘暮卷西山雨。

（齐读）西山雨。西山雨。西山雨。西山雨。

（单读）闲云潭影日悠悠，

　　　　物换星移几度秋。

（齐读）几度秋。几度秋。几度秋。几度秋。

（单读）阁中弟子今何在？

（齐读）今何在？今何在？今何在？今何在？

（单读）槛外长江空自流。

（齐读）空自流。空自流。空自流。空自流。

（教师在学生读时，配以动作，学生读得波澜起伏，全体师生热烈鼓掌。）

师：读得太感人了。（总结）这节课，我们通过挑战极限背读、师生互动赏读、深入其境情读、绘声绘色美读四个步骤，读出了《滕王阁序》中的景色，读出了《滕王阁序》中的情感，读出了《滕王阁序》中的哲思，读出了《滕王阁序》中的写作手法。

最后，请全体同学站起来，齐读。（教师出示齐读材料）

天下名楼何处是

独占鳌头滕王阁

滕王阁！滕王阁！滕王阁！滕王阁！哇！！

师（指着幻灯片）：注意，同学们在读重复的"滕王阁"三字时，声音由小到大，在读"哇"时，都要把双手举起来，好不好？

（采用情境体验法设置悬念，师生情绪高涨，都情不自禁地读起来。课堂教学氛围达到高潮，全场热烈鼓掌。）

师：这节课讲到这里，谢谢同学们，谢谢众多听课的老师！

2014年2月25日，何泗忠老师与江西宁师中学教师深入
讨论《滕王阁序》悬念教学法

九、《庖丁解牛》悬念教学实录

2017年4月27日，深圳市高中语文名师和青年教师"异课同构"研究课活动在深圳市第二高级中学举行。本次活动由深圳市教科院主办，来自深圳市和广州市的上百所学校的500多名教师前来观摩听课。在这次活动中，我受深圳市教科院邀请，上了一节《庖丁解牛》的公开观摩课。课后，教师们反响强烈。他们一个共同的话题是从来没有听人这样解读《庖丁解牛》，切入巧，角度新，方法奇，效果好。有不少听课教师问我为什么能设计出这样奇特的课例。有一个叫王丹的老师对我说，您的《庖丁解牛》真牛，如此解读，亏您想得出。几天过去了，还有不少教师发来微信鼓励我，其中一个微信朋友套用《庖丁解牛》中的话：何特庖丁解牛，技盖至此乎？我亦答曰：臣之所好者，道也，进乎技矣，在这里，我所说的"道"，就是一种理想的追求。

上课时间：2017年4月27日

上课班级：高二（18）班

上课地点：深圳市第二高级中学二楼报告厅

听课教师：来自广东省各地教师共约1100人

师：同学们，今天，我们来学习庄子的一篇散文《庖丁解牛》，学习之前，请同学们先自由地阅读课文。古人读书时是摇头晃脑的，下面请同学们读起来，看谁摇头的幅度大。

（在教师的鼓动下，学生们摇头晃脑、津津有味地读起来。）

师：这节课，我打算采用悬念教学法，从四个维度来学习这篇课文。（教师出示幻灯片，并指着幻灯片说）

初读课文，品味《庖丁解牛》的语言艺术。

再读课文，赏析《庖丁解牛》的文学形象。

三读课文，探究《庖丁解牛》的文章结构。

四读课文，挖掘《庖丁解牛》的文化意蕴。

我们先开始第一个步骤——初读课文，品味《庖丁解牛》的语言艺术。（教师出示幻灯片）

（一）初读课文，品味《庖丁解牛》的语言艺术

师：刚才同学们齐读得很好，下面，看哪位同学能自告奋勇地读一下。（一女生举手）

师：好，你来读。大家认真听，看她读得是否流畅，字音读准没有。

（女生声情并茂地读起来，读完，学生热烈鼓掌。）

师：她读得怎么样？

生1：整体来看读得很好，读出了一种庖丁解牛之美，但有一个字读错了。

师：哪个字？

生1："因其固然，技经肯綮之未尝"的"技"，她读成了技（jì），此处应读技（zhī）。

师：为什么读技（zhī）？

生1：因为此处是通假字，"技"通"枝"。

师：嗯，确实应读"技"（zhī），其实课文中有注释，看了这个注释，就不会读错。好，刚才同学们自由地读了此文，又有同学单独朗读了此文，对文本内容应该有一个大体的了解了。请问，这篇文章涉及几个人物？

生（齐）：两个。

师：哪两个？

生2：一个是庖丁。

师：庖丁姓什么？

生2：姓庖。

师：是姓庖吗？

生3：错了，姓丁。

师：确定吗？

生4：错了，既不姓庖，也不姓丁。

师：那庖丁解牛，庖丁肯定是人，我们做何解释？

生4：庖，是厨师的意思，丁是名。"庖丁"的意思是一个名叫丁的厨师。

（此处教师采用问题诱导法设置课堂悬念，激起学生的探究欲望，让学生自己搞清"庖"字的含义。）

师：对了，他的理解十分正确。春秋战国时代，人们称呼以某种技艺为职业的人，习惯在其名字前面加上一个表其职业的词。例如，师旷，师，乐官的称谓，指一个名叫旷的乐师。奕秋，奕，下棋的高手，指一个名叫秋的下棋高手。好，刚才同学们知道了庖丁的含义。书中两个人物，除了庖丁之外，还有一个是谁呢？

生（齐）：文惠君。

师：对了，文惠君在本文中说了几句话。请同学们找找看，哪几句话？

（生好奇地在文中寻找，一会儿，有学生回答。）

生5：两句话。

师：哪两句，读给大家听听？

（生5读。）

师：对了，就是这两句。（教师出示幻灯）

文惠君曰："嘻，善哉！技盖至此乎？"

文惠君曰："善哉！吾闻庖丁之言，得养生焉。"

师（指着幻灯片）：两句话都用了"善哉"这个词，但前面一句在"善哉"前面用了"嘻"字，"嘻，善哉！"后面一句没用。那么，我觉得前面那句话的"嘻"字也可以去掉，"善哉！技盖至此乎？"你们说，去掉"嘻"字，行不行？

生6：不行。

师：为什么不行？

生6：加了"嘻"字更真实，第一段说庖丁解牛非常厉害，文惠君看到这种高超的解牛技艺发出了感叹，这个"嘻"字有一种惊叹和由衷的赞扬之意。

师：这个"嘻"字，相当于现在的什么感叹词？

生（齐）：哇！哇！

师：哇！哇！善哉！"善哉"什么意思啊？

生（齐）：好啊！

师：哪位同学把文惠君这句话读一下？要读出惊叹感来。

（学生纷纷举手。）

生7（摇头晃脑地读）："嘻，善哉！技盖至此乎？"

师：她读得怎样？

生8：稍显平淡了些，没有读出惊叹情感，另外，"盖"字读错了，应读"hé"音。

师：为什么？

生5：因为它是通假字，通"盍"。

师：嗯，"盖"字确实应该读"hé"，你说她读得平淡了些，那你来读一下好不好？

（生8摇头晃脑地、声情并茂地读，听课师生脸上露出由衷的微笑）

师：他读得很好，"盖"字重读，"乎"字拖长并升高，读出了一种惊叹感。下面全体同学齐读，读出惊叹感来，在读"乎"字的时候，都要摇头，好不好？

生：好。

师：全体同学站起来读这句话。

（生站起来齐读，当读到"乎"字时，同时摇头，听课教师对此教学设计惊叹不已。）

师：那么，庖丁解牛，文惠君为何会发出"嘻"这样的惊叹之声？请同学们研读第一自然段，看看庖丁解牛到底有什么特点，到底值不值得文惠君来一声"嘻"的惊叹。

（学生认真研读，约3分钟过后，学生站起来回答问题。）

生9：庖丁解牛的每个动作都十分优雅。

师：在第一段中能找到依据吗？哪个地方能看出来他的动作很优雅？

生9：合于《桑林》之舞，乃中《经首》之会。

师：合于《桑林》之舞，乃中《经首》之会，"中"是什么意思？

生9："中"是合乎的意思。就是说，庖丁解牛合乎音乐的节拍和节奏，解牛发出的响声有一种音乐的美。

师：理解正确。文惠君除了用听觉去感受庖丁解牛之外，还通过什么感官去感受庖丁解牛呢？

生9：还通过视觉去感受庖丁解牛。

师：正确，通过视觉去感受庖丁解牛。那么文惠君看到庖丁解牛用了哪些动作呢？

生9：手之所触，肩之所倚，足之所履，膝之所踦，庖丁解牛，用到手、肩、脚、膝盖，而且动作十分熟练、协调。

师：分析得十分精彩。那么，"手之所触，肩之所倚，足之所履，膝之所踦"中的"所"是什么意思呢？

生9：所，是"什么什么的地方"的意思。手所接触的地方，肩膀所倚靠的地方，脚所踩的地方，膝盖所顶的地方。

师：嗯，"所"，什么什么的地方，我们以前学过没有？

生9：学过，在韩愈的《师说》中学过。

师：对，你能说出那句话吗？

生9：是故无贵无贱、无长无少，道之所存，师之所存也。道理存在的地方，就是老师存在的地方。

师：很好，现在，我们来总结一下庖丁解牛有什么特点。（教师出示幻灯片）

视觉（动作）手触—肩倚—足履—膝踦

（舞蹈化）——合于《桑林》之舞

听觉（响声）砉、騞——莫不中音

（音乐化）——合于《经首》之会

师（指着幻灯片）：同学请看，庖丁解牛，动作舞蹈化，响声音乐化，这些，刚才我们同学都提到了。那么，现在请同学们考虑一下，我把"庖丁解牛"的"解"字换成庖丁"宰"牛、庖丁"杀"牛、庖丁"屠"牛行不行。

（教师采用词语替换法设置悬念，学生兴趣盎然，认真思考，有的同桌不禁窃窃私语，相互讨论起来，约3分钟后，学生自动举手回答问题。）

生10：我觉得可以换成宰牛、杀牛、屠牛，因为庖丁是一个屠夫，他干的就是宰牛、杀牛的事情，我们平时也都是这样说的，倒是很少说解牛。庖丁解牛，其实就是说庖丁杀了一头牛。

生11：我不同意他的观点，这里不能换。

师：为什么？

生11：因为庖丁不是一个一般的屠夫。他的技艺特别高超，对牛的结构十分了解。解，是解剖，必须懂得牛的结构才能去解剖，普通的屠夫只是杀牛。

师：他解释得非常好（教师出示幻灯片，并解释《说文解字》对"解"的解释）解，《说文解字》是这样解释的：判也，从刀，判牛角。本义，剖牛，取牛角。所以，的确如刚才同学所说，庖丁不是一个普通的屠夫，他懂得牛的结构，他不是一般的杀牛，而是解剖牛，所以这里不能换成庖丁宰牛、杀牛、屠牛。同学们，你们看过杀猪吗？看过杀鸡吗？

（学生兴致非常高，大声回答"看过"，听课教师也发出了笑声。）

师：杀猪、杀鸡的时候，你们听到的声音是什么声音？

（有的学生答会听到惨叫的声音，有的学生还模拟猪惨叫、鸡惨叫的声音，课堂气氛十分活跃。）

师：对了，就是这惨叫的声音！

（听课师生大笑。）

师：然而，庖丁解牛，我们听到牛的惨叫声了吗？

生：没有，听到的只是音乐的声音。

师：对了，写解牛时不闻牛惨叫，只能听到悦耳的刀声，暗示了牛在毫无痛苦的情形下被"解"了，说明庖丁的技艺确实到达了至高境界。（听课师生脸上露出会心的微笑）下面，请同学们用一个恰当的成语来描绘一下庖丁解牛的这种境界，好不好？

（学生纷纷举手。）

生12：庖丁解牛，炉火纯青。

生13：出神入化。

生14：随心所欲。

生15：登峰造极。

生16：登堂入室。

师：很好，这些成语都能概括庖丁解牛的境界。其实，庖丁的这种至高无上的解牛境界，从庄子的语言表现形式也可以表现出来。这种诗意的美，从庄子的语言形式外化出来了。（教师出示如下幻灯片）

品味《庖丁解牛》的语言艺术

庖丁为文惠君解牛。

手之所触，

肩之所倚，

足之所履，

膝之所踦，

砉然向然，

奏刀騞然，

莫不中音：

合于《桑林》之舞，

乃中《经首》之会。

文惠君曰：嘻，善哉！技盖至此乎？

师（指着幻灯片）：同学们看看，我这样排列像不像诗歌呀。庄子有很高的语言驾驭能力，散文词汇丰富，描情状物多姿多彩，句式整齐，读起来声调铿锵有力，富有诗意。所以，通过庄子语言的外化，也可以看出庖丁解牛这种出神入化之美。同学们，君子远厨庖，但庖丁解牛，我们都想看。我们现在来美读一下第一自然段，来领略一下庄子的语言艺术。（教师出示幻灯片）

庖丁为文惠君解牛。

手之所触，

肩之所倚，

足之所履，

<u>膝之所踦，</u>

<u>砉然向然，</u>

奏刀騞然，

莫不中音：

合于《桑林》之舞，

乃中《经首》之会。

文惠君曰：嘻，善哉！

嘻，善哉！

嘻，善哉！

技盖至此乎？

师（指着幻灯片）：请一个同学朗读，遇到画线句子，全班同学加入读。你们发现没有，画双线的句子，字形由小到大，你们读时，声音也要由小到大，以直观形象地体现出文惠君惊讶赞叹的情感。

听课教师对这个精妙设计非常赞赏

（教师通过奇妙的板书设置课堂悬念，激起学生极大的朗读文言文的兴趣，使文言文教学有趣有味又高效，果然，学生按照教师要求兴趣盎然地摇头晃脑地读起来，教师也手舞足蹈，课堂气氛十分活跃，听课教师对这个精妙设计非常赞赏。）

师：美不美呀，美，怪不得文惠君看到庖丁解牛以后会发出"嘻"这样赞叹的声音。好，我们前面初读了课文，品味了《庖丁解牛》的语言艺术。接下来，我们再读课文，探究《庖丁解牛》的文学形象。（教师出示幻灯片）

（二）再读课文，探究《庖丁解牛》的文学形象

师：同学们，这篇散文是放在第四单元。这个单元的主题是创造形象、诗文有别。形象是理解作品的重要依据。这篇课文创造了庖丁这个艺术形象。

前面讲了，庖丁解牛艺术高超，但世界上没有天生的人才，庖丁成为解牛高手，也不是天生的。请同学们认真研读第三自然段，寻找庖丁的成功秘诀，谈谈庖丁为什么能成为解牛高手。用我们现在的话来说是，为什么能成为大国工匠。

（教师在此处采用问题诱导法设置课堂悬念，引导学生带着问题去阅读文本，深度思考，学生产生了浓厚的兴趣，认真阅读第三自然段，探究庖丁成功的原因，有的同座位的同学展开讨论，约3分钟后，学生纷纷举手回答问题，谈自己的看法。）

生17：我觉得庖丁勤于思考，他喜欢的是道。臣之所好者，道也，进乎技矣。

师：道，是什么东西呀？

生18：道教。

（师生笑。）

师：是不是道教？

生18：错了，错了，应该是事物的自然规律。用我们现在的话说，就是他遵循了自然规律。

师：你的意思是说，庖丁能成为解牛高手，是因为他遵循了自然规律。好，这是一个很好的发现，她发现了庖丁成功的秘诀之一。

生19：我认为庖丁成功，还因为他善于总结。他解牛达到如此境界，经过了三个阶段。

师：哪三个阶段？

生20：目有全牛、目无全牛、游刃有余。

师：你能具体说说这三个阶段的内容吗？

生21：始臣之解牛之时，所见无非牛者，这是第一阶段，意思是说，刚开始杀牛时，见到的无不是一头完整的牛，也就是目有全牛。

师：目有全牛，这不是挺好吗？说明庖丁胸有成竹嘛！

生21：不是这么理解的，我的理解是，这说明庖丁这时对牛的结构还不了解，看到的只是牛的表象。

师：你的理解有深度，不错。继续说。

生21：三年之后，未尝见全牛也。这是第二阶段，意思是说，过了三年，庖丁不断积累经验，不断摸索，终于弄清了牛的内部结构，出现在他眼前的牛，不是一头完整的牛了，这是目无全牛的阶段。

师：你的理解有道理。三年之后，他了解了牛的结构，所以目无全牛了。这是对的，就好像医生看人一样。我们不懂医的人，看到的无非是一个完整的人，但是医生，尤其是学过解剖学的医生，他看人可能就看到了人的五脏六腑。这个时候，说明庖丁对牛体结构有了深入的了解。不错，理解很到位。那么，第三阶段呢？

生21：方今之时，臣以神遇而不以目视，官知止而神欲行。这是游刃有余的阶段。现在庖丁杀牛，凭直觉，根本不用眼睛看了。

师："神遇"，就是用精神去接触牛，这是一种杀牛的至高境界。我们的同学理解得很透彻呀。啊！刚才两位同学已发现了庖丁成功的两个秘诀：一是有理想的追求，臣之所好者，道也；二是不断探索，善于探索规律。好，不错，这些都是庖丁取得成功的原因，还有新发现吗？

生22：做事谨慎，不骄傲。

师：哪里看出？

生22：虽然，每至于族，吾见其难为，怵然为戒，视为止，行为迟，动刀甚微。从这里可以看出来。

师：不错，那么，刚才你说的这段文字里，有些古今异义词，你发现了没有？

生22：我觉得"虽然"算是一个，虽然，现在是表转折的连词，这里应该是"即使这样"之意，还有"行为迟"的"行为"，现在是"行动"，这里是"动作因此"的意思。

师：很好，这几个词的确是古今异义词，那么，你能不能把这段文字翻译出来呢？

生22：好的。即使这样，每当碰到（筋骨）交错聚结的地方，我看到那里很难下刀，就格外小心谨慎，目光因此而集中，动作因此而放缓。动起刀来非常轻。

师：翻译做到了字字落实，高考文言文翻译是一个常考题目，10分，它就要求字字落实，凭你的实力，假如你今年参加高考，翻译估计可以得满分。好，他又发现了庖丁成功的秘诀，做事谨慎，不骄傲。

生23：老师，我也有发现。

师：哦，好啊。说说看。

生23：庖丁成功，我认为他有一种坚持不懈的精神。

师：能不能稍稍展开一点来说？

生23：庖丁说，他的刀用了十九年了，"所解数千牛矣，而刀刃若新发于硎"。专心做一件事情，十九年，而且杀了几千头牛，几十年如一日，专心做一件事，而且长期反复练习，不想成为专家，也会变成专家。

师：说得多好。现在有一种说法，一项技能反复练习10000个小时就能成为专家，我看，庖丁就是这样锻炼出来的。你这个发现了不起。

生24：老师，我也有新发现。庖丁解牛时，注意方法，不去碰硬骨头。

师：哦，不碰硬骨头？在哪儿？把这句话读给大家听听。

生24："依乎天理，批大郤，导大窾，因其固然，技经肯綮之未尝，而况大軱乎！"

师：找对了。庖丁解牛是按照牛的天然结构，顺着骨节间的空处进刀，所以，他的刀具总是保持锋利无比，杀起牛来，也自然比别人干脆利索。确实是庖丁成功的原因。

生25：（迫不及待地）老师，我也有新发现。俗话说，知之者不如好之者，好之者不如乐之者。庖丁之所以能成功，一个最重要的原因是他喜欢自己的事业，他陶醉在自己的事业中。

师：何以见得？

生25：庖丁解牛成功后，提刀而立，为之四顾，为之踌躇满志；他提着刀站立起来，为此举目四望，为此悠然自得，心满意足。从这里可以看出，他从内心喜欢热爱自己的职业，没有这种对事业的热爱，即使练习10000个小时，也不可能成功！

（听课师生为学生精彩的发言而热烈鼓掌。）

师：我们的同学真了不起，有些看法我都没想到啊！通过同学们的探究，我们基本上找到了庖丁的成功秘诀。（教师归纳总结，出示幻灯片）

一是庖丁成功，有理想的追求。

二是庖丁有坚持不懈的探求精神。这种探求经历了三个阶段（教师出示幻灯片）。

解牛的三个阶段：

（1）"始臣之解牛之时"——"所见无非全牛也"。

（2）"三年之后"——"未尝见全牛也"。

（3）"方今之时"——"以神遇而不以目视"。

目有全牛→目无全牛→游刃有余

（不懂规律）（认识规律）（运用规律）（了解规律）（掌握规律）

师：由庖丁解牛的三个阶段，我想到大学者王国维的人生三境界说。（教师出示幻灯片）

清代王国维《人间词话》人生三境界说：

昨夜西风凋碧树。独上高楼，望尽天涯路。

臣之所好者，道也——不畏艰难，目标高远

衣带渐宽终不悔，为伊消得人憔悴。

三年之后、方今之时——坚定不移，孜孜以求

众里寻他千百度，蓦然回首，那人却在灯火阑珊处。

以神遇而不以目视——千锤百炼，终成正果

庖丁解牛的三个阶段，正与王国维的人生三境界相对应。一个人在事业上要取得成功，必须要经历这三个阶段。

三是庖丁顺其自然，不去强求，依乎天理，批大郤，导大窾。

四是庖丁谨慎行事，绝不莽撞，每至于族，吾见其难为，怵然为戒，视为止，行为迟。

五是庖丁热爱自己的本职工作，提刀而立，为之四顾，为之踌躇满志。

我想，一千个读者就会有一千个庖丁，其实，庖丁形象的内涵还远远不止这些，由于时间关系，我们只能探究到这儿。同学们，庄子在塑造庖丁形象的时候，还用了许多成语，请同学们再度阅读第三自然段，从中找出一些成语，看谁找得多，我们来一个找成语比赛，好不好？

（此处，教师抓住学生的好奇心和好胜心理，设置悬念，激起学生斗志，学生再度迅速进入文本，研究文本，寻找成语，把握形象，约2分钟后，学生跃跃欲试，纷纷举手回答问题。）

生26：目无全牛。

师：正确，你能用"目无全牛"造句吗？

生26（略做思考）：只要肯下功夫，你的技艺日后必能达到庖丁目无全牛

的境界。

师：他造句对不对？

生：正确。

师：造句正确，说明他对这个成语理解了。好，谁还能再来说说成语？

生27：切中肯綮。

师：找对了，这的确是个成语，你能解释这个成语吗？

生27：比喻切中要害，找到了解决问题的好办法。

师：不错，解释很好。

生28（迫不及待地）："游刃有余"也是成语。

生29："踌躇满志"也是成语。

师：哇，我们的同学眼光锐利，找到了好几个了。

生30：老师，还有"庖丁解牛"也是成语呢！

生31：我觉得"怵然为戒"也是成语。

师：为什么？

生31：因为它是四个字。

师（笑）：四个字的就一定是成语吗？你查过字典没有？

生31：查不到。

师：那就是你创造的一个成语，成语是语言中经过长期使用、锤炼而形成的固定短语，"怵然为戒"应该不是成语。还有没有成语呢？（没有学生举手了，教师于是出示幻灯片）

找成语比赛

①庖丁解牛

②目无全牛

③官止神行

④切中肯綮

⑤批郤导窾

⑥游刃有余

⑦踌躇满志

⑧善刀而藏

⑨新硎初试

师：到此为止，我们采用悬念教学法，从语言的角度、文学的角度学习了庖丁解牛，下面，我们从文章的角度进一步探究《庖丁解牛》这篇课文的结构。（教师出示幻灯片）

（三）三读课文，探究《庖丁解牛》的文章结构

师：我们说，文章中，文惠君说了两句话。（教师出示幻灯片：文惠君的两句话）

文惠君曰："嘻，善哉！技盖至此乎？"

文惠君曰："善哉！吾闻庖丁之言，得养生焉。"

师（指着幻灯片）：前面一句，文惠君说，"嘻，善哉！技盖至此乎？"后面一句，文惠君就不说"嘻"了，你们想想看，前面"嘻"，后面就不"嘻"了，为什么？

（在这里，教师抓住"嘻"字，采用对照法设置课堂悬念，激起听课师生极大的兴趣，听课师生为教师的独到方法发出惊叹之声，学生思考并与同桌讨论，一会儿，学生举手回答问题。）

生33：前面有"嘻"，是因为文惠君看到庖丁解牛的出神入化，视觉产生了震撼而发出惊叹，翻译成现在的话就是"哇，好厉害呀！"而后面不"嘻"，是因为庖丁阐释了自己为何能达到这种境界的原因，文惠君明白了道理，于是不"嘻"不"哇"了。

师：我们的同学真厉害呀。实际上，这位同学把这篇文章的结构揭示出来了。下面哪位同学能在刚才这位同学的基础上，来说说这篇文章的结构特点？

生34：我从"嘻"字出不出现和刚才同学的回答受到启发，我觉得这篇文章属递进式结构。

师：你能说具体一点吗？

生34：首先，第一自然段，是正面描写庖丁解牛很厉害、技术高超。第二自然段，是通过文惠君的赞叹，从侧面描写庖丁解牛技术的高超。第三自然段，则是进一步阐明庖丁解牛为什么技术高超。最后一段，明白道理，点出主旨。所以，我认为文章是递进式结构。

师：说得很好，通过刚才同学们的探究，基本上把握了这篇文章的结构特点。的确，这篇文章是递进式结构。叶圣陶先生说："思想是有一条路的，一句一句、一段一段都是有路的，好文章的作者是决不乱走的。"以上，我们从三个层面解读了《庖丁解牛》这篇课文，下面，我们从第四个维度，挖掘这篇课文的文化意蕴。（教师出示幻灯片）

（四）四读课文，挖掘《庖丁解牛》的文化意蕴

师：同学们，文章的标题是"庖丁解牛"，而结尾文惠君却说："善哉！吾闻庖丁之言，得养生焉。"可见，文章是庄子谈养生之道的。前面三段谈解牛之道是为了引出最后谈养生之道。那么请问，解牛之道与养生之道有什么相似之处？请同学们讨论一下这个问题。

（这里，教师采用问题诱导法设置悬念，以引发学生思考，学生先独立思考，继而热烈讨论，约3分钟后，学生纷纷举手回答问题。）

生35：庖丁解牛是顺其自然，遵循牛的生理结构，然后庄子谈的养生之道也是要顺其自然的。

师：你是说解牛之道与养生之道的共同点就是顺其自然，对不对？

生35：是的，"良庖岁更刀，割也；族庖月更刀，折也。今臣之刀十九年矣，所解数千牛矣，而刀刃若新发于硎"，这把刀，就相当于人的身体，人只有像庖丁解牛一样，遵循自然，爱护保养那把刀，顺应自然，才能永葆青春，才能活得久，不会早夭。

师：说得很好，庄子写这篇文章的本意，就是告诉人们如何养生、全生。在这里，庄子是用牛体的复杂结构来比喻社会，用刀来比喻人。谁还想补充？

生36：庖丁面对交错复杂的牛的筋骨，能够游刃有余，主要是因为他解牛时能"依乎天理""因其固然"，并持"怵然为戒"的审慎、关注的态度。人要在纷繁芜杂的社会里做到"游刃有余"，做到养生，就必须像庖丁那样。

师：人们要养生，也要做事顺乎其理，毋强行，小心翼翼，虽踌躇满志但不得意忘形、锋芒毕露，这样才能保身、全生、养亲、尽年。是不是？我们的同学对这篇文章的解读很深啊，了不起！这篇课文是《庄子·养生主》里的一则寓言。题目是后来加的，原意是讲养生之道。养生主，指养生的主要关键。《庄子·养生主》所揭示的主题思想是护养精神生命的方法莫过于顺其自然。（教师出示幻灯片，介绍庄子的思想）

中国的先秦是一个属于思想家的年代。在群星璀璨的夜空中，庄子是那类耀眼的明星之一。这个枯瘦的老人家像一只下蛋的鸡，趴在大自然的巢穴里勤勉地生产思想的鸡蛋，然后咯咯地叫着"天道自然，养生全身"八个字，向人们传播自己的思想。庄子的思想被后人称为最早的关注人心灵的哲学。

师：同学们，春秋战国时代，也像牛的结构一样那么复杂，各诸侯国你征我伐。针对当时的社会状况，各家各派、不同的文化流派开出了不同的药方。（教师出示幻灯片）

纵横家开"暴力"之药方，逆天理，伤民众。

法家开"法律"之药方，认为"人性本恶"，应驾驭统治臣民。

儒家开"仁义"之药方，认为应教化民众，积极救世。

庄子则开"自然"之药方，庄子认为，治理国家要依乎天理，遵从自然，善待生命。"小心依道而行"，就要像庖丁解牛一样，解了牛而不伤刀，治理了国家又不劳民伤财才是最高境界。

其实，庄子的《庖丁解牛》对我们今天的为人处世也是有启发意义的。著名的文化学者于丹说过一段这样的话。（教师出示幻灯片）

我们把这个故事用在今天的生活中，如果我们人人做成这样一个庖丁，让我们的灵魂上有这样的一把可以永远锋利的刀子，让我们迷失在大千世界中的生活轨迹变成一头整牛，让我们总能看到那些缝隙，能够准确地解清它，而不必说去砍骨头，去背负担，大家不必每天在唉声叹气中做出一副悲壮的姿态，让人生陨落很多价值，那么我们获得的会是人生的效率。

——于丹《庄子心得》

师（指着幻灯片）：让我们深情地朗诵一下于丹的这段话。

（学生深情朗读，课堂教学达到高潮。）

师：以上，我们采用悬念教学法，通过"初读课文，品味《庖丁解牛》的语言艺术；再读课文，探究《庖丁解牛》的文学形象；三读课文，探究《庖丁解牛》的文章结构；四读课文，挖掘《庖丁解牛》的文化意蕴"这四个步骤，全方位地解读了庄子的《庖丁解牛》。下面，我给大家出了一道高考作文题。（教师出示幻灯片）

1. 当今提倡工匠精神,要想成为大国工匠,我们从《庖丁解牛》中能得到怎样的启示?

2. 阅读下面的材料,根据要求写一篇不少于800字的作文。

材料一:明人魏学洢在《核舟记》一文中表现了明代工匠王叔远高超的雕刻技艺。文中描绘他能以径寸之木,为宫室、鸟兽、木石,各具形态。令人啧啧称奇,久久不能忘怀。

材料二:纵观世界工业发展史,凡工业强国都是技师技工的大国。在日本,整个产业工人队伍中,高级技工占40%,德国则达50%。而中国这一比例仅为5%,全国高级技工缺口近1000万人。在职业教育方面,德国采用双元制,学校和企业进行密切合作,从理论学习到实践技能的培养,以及整个工作思维、问题思维、职业思维的养成,便是"德国制造"的基石。

要求:综合材料内容及含义,结合现实情况作文。选好角度,确定立意,明确文体,自拟标题,不要套作,不得抄袭。

师(指着幻灯片):尤其第二道题目像高考题,是我的大学同学蒋雁鸣老师出的,她可是湖南一位很有名的特级教师啊!请同学们课后写好这篇作文,今天的课讲到这里,谢谢同学们!

十、《愚公移山》悬念教学实录

上课时间:2018年10月22日

上课地点:广东省佛山市华英学校

上课班级:初二(16)班

听课教师:来自佛山各校教师共约600名

主持人:各位来宾,"聚焦课堂、激活思维,同课异构"活动第二场的授课即将开始,为我们授课的是何泗忠老师,授课班级为初二(16)班。

何老师是语文特级教师,深圳市高考模拟考试命题专家组核心成员,深圳市继续教育课程开发专家、主讲教师,深圳大学、华南师范大学、深圳城市学院兼职教授,深圳大学硕士研究生导师,深圳市名师工作室主持人、广东省名教师工作室主持人,广东省教育学会评价专业委员会副理事长。何老师同时还是"悬念语文"教学法体系的创建者和实践者。何泗忠老师拥有30多年的教育教学经验，他的课堂旁征博引、幽默风趣、悬念迭出、扣人心弦，深受学生的欢迎。下面有请何泗忠老师为我们授课。

（全体师生鼓掌。）

师：好的，我们现在就开始上课。同学们好，上课！

生：老师好！

师：同学们好！请坐。我们今天来讲《愚公移山》一课。其实《愚公移山》这篇文章以前是没有标点符号的，而且古人读书一般会摇头晃脑地去读，"太行、王屋二山"（教师范读，边读边摇头），就是这样读。下面就请同学们再朗读一遍，用什么方式呢？可以摇头，看谁的头摇得好，好不好？下面开始。"太行"预备——读。

（生按教师要求，兴致勃勃地、摇头晃脑地读起来。）

师：嗯，读得很好。我看到有同学一直在摇头，而且摇得特别有节奏，有古人读书的韵味。好，下面我就叫一个同学来读一下这篇文章，看谁来？科代表是谁啊？好，来吧，科代表。我们来认真听他读，看他字音读得准不准，节奏把握得怎样。好，你就开始读吧！

（科代表声情并茂地读起来。）

师：怎么样？读得怎么样？

生：挺好的吧？

师：不愧是科代表啊，读音有没有错误啊？

生：没有。

师：真了不起啊！好，同学们，我们先看一下这个字。（教师出示幻灯片）

"山"字的象形文字

师：这是一个什么字啊？

生：山。

师：对了，你看这个山字，像不像我们外面看过的那些山啊，像不像？

生：像。

师：对了，我们的文字是属于拼音文字还是象形文字呢？

生：象形文字。

师：象形文字，哦，这个大家都知道啊。象形文字，就是古人看到一个什么样的东西像什么，他就照那个样子把它画出来，最开始我们的文字应该就是这样造出来的。而且中国是书画同源的，因此有些书法家在写字的时候，会运用那种艺术，把他的艺术通过书法曲折隐晦地、艺术性地表现出来，如这个"山河"。（教师出示幻灯片）

"山河"的书法

师：你们看，这是不是有点像那个九曲黄河啊？十分形象吧。我有一个朋友，他写了三幅"愚公移山"的条幅给我。（教师出示幻灯片）

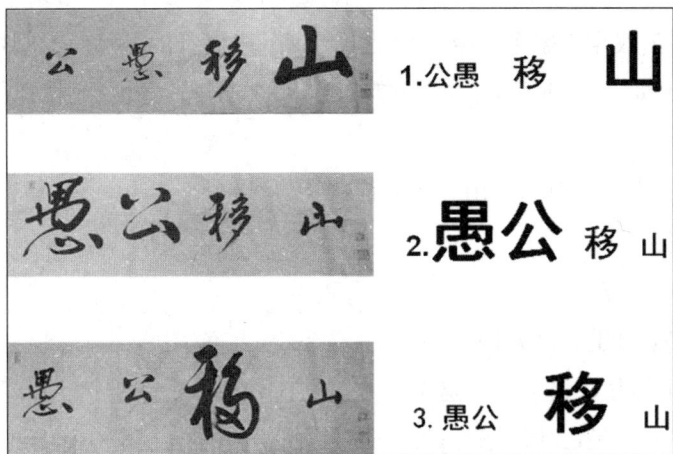

三幅"愚公移山"的条幅

大家比较一下，这三种书写在排列组合、布局谋篇上各有什么特点。

（生展开讨论，不一会儿，有学生举手回答老师提问。）

生1：第一幅，那个"山"写得特别大；第二幅，"愚公"写得特别大；第三幅，"移"字写得特别大。

师：这位同学观察特别仔细，确实把"愚公移山"三幅条幅的不同点给分析出来了。我就问我那个朋友，"你写这个'愚公移山'，为什么每次排列组合，包括里面的布局都不同啊？"他就说："我的书写体现了我在不同时期读《愚公移山》的不同的理解。"清代诗人张潮曾说过："少年读书，如隙中窥月；中年读书，如庭中望月；老年读书，如台上玩月。"意思是说，一个人随着自己年龄、身份、阅历的不同，往往对作品的解读也会不同。我的这位朋友，不同时期读出了不同的《愚公移山》，完全正常。下面就请同学们再次认真阅读课文，根据你对课文内容的理解，你会更认可以上哪种书写，即三种书写中谁更有道理、更符合文义，而且你要到课文中去找到依据，说明理由。好不好？读后，同座位的、前后左右的同学都可以讨论，看你更认可哪一种书写。好不好？

（此处，教师采用图文对照法设置悬念，引起学生兴趣。学生根据要求，认真阅读并展开讨论。）

师：大家讨论得差不多了吗？好，下面举手。有认可第一种书写的同学请举手。（有十来个学生举手）你举手了，你说说看，你为什么认可第一种书写？

生2：因为我觉得整个文章，就是以"山"来展开的，然后就刚好可以说出是愚公那种坚定不移的信念，就好像"山"一样牢固。所以我就觉得应该是把"山"字写大。

师：那文中有没有写"山"大的词啊？

生3：有。

师：哪个地方？

生3：方七百里，高万仞。

师：方七百里，高万仞。这个"方"是什么意思？

生3："方"是古代用来计量面积的用语。

师：翻译成现代汉语是什么意思啊？

生3：现代汉语是"方圆"的意思。

师：方圆，对，那意思就是说这个山方圆七百里。应该说这个山是……

生3：很大。

师：很大，嗯，这是一个。所以他把"山"写得很大，是吧？

生3：是。

师：这个山除了大之外，还有什么？

生3：还有高。

师：还有高，多高啊？

生3：万仞。

师：万仞，这个"仞"它是一个度量衡单位，相当于现在的多少？七尺或八尺为一仞，万仞，所以这个山又高又大，这是一个。所以他就把山放大，是吧？

生3：是，然后它又体现了愚公坚定不移的信念。

师：愚公坚定不移的信念？

生3：就是山比较大的话，就会很难移动，但愚公非常坚持，一定要把这个山移开。

师：坚持一定要把这个山移开啊。我觉得你把这个"山"放大，它这个"山"是客观地强调的山，你看那个愚公很小哎，是不是显得很愚蠢。

生3：并不是真正的愚蠢啊。

师：你说什么？

生3：并不是真正的愚蠢啊。

师：并不是真正的愚蠢。好，你说了你对这个山的理解，是高大，然后愚公是这么小，说明他并不愚蠢。好，你这个说法应该有一定道理啊。她认可第一种书写。对于第一种书写，还有没有补充的。来，你再说说说看。为什么愚公"小"，"山"却写得很大？

生4：因为愚公"小"的话，就可以突出"山"的大，就和"山"形成了对比。

师：形成了对比。

生4：然后移山就会显得更加困难，更加突出愚公的信念。

师：是这样的，所以愚公很"小"。那么在这个大"山"的面前，愚公怎么样？

生4：很弱小。

师：愚公很弱小体现在什么地方啊？原文中有依据吗？

生4：他的妻子说："以君之力，曾不能损魁父之丘，如太行、王屋何？"

师："以"是凭借的意思，凭借你的力气。对吧？

生4：对。

师：好，这里体现了愚公的那种弱小，是吧？在文章中，还有哪些词可以看出愚公的弱小？

生4：北山愚公者，年且九十。

师：年且九十。多大了？

生4：九十岁。

师：九十岁，是不是九十岁？

生5：将近，将近九十岁。

师：对了，这里面哪个词体现了愚公将近九十岁啊？

生5：且。

师："且"字啊。所以还没有九十岁，是将近九十岁啊。那将近九十岁，我们说一个将近九十岁的老头去搬移大"山"，是不是有点自不量力啊？

生5：是的。

师：是的，所以你看，这老头啊，年纪很大了，是不是？我们说一个九十岁的老人还去移山，真的是有点自不量力，因此把"愚公"写得小。是吧？

生5：是。

师：嗯，有道理。还有吗？

生5：没了。

师：好，那么我们说，对这种理解啊，应该说有一定道理的。你看，二山很大，方七百里。刚才那个同学讲了，是不是？二山很高，高万仞。这个人很老，年且九十了。而且力量很小，他刚才说了，凭你的力量，残年余力。同学们你们找到没有，就是路也很远啊，"寒暑易节，始一反焉"。这里面这个"反"字什么意思啊？

生6：往返，"反"通"返"，通假字。

师：对，通假字。一年才往返一次啊。另外，愚公那时候没有我们现在的挖土机。是不是？也没有汽车，是不是？装备很差。你说说看，描写装备很差的那句话，你把它翻译一下，读一下那句话。

生6：箕畚运于渤海之尾。听说那个箕畚是古时候用那种柳条编织的运土器具，然后它是用于装土石的意思。

师：翻译，怎么翻译？

生6：就是要用箕畚装入土石，运到渤海的末端。

师：运到渤海的末端。好，我问你一下，这个"箕畚"在里面，你翻译成"用箕畚"。那"箕畚"本身是什么词？

生6：名词。

师：名词，在这里用作什么词？

生6：名词作状词。

师：作状语。对了，好，请坐。你看，刚才我们通过师生互动，说出了对第一种写法的认可，及愚公在大山面前是弱小的。读了《愚公移山》，把那个"山"放大，我那个朋友就是这么解读的。那看看，有没有同意第二种书写的？好，你说说。

生7：我就认为愚公是这个故事的主要人物，移山是这个故事的主要事件。这个故事所表现的一种精神，就是从愚公那里体现出来的。

师：从愚公身上体现出来的。愚公面对两座大山，他表现怎么样？他认为这两座山怎么样？

生7：虽然移动这两座山非常困难，但是他有一种坚持不懈的精神。

师：有一种坚持不懈的精神。

生7：迎难而上。

师：迎难而上。所以山在他眼里怎么样？

生7：是渺小的。

师：渺小的，所以你看，我的那个朋友，就把那个"山"写得很小，是不是？

生7：对。我觉得第二种写法更合理。第一种写法，只注重山的外形与人的外形，而第二种写法，深入到了愚公的精神，愚公面对大山，有一种大无畏的英雄气概，有一种老当益壮的精神。大山在他心中，只是一粒尘埃，他要把它移走，愚公是一个顶天立地的英雄，因此，"愚公"应该大写，而山在他眼中是渺小的，人定胜天。

师：嗯，有道理。请坐。我们同学确实不错，能够解读到这个层面。如果说第一种主要是从外形上、形体上来理解山很大、愚公很小，那这里第二种主要是从哪方面来解读的？从精神上，是不是？也就是说，这么大的山在愚公眼里，它是什么样的？

生7：渺小。

师：很渺小的，是不是？哎呀，你能理解到这一层，那真的是又更深一层了吧？好的，下面我们看看，有没有对第三种书写认可的？哪个同学来说？这么多啊？你说说看。

生8：其实我觉得全篇通过讲愚公先是准备移山，然后到移山的过程，然后再到把山移完，整篇就是围绕一个"移"字来展开的。

师：围绕着这个"移"字来写。

生8：然后它也能体现愚公在移山过程中的这种精神。

师：还有一种坚持不懈地移山的过程？

生8：对。而且在文中也可得知，其实有两个人在质疑愚公能否把山移走。

师：两个人，哪两个人质疑啊？

生8：一个是他的妻子，还有一个是老人。

师：还有一个老人。我问你一下，他们两个人对愚公移山的态度是什么？

生：都是反对的、否定的。

师：同不同意她这个观点？

生9：我不同意。我觉得愚公妻子质疑是出于她对丈夫的关心。

师：对丈夫的关心，从哪个地方、哪个词、哪句话可以看出她对丈夫的关心呢？

生9："献疑"。

师："献疑"是什么意思呢？

生9："献疑"就是说她提出疑问，但是河曲智叟是嘲笑的语气，就是让他停下移山这样"愚蠢"的行动。妻子是"献疑曰"，智叟是"笑而止之曰"，可见他们态度不一样。

师：态度不一样，你的意思是他的妻子并不是反对，智叟是反对的，是不是？

生9：对，另外，两人说话的语气也不同。北山愚公已经将近九十岁了，他的妻子对他说，"以你现在的力量，连魁父这样的小山丘都不能对付，太行、王屋这样的大山，你能奈何它吗？"是一种询问商量的语气，而智叟却是一种反对甚至教训的语气，"甚矣，汝之不惠"。

师："甚矣，汝之不惠"这句话是什么意思？

生9：就是说"你也太不聪明了"。

师：太不聪明了，这句话我这么说，"汝之不惠，甚矣"，与"甚矣，汝之不惠"，哪个说法更好？

生9："甚矣，汝之不惠。"

师：为什么这个说法更好啊？这个句子有什么特点？

生9：主谓倒装。

师：回答正确，倒装有什么好处呢？

生9：强调对愚公的嘲笑。

师：对了，倒装句有强调的作用。例如，我们的国歌，歌词第一句是"起来，不愿做奴隶的人们。"正常语序应该是"不愿做奴隶的人们，起来"，国歌却倒装"起来"，这样就强调了"起来"，更能唤起人们的觉悟与斗志。这里也是，"甚矣，汝之不惠"。从这个强调的语气来看，这个智叟也是强烈地阻止和反对愚公的，所以从这里我们可以看出，愚公的妻子是提出疑问，她的动机、目的是什么？

生9：关心。

师：关心他能不能做到。而智叟的目的是什么？

生9：嘲笑，制止。

师：嘲笑，制止，同学们，你们很棒，你们读书读得很细啊，你们真不错。好，刚才两位同学是对第三种书写的解读，把握得很好，他们认为《愚公移山》是围绕着这个"移"字来写的。这就涉及了对《愚公移山》这篇文章的结构和布局谋篇的把握，是不是？文章是按移山的对象、移山的目的、移山的方式、移山的过程、移山的阻力、移山的决心和移山的结果这样一个顺序写下来的。对不对？是把握住了，很不错。

同学们，我们通过前面的教学环节，基本上把握了文章的内容和结构，下面我们继续深入文本，进一步解读文本。我先问同学们一个问题，文章的标题叫《愚公移山》，山移走了没有？

生10：移走了。

师：你说说看，哪里证明移走了？

生10："命夸娥氏二子负二山。"

师："命夸娥氏二子负二山"中的"负"是什么意思？

生10：背负。

师：背负，背着啊。山是移走了，谁移走的？

生10：是神仙。

师：是神仙移走的。那我问同学们，既然是神仙移走的，为什么这个题目叫作《愚公移山》呢？为什么不叫《神仙移山》啊？你说说看。

生11：因为是愚公那种诚心、那种坚持感动了上天，所以神仙才会命夸娥氏的两个儿子把太行和王屋两座大山给移走。

师：哦，是愚公的诚心把神仙给感动了。是不是？

生11：是。因为愚公的诚心感动了天地，帝感其诚，于是命夸娥氏二子负二山。这里告诉我们，只要有理想，并努力为之奋斗，全世界、全宇宙的人都会为你让路。

师：假如没有愚公的诚心，那神仙根本就不会去背那两座山，是不是？就不会去下命令，因此还是愚公移山。那我问你，愚公的"诚心"到底有什么内涵。愚公凭什么打动了天地，你能说说吗？

生11：就是凭他对移山这件事情的坚持，还有他反对河曲智叟说的话。

师：她已经初步涉及这个问题，那我现在请同学们这样。（教师出示愚公幻灯片）你在这个横线上给我加定语，什么什么样的愚公，我们来把握一下，愚公到底是一个怎样的人，好不好？全方位地把握。下面就请同学们自己在下面写写画画，给我加定语，加得越多越好。当然，加的内容要能在课文中找到依据，加出来的一定就是我们课文上面的那个愚公。我们学过陈子昂的《登幽州台歌》吗？

生：学过。

师：我在讲陈子昂的《登幽州台歌》时，就要同学们加什么什么样的陈子昂，结果学生说出了一个丰富多彩的陈子昂，忧国忧民的陈子昂，志向远大的陈子昂，寂寞孤独的陈子昂，怀才不遇的陈子昂，等等，那你也在这里加什么什么样的愚公，但是要从课文中找到依据，好吧？

（此环节，教师用填空法设置课堂悬念，诱导学生再度认真阅读文本，思考分析愚公形象，学生拿笔在书上写写画画，教师在学生中巡视。）

师：有写四个定语的，有写六个定语的，有写七个定语的。好，加完以后，同座位的同学看看，可以交流一下，你加了哪个，我加了哪个，我们共同加的是哪些？有什么道理？

（学生响应教师召唤，主动与同学交流，气氛热烈。）

师：刚才同学们交换了意见，下面，我们让同学们说说他看到了一个怎样的愚公。哪个先来？好，你说说？

生12：我认为是大智若愚的愚公、坚持不懈的愚公、深谋远虑的愚公和无私奉献的愚公，还有待人诚恳、平等待人、身体健壮的愚公。

师：你说了那么多，你每一个跟我说一下依据啊。第一个是什么愚公啊？

生12：大智若愚。

师：好，大智若愚，你说说道理，为什么说他大智若愚？

生12：因为在别人眼中，他是老年人了嘛，他本可以安享晚年的，但是他却偏要去移山，这在别人眼中是很奇怪的事情，是一个愚蠢的老头。但是仔细一想，他这样做，对自己的子孙后代是有好处的。

师：也就是说，他自己快九十岁了，还去干移山这件事，别人认为他愚不可及，但愚公却是想为子孙造福，所以大智若愚。嗯，是一个。还有吗？

生12：还有，是一个坚持不懈的愚公。

师：从哪里可以看出他坚持不懈？

生12："寒暑易节，始一反焉。"就是说他夏天和冬天一直在干，没有回去。

师："反"是什么意思？

生12："反"是通假字，通"返"，回去的意思。

生13：我觉得不是回去，而是往返的意思。就是一年才能往返一次。

师：尽管寒暑季节交换，一年才能往返一次，但愚公不泄气、不放弃，还在坚持。因此愚公是一个坚持不懈的人，对不对？

生13：是的。

师：哦，你这个解读挺有个性的。还有吗？

生13：我觉得他也是一个深谋远虑的人。

师：深谋远虑？从哪里看出他深谋远虑啊？

生13：他想得比较远嘛。

师：哪里可以看出他想得比较远？

生13：他不只是想到现在自己要去干的事，而且想到自己的子孙也可以去干这件事情。

师：哪个地方体现了这点？

生13：他对那个河曲智叟说："虽我之死，有子存焉；子又生孙，孙又生子；子又有子，子又有孙；子子孙孙无穷匮也，而山不加增，何苦而不平？"

师：哎呀，你比愚公说得还雄辩有力。我要你翻译这句话，"子子孙孙，无穷匮也"。这句话怎么翻译？

生13：就是说，"我的后代是没有匮乏的，不会穷尽的，穷尽不了。"

师：无穷无尽是吧？不光是我会去做这件事，我的子孙也会去做这件事，最终还是会把这个山移走。所以愚公就是这样去看这个问题的，看得比别人远，而且更有信心。是吧？你说得挺好，你让别人也说一下，好不好？看还有谁？好，你说，你说说看？

生14：我看到了一个迎难而上的愚公，不畏艰险的愚公和吃苦耐劳的愚公。

师：先说说迎难而上的愚公。

生14：因为文章中的两座山"方七百里，高万仞"，但是愚公却一心想要把这两座山移走，所以他是迎难而上的。

师：从哪里看出他一心要把这两座山移走？文中有没有一句话能体现这个意思？

生14："吾与汝毕力平险。"

师：嗯，这句话找得挺好的。"毕力平险"怎么翻译？

生14：就是我尽全力去铲除险峻的大山。

师：嗯，翻译得挺好的，尽全力去铲除这两座险峻的大山。是吧？

生14：是。

师：这个地方找得好，说明他是迎难而上的。还有吗？

生14：我认为不畏艰险是因为他将近九十岁了，他去移这个山当中肯定会遇到一些困难，但是他却没有想要放弃这个信念，所以他是不畏艰险的。然后吃苦耐劳也是因为他的年龄很大了，而且当时的那个设施很差，山也比较高，但他没有一丝抱怨，还是去做这件事情，我认为他是吃苦耐劳的。

2018年10月22日，何泗忠老师在佛山市华英学校运用语文
悬念教学法讲授《愚公移山》

师：好，这种精神讲得挺好的。还有谁要补充的？你说。如果是前面说了的，我们换成新的，好不好？

生15：我觉得他还是一个有主见、懂得集思广益的人。

师：哪里看出有主见、集思广益？

生15：因为他妻子还有河曲的智叟都提出过疑问或反对，可是他没有说不做就不做了，他还是坚持自己的信念，就这样做下去。

师：好的，这是说愚公有主见。那集思广益体现在哪儿呢？

生15：聚室而谋。

师："谋"是什么意思？

生15："谋"就是一起谋划。

师：一起谋划，是不是？所以其实愚公这个人确实是懂得决策的，是不是？他去谋划这件事，所以愚公他不是盲目地去干事啊。是吧？他懂得去谋划，去集思广益。这个读得很细，读得挺好。还有没有新的要补充？

生16：我觉得他是一个似懂非懂的愚公。

师：似懂非懂？从哪里看出他似懂非懂啊？

生16：因为他知道自己这辈子都不可能移完这座山，但是他想到了他自己的后代，他的后代是源源不断的。但是如果他的后代都去给他移山，他的后代就没有属于他们自己的人生。

师：哎哟，这个解读好个性化啊。

（掌声响起。）

生16：我觉得他可以换一种思考方式，比如说这两座山堵住了他，但是我觉得他可以不一定要把这两座山给挖穿，他可以换一种出行方式什么的。我觉得这种思想更加简便，而且更加快捷，更容易解决这个问题。

师：更容易解决这个问题，也就是说干什么最好啊？

生16：搬家。

师：搬家。嗯，好。请坐，他提出的这个问题，其实涉及一个比较值得思考的问题啊，就是搬家的问题。但是我跟大家说，你说河曲智叟他会不会想到这个问题啊？

生：会。

师：他会，但为什么他又"亡以应"呢？如果他想到了这个问题，那凭智叟的机智，当愚公在反驳他的时候，他就可以马上说："你为什么不搬家呢？"河曲智叟为什么不提搬家？而是被反驳得"亡以应"，没办法应对？

（生开始议论，讨论非常热烈。）

师：谁来回答这个问题？

生17：我认为河曲智叟根本没有想到搬家的问题，所以他"亡以应"。

生16：我认为河曲智叟想到了搬家问题，但被愚公强大的气场、强大的精神力量和辩论力量震慑，所以"亡以应"。

生18：我认为在那个年代，河曲智叟不是想不到搬家的问题，而是根本不会往搬家这方面去想。

师：为什么？

生18：因为那时候的人们讲究安土重迁。

师：你说得很有道理。凭智叟这么聪明的人，他肯定会说："那你搬家啊。"是吧？刚才这位同学说得对，其实河曲智叟他压根就不会往搬家这个事上去想，因为中国古代有一种安土重迁的观念，大家都不会想到搬家这个事情，所以一般来说不会去提这个问题。而且你看，仔细阅读这篇文章，真正来讲，就是天地也不主张愚公挖山的，怕愚公挖山，破坏环境，所以他命夸娥氏二子背了两座山，没有破坏那两座山。

所以关于移山还是搬家这个问题，确实有思考的价值。但是要求愚公搬家我觉得太超前了，古人安土重迁，不会提出"搬家"这样的问题。但说明，我们班同学的思维非常活跃，我们同学对愚公的解读超出了我的想象。还有什么新的提法没有？

生19：我只做一个补充，就是我认为他是一个思想先进的愚公。

师：从哪里看出的？

生19：从河曲智叟这一段，他说："甚矣，汝之不惠。以残年余力，曾不能毁山之一毛，其如土石何？"这是河曲智叟的想法，想得不够长远，但是愚公代表的是一种比较长远的精神。他说："汝心之固，固不可彻，曾不若孀妻弱子。"

师：固不可彻，这个"彻"是什么意思呢？

生19："彻"的意思是"通达"，这里是改变的意思。

师：就是说你不能改变，言外之意是什么？

生19：言外之意就是我的思想比你的思想要更先进、更通达，你的思想改变不了，过于固化。然后愚公的想法就是，虽然我现在挖不了这两座山，但我有子子孙孙，他们都在为自己的后代造福，就是造福后代，这种精神是值得推崇的，所以是先进的。

师：好，真的可以说，这个就是形象大于思维，而且你们刚才解读的东西，我备课时都没有想到，所以教学相长，很不错。好，下面谈谈我读《愚公移山》的体会，我们再回到开始那三幅书写。（教师出示幻灯片：三幅"愚公移山"的条幅）

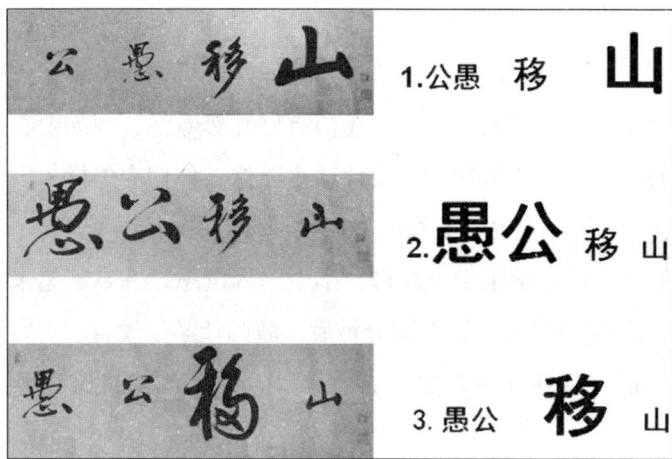

三幅"愚公移山"的条幅

我读《愚公移山》，读开头部分，也像我的那位朋友一样，感觉是朋友书法的第一种：觉得"山"很大，愚公在"山"面前，显得太渺小，愚公面对大"山"，却还要移"山"，简直是不自量力。再往后读，渐渐感觉愚公伟大，太行、王屋二山在愚公面前显得十分渺小。我读出了第二种书写的感觉：人定胜天。（教师出示幻灯片，让学生齐读幻灯片上的内容）

二山很大，愚公决心更大：毕力平险。

二山很高，愚公志向更高：指通豫南，达于汉阴。

愚公很老，愚公精神不老：子子孙孙无穷匮焉。

力量很小，愚公气概不小：山不加增，何苦而不平？

路途很远，愚公目光更远：冀之南，汉之阴，无陇断焉。

装备很差，愚公诚心不差：帝感其诚，命夸娥氏二子负二山，一厝朔东，一厝雍南。

师：再往后读，我发现愚公不仅决心大，而且不是盲目移山，围绕"移"

字做文章，有计划、有步骤、有行动，因此我又读出了第三种书写的感觉。

好，到此为止，我们比较全面地把握了愚公的形象，有雄心壮志的愚公，有民主精神的愚公，刚才同学们讲了，"聚室而谋"是不是？有实干精神的愚公，不惧怕困难的愚公，能持之以恒的愚公，为后人造福的愚公。我备课备了这些，你看你们还多说了好多愚公，是不是？同学们，你们阅读的水平很高，不错。

好，接下来，我们来给愚公塑造一尊雕像。今天，我参观了你们的学校，发现你们学校文化气息很浓厚，学校还塑有好几尊雕像，假如要在你们学校安放一尊愚公的雕像，并且请你们来设计这尊雕像，你们会怎样来设计呢？请同学们思考构思一下，一会儿，我会叫你们说说你们的构想。

（这个创意设计令学生十分好奇，学生陷入沉思，并拿起笔来在书上写写画画，画出自己心目中的愚公，约4分钟后，教师让学生发言。）

师：同学们，现在你是艺术家、设计师，谁来说说自己对愚公形象的设计？

生20：愚公得拿着一根扁担。

师：为什么？

生20：荷担者三夫嘛。双目炯炯有神，显得十分坚毅。挽起裤腿，撸起袖子加油干。

师：嚯嚯，很有时代特色嘛！

生21：我觉得应该是扛着锄头。

师：扛着锄头，这是一个很重要的工具，对了。

生21：然后很卖力，就是很努力地移山。但是要衣着很简朴，可以显得他年纪很大。

师：年纪很大，但是？

生21：但是劲头很足。

师：劲头很足，嗯，她的设计真的很好，这个设计真的被她说出来了。（教师展示图片）

有雄心壮志的愚公
有民主精神的愚公
有实干精神的愚公
不惧怕困难的愚公
能持之以恒的愚公
为后人造福的愚公

愚公的雕像

师：你看，这个设计是不是像你设计的那样？哎呀，你太神了，不错。

同学们，通过这个步骤，我们通过师生互动，立体地把握了愚公的形象，愚公形象确实非常丰满。法国预言家拉·封丹曾经说过一句这样的话，"一个寓言可分为身体与灵魂两部分，所述的故事好比是身体，所给予人的教训好比是灵魂"。你认为这则故事的灵魂是什么，即它给我们什么样的人生启示？下面就谈一谈，这则寓言给你什么样的灵魂启示，好吧？谁先来说？

生22：我觉得这则《愚公移山》的寓言故事给我的启示就是，一定要把目光放长远一点，不能仅局限于现状，就像愚公一样，虽然现在的困难很大，但是我们一定要坚信自己可以做得到。因为"子子孙孙，无穷匮焉"。那就不能像河曲智叟一样，他说："以残年余力，曾不能毁山之一毛。"但是愚公却说："我有很多后代，我做不到，至少我的后代可以帮我做到。"这个目光很长远，我觉得是非常重要的。

师：好，说得好。读了以后，还有谁能来谈谈自己的感受？

生22：就是忠于梦想，别管它发不发光。因为在那个年代，愚公的做法可能会受到很多的质疑，但是对他的后代来说，他的梦想是发光的，他要为后代造福。

师：为后代造福，得到这样一个启示。还有吗？

生23：我觉得这则寓言带给我的启示是说：其实有很多的东西都是你比较

看不透的，就是说这个愚公，我们表面上看，他好像一个傻子，那么大的两座山他去移。但是其实是我们自己跟这个智叟一样，没有远见，没有深入去想这件事情。

这件事情愚公想得很周全。因为他的老婆问他的时候，说："你这个山的石头怎么样安放？"如果说他是突然之间听到了她问这个问题，再去思考的话，他就不可能这么快地想到办法。他说："把这个土石放到渤海的边上，还有隐土的北边。"也就是说，思考问题的时候，首先要周全。而且其实很多人虽说质疑你，但是有可能是他们自己没有想透。他们表面上很聪明，像聪明的智叟那样，但是其实智叟根本就不聪明。

师：噢，也就是说，你的意思是愚公其实表面上是愚公，其实他不傻。智叟好像很聪明，其实并不聪明，愚公有一股傻劲，是不是？刚才同学们说的这点，跟我的启示差不多啊。（教师出示幻灯片）

1. 人活着，就是要有梦想，有追求，我们干任何一件事情，尤其是一些伟大的长远的事业，都不可能得到一致的支持，可能会遇到怀疑（妻子）、嘲讽，甚至阻扰（智叟），也许还会有人告状（山神），但只要横下心来干下去，宇宙都会为你让路（感天动地）。

（掌声响起）

师：而且你看，成功的要诀不是看一个人有多聪明，而是看一个人有多傻。因为傻子才不会见异思迁，傻子才不会朝三暮四，傻子才会一辈子傻乎乎地干一件事情。很多聪明人之所以不能取得成功，就是因为太聪明，太聪明就容易投机取巧。是不是？

（掌声响起）

愚公这种一往无前的精神，你们发现了没有，从语言的外在形式都能表现出来。（教师出示幻灯片：愚公移山原文）

> 虽我之死，
>
> 有子存焉；
>
> 子又生孙，
>
> 孙又生子；
>
> 子又有子，
>
> 子又有孙；

子子孙孙无穷匮也，

而山不加增，

何苦而不平？

师（指着幻灯片）：这一段话有什么特点，你们看出来没有？谁看出来了？谁看出这段话有什么特点吗？来，你说说看。

生24：他一直在重复自己的后代，就是子和孙，说明他的决心很大。

师：这是一个特点，重复。还有吗？还有什么特点，发现没有？

生24：其实我觉得它这里面也有一个对比成分，因为他说他的子孙会越来越多，而山不会变得更高。所以说，这就体现了他的决心。

师：体现他的决心，哪个句子最能体现他的决心？你看出来没有？

生24："何苦而不平？"

师：你把这句话读一下，把这种决心读出来，就读最后那句。

生24："而山不加增，何苦而不平？"

师：这句话后面是一个问号，你要读出一种什么语气啊？

生24：反问。

师：你再读一下，把这种无可辩驳、不容置疑的反问的语气读出来。

生24："而山不加增，何苦而不平？"

师：你看，又有力量一些了吧？看哪位男同学给我读一下，愚公是个男性，看哪位同学能把这种气势读出来。好，你来读一下。

生25："而山不加增，何苦而不平？"

（生25声情并茂，读到"何苦而不平"，抬起头来，挥动右手，赢得全场的热烈掌声。）

师：同学们都读得很好，何苦而不平？这是一个反问句。还有，你们发现没有？整个《愚公移山》，句子有长有短，但是到这里怎么样？都成了短句。四个字四个字很整齐，给人一种什么感觉？

生：铿锵有力。

师：铿锵有力。是不是？所以这个时候，愚公为了反驳那个智叟，语言有一种排山倒海之势，一往无前、义无反顾。我刚才说了，"河曲智叟亡以应"，很大程度上是被愚公这种气势怎么样了？

生：震到了。

师：吓怕了是不是？

生：是。

师：好，下面我们来读出这种气势，我们来美读一下。（教师出示幻灯片）

虽我之死，

有子存焉；

子又生孙，

孙又生子；

子又有子，

子又有孙；

子子孙孙无穷匮也，

<u>无穷匮也，</u>

<u>无穷匮也，</u>

<u>无穷匮也，</u>

而山不加增，

何苦而不平？

<u>何苦而不平？</u>

<u>何苦而不平？</u>

<u>何苦而不平？</u>

请一位男同学来读，遇到画线的句子，全体同学齐读，而且遇到大的字，就声音大一点；遇到小的字，声音就小一点，读出气势来，哪位男同学来？好，你读。我们站起来，一起站起来读，全部站起来，读出这种气势。开始。

（男生）虽我之死，有子存焉；子又生孙，孙又生子；子又有子，子又有孙；子子孙孙无穷匮也。

（全体）无穷匮也，无穷匮也，无穷匮也。

（男生）而山不加增，何苦而不平？

（全体）何苦而不平？何苦而不平？何苦而不平？

师：读得好，气壮山河。愚公这种义无反顾的气魄，从语言的外在表现形式也看出来了。这一段，用整齐的四字短句表现出来，同时采用顶针的修辞手法，环环相扣，末尾又用反问句，显出一种无可辩驳的气势。这篇寓言包含许多中华优秀传统文化，这篇寓言是谁写的？

生：列子。

师：列子是哪一个门派的人物？

生：道家。

师：道家，是不是？本来道家是主张什么的？

生：无为而治。

师：无为而治，是不是？而且他主张那种执着的、抱一的永恒精神。列子当时写这篇文章，其实最初的意思是让人摒弃急功近利之心，杜绝旁逸斜出之念，方能不断地接近于道。这个是列子的本意。《愚公移山》选自《列子·汤问》中的一个片段。它一旦脱离了《汤问》这个语言环境，就给了我们多方面的启示。

《愚公移山》自问世以来，伴随着"谁解其中味"对知音的寻觅和呼唤，引起了人们对它的探索和应答，而且这种探索和应答因读者的眼光不同而不同。结果非常有趣地发现，道家人写的《愚公移山》似乎也体现了儒家的思想，如"知其不可为而为之"，是不是？"三军可夺帅也，匹夫不可夺志也。""天行健，君子以自强不息。"（教师出示幻灯片）

中华优秀传统文化

摒弃急功近利之心，杜绝旁逸斜出之念，方能不断接近于道（列子的本意，列子属于道家）

知其不可为而为之

三军可夺帅也，匹夫不可夺志也

天行健，君子以自强不息

天道酬勤

精诚所至，金石为开

师（指着幻灯片）：好，下面我们大声地朗读一下这些体现中华优秀传统文化的句子，"摒弃急功近利之心"，预备——读。

（生按要求读，读得气壮山河。）

师：好，这节课我采用了语文悬念教学法，解读了《愚公移山》这篇寓言。我们说文言文都有一体四面——文言、文章、文学、文化。

这个一体四面恰好反映了我们的新课程理念，就是语文的核心素养：语言运用与建构、思维发展与提升、审美鉴赏与创造、文化传承与理解这四个特点。

下面布置作业。（教师出示幻灯片）

作业：《愚公移山》中出现的人物有愚公、愚公妻、荷担者三夫、孀妻、遗男、智叟、操蛇之神、帝、夸娥氏二子等，请你根据自己对周围同学、朋友、亲人的了解，为其在《愚公移山》中找到相对应的人物，并说明理由。

同学们，今天我们这节课就讲到这里，谢谢同学们！

生：谢谢老师，老师再见。

主持人：谢谢。好，谢谢何泗忠老师为我们带来精彩的《愚公移山》。